私法論 II
〔消費者法・学校事故法〕

私法研究著作集 第17巻

私法論 II

〔消費者法・学校事故法〕

伊藤　進　著

私法研究著作集　第17巻

信　山　社

はしがき――第一七巻解題――

本書は、「消費者法」及び「学校事故法」に関する論稿を収録したものである。「消費者法」に関しては「消費者私法論（私法研究著作集第一〇巻）」と「製造物責任・消費者保護法制論（私法研究著作集第一一巻）」に、「学校事故法」に関しては「教育私法論（私法研究著作集第一二巻）」と「学校事故賠償責任法理（私法研究著作集第一三巻）」に諸論稿が既に収録されているが、本書では、主としてその後に執筆した論稿を中心として収録するものである。

本書に収録した「消費者法」に関する論稿には、消費者行政への提言に係わるものが多い。すなわち「1 不適性な取引行為規制に関する都条例及び規則改正の概要」では都条例・規則の改正を解説するものではあるが「宗教サービス行為」などに対する規制の不十分さを指摘し、「2 役務（サービス）取引の適性化について」では役務（サービス）の無形性、視認困難性、判定困難性に注目した適性規制の必要性を説き、「3 個人情報利用取引被害と不適性取引行為規制」では個人情報を利用しての取引を類型化すると共に、その取引規制のための基本的視点を提示し、「4 新たな法整備に対応した不適性取引防止と事業者調査指導のあり方」では消費者契約法の制定に対応するための消費者行政のあり方を提言し、「5 資産形成取引被害の実態と対応策」では資産形成取引の適性化のための消費者行政のあり方を検討し、「6 消費者契約と被害救済―裁判外紛争処理機能の充実と強化―」では消費者契約法に基づく被害救済のためには行政型裁判外紛争処理のための環境整備の必要性を主張し、「7 金融取引における消費者保護」では金融取引における消費者保護にあたっては当時の金融商品取引法では十分ではないことから消費者行政の果たす役割の大きいことを指摘するなどである。これらは、これまで消費者行政の対象としてきた「物品取引」とは異なる「役務（サービス）取引」・「個人情報利用取引」・「資産形成取引」・「金融取引」への消費者行政のあり方について論述するものである。これは、小生が、東京都消費生活審議会の不適性取引部会長や会長代理及び神奈川県消費生活審議会会長を歴任したことに対応しての関心事に起因するものである。その他の「消費者法」に係わる論稿は、当時として最も関心のあったテーマについてのものである。「8 変額保険訴訟と銀行の説明義務」「9 変額保険の勧誘における不適性行為と損害賠償責任」では、変額保険被害からの消費者の救済を前者では融資者責任（レンダーライアビリティー）の観点に立って、後者では「投資危険の引受」論の不当性を指摘する。割賦販売法に関する「11 割賦販売法三〇条の四と未払割賦金の支払拒絶」では法三〇条の四に基づく抗弁接続の効果としては未履行債務不存在の確認や既払金返還請求権の行使は認められないこと、「12 割賦購入あっせん契約の残債務を内容とする再契約への割賦販売法三〇条の三の適用」では、これを肯定した判決を妥当としながら理論構成上の工夫の必要を指摘した。なお、「10 資金業規制法四三条一項、三項にいう『任意に支払った』の意義」や「13 加入契約者以外の者のダイヤルQ2利用と加入者の通話料支払義務」は今日的には意義を失ったが、当時の議論の一つとして収録することにした。さらに「14 弁護士会からの照会に対する金融機関の回答」「15 預金者の共同相続人の一人からの銀行に対する預金取引履歴の開示請求」は、弁護士会照会の一般論の部分とは異質な論稿であるが、今日では消費者金融との関係での金融機関への照会が問題視されていることから、消費者法としても参考になるものと思われる。

「学校事故法」の収録論稿は、学校事故訴訟における「意見書」に加筆修正したものが中心である。「19 上越市立春日中学校いじめ自殺被害の検討」では、「いじめ自殺」における学校の過失を中心に検討する。なお「18 いじめ自殺」は、かかる検討の前提となった論稿であり、「いじめ自殺」における過失論と因果関係論につき論述している。なお、「20 国分寺市立第五中学校体育テスト授業中死亡事故の検討」「21 東京都大島南高校生徒水難事件の検討」「22 福岡市立警固小学校持久走死亡事故の検討」「23 私立灘高校の校外学習行事中の落石死亡事故の検討」「24 星光学院中学校学校行事中転落死亡事故の検討」「25 弦巻小学校プール死亡事故における過失の検討」は、一般論としても表題のような事件ないし事故に対応するにあたっての学校の注意義務を指摘するものとして有意義ではないかとの考えに基づいて収録した。その他「16 在学契約関係の法的性質について」は在学関係の性質についての私立大学連盟での講演に修正加筆したものであり、「17 大学学納金等返還請求事件京都地裁判決について」は、教育法学的見地からみて大学学納金等返還請求を肯認することへの疑問を指摘している。ところで、今回も、このような過去の論稿を収録した著作集を刊行することについては、若干の躊躇を感じている。しかし、わが研究の遍歴をあらわに示すものとして覚悟して私法研究著作集に一巻を加えることにした。

なお、このような私法研究著作集の刊行にあたっては、そのことを進言し、準備作業までして下さった信山社の今井貴社長に心から感謝したい。そして、本書の直接の編集作業に際しては稲葉文子氏及び編集部の諸氏にお世話になった。ここに感謝するものである。

平成二二年一二月

伊藤　進

私法論Ⅱ［消費者法・学校事故法］（私法研究著作集 第一七巻）目 次

Ⅰ 消費者法

私法論 Ⅱ （私法研究著作集第一七巻）

〈初出一覧〉

Ⅰ 消費者法

1 不適正な取引行為規制に関する都条例及び規則改正の概要……〔ジュリスト一〇六五号 一九九五年四月 有斐閣〕
2 役務（サービス）取引の適正化について……〔洗濯の科学五一号 一九九三年一一月 洗濯科学協会〕
3 個人情報利用取引被害と不適正取引行為規制……〔ジュリスト一一一四号 一九九七年七月 有斐閣〕
4 新たな法整備に対応した不適正取引防止と事業者調査指導のあり方［改題］……〔調査報告書 二〇〇一年三月 東京都生活文化局〕
5 資産形成取引被害の実態と対応策［改題］……〔調査報告書 二〇〇〇年三月 東京都文化局〕
6 消費者契約と被害救済――裁判外紛争処理機能の充実と強化――……〔国民生活二〇〇〇年五月号 二〇〇〇年五月 国民生活センター〕
7 金融取引における消費者保護……〔法律のひろば二〇〇〇年一一月号 二〇〇〇年一一月 ぎょうせい〕
8 変額保険訴訟と銀行の説明義務……〔銀行実務四二六号 一九九五年一二月 銀行研修社〕
9 変額保険の勧誘における不適正行為と損害賠償責任…〔私法判例リマークス一一号 一九九五年七月 日本評論社〕
10 貸金業規制法四三条一項、三項にいう「任意に支払った」の意義……〔森島昭夫＝伊藤進編・消費者判例百選 一九九五年一一月 有斐閣〕
11 割賦販売法三〇条の四と未払割賦金の支払拒絶［改題］……〔判例時報一五四六号 一九九六年一月 判例時報社〕

12 割賦購入あっせん契約の残債務を内容とする再契約への割賦販売法三〇条の三の適用 ……〔判例時報一六五八号 一九九九年二月 判例時報社〕
13 加入契約者以外の者によるダイヤルQ2利用と加入者の通話料支払義務 ……〔私法判例リマークス二五号 二〇〇二年七月 日本評論社〕
14 弁護士会からの照会に対する金融機関の回答 ……〔銀行実務五〇四号・五〇五号 二〇〇一年四月・五月 BSIリジュケーション〕
15 預金者の共同相続人の一人からの銀行に対する預金取引履歴の開示請求 ……〔判例時報一八六一号 二〇〇四年一〇月 判例時報社〕

Ⅱ 学校事故法

16 在学契約関係の法的性質について ……〔講演 二〇〇三年二月 日本私立大学協会〕
17 大学学納金等返還請求事件京都地裁判決について〔改題〕……〔季刊教育法一四二号 二〇〇四年九月 エイデル研究所〕
18 いじめ自殺 ……〔塩崎勤編・現代裁判法大系9学校事故 一九九九年二月 新日本法規〕
19 上越市立春日中学校いじめ自殺被害の検討〔改題〕……〔意見書 二〇〇二年一一月〕
20 国分寺市立第五中学校体育テスト授業中死亡事故の検討〔改題〕……〔意見書 二〇〇二年一〇月〕
21 東京都立大島南高校生徒水難事件の検討〔改題〕……〔意見書 二〇〇〇年七月〕
22 福岡市立警固小学校持久走死亡事故の検討〔改題〕……〔意見書 二〇〇三年一月〕
23 私立灘高校の校外学習行事中の落石死亡事故の検討〔改題〕……〔意見書 一九九三年五月〕
24 星光学院中学校学校行事中転落死亡事故の検討〔改題〕……〔意見書 一九九七年四月〕
25 弦巻小学校プール死亡事故における過失の検討〔改題〕……〔検討資料 一九九九年五月〕

私法論 Ⅱ

〔消費者法・学校事故法〕

I　消費者法

1 不適正な取引行為規制に関する都条例及び規則改正の概要

はじめに

「不適正な取引行為」概念の定義は明確ではない。それをあえて概念規定すれば「事業者と消費者との取引関係において要請される適正な状態や目的に適合した正しい取引行為とはいえない」事業者の行為を意味するといえる。それは、事業者の取引行為における勧誘行為、契約締結行為、契約内容決定行為、義務履行行為、契約終了対応行為までを含んだ取引に係わる一連の行為において問題となる。

このような「不適正な取引行為」から消費者を保護するために、今日では、法令や条例などにおいて多くの規制が行われている。主要な法律についてみると、訪問販売法五条の二、一二条（現行特定商取引に関する法律六条、三四条）での「禁止行為」、特定商品等の預託等取引契約に関する法律五条の「不当な行為等の禁止」、ゴルフ場等に係わる会員契約の適正化に関する法律八条の「不当な行為等の禁止」、旅行業法一三条の「禁止行為」、海外商品市場における先物取引の受託等に関する法律九条の「海外先物契約の締結等の勧誘」、同法一〇条の「不当な行為等の禁止」、宅地建物取引業法四四条の「不当な履行遅延の禁止」、同法四七条の「業務に関する禁止事項」、貸金業の規制等に関する法律（現行貸金業法）一二条の「過剰貸付け等の禁止」、同法二一条の「取立て行為の規制」などがみられる。また、地方自治体においても、いわゆる消費者保護条例や規則で規制しているのが現状である。

東京都においても、一九八九年の条例改正で、不適正な取引行為として、不当勧誘行為、不当強制行為、不当な契約内容を定める行為、不当な履行強制行為、不当な履行延引行為、不当な終了拒絶行為の六類型を定め、規則でその不適正な取引行為を具体的に列挙し三四規制行為を定めた。(1) そして、この三四規制行為に違反したときは、知事は当該事業者につき調査し、指導及び勧告を行い、勧告に従わないときは公表をするという処置が予定されている。なお、東京都の不適正な取引行為規制の特色は、条例では抽象的類型を定め、それを受けて規則ではそれに対応する具体的な取引方法を定めていることと、事業者の取引行為の勧誘から取引終了に至る全ての過程で生ずる不適正な行為を規制対象としていることである。そして、東京都は、生活文化局に取引指導課を設け、このような不適正な取引行為規制にもとづき事業者調査指導を行ってきたが、六類型、三四規制行為では規制できない不適正な取引行為が登場し、対応することが困難な状況が生じてきた。もっとも、このような状況の生ずることは、当初から予定されたことである。前述の条例改正、規則制定の前提となった第一一次東京都消費生活対策審議会の「不適正な取引行為に関する答申」(平成元年六月)において「不適正な取引行為は、絶えず変動している経済社会に生起するものであり、その行為形態は多様で、また、常に変化をするものである」と指摘し、これに対応するために規則を機動的に改正する必要があるとしていることから明らかである。また、事業者と消費者とのいわゆる二当事者間取引における不適正な取引行為規制については、新たに生じた不適正な取引行為を追加するだけで十分であるが、クレジット業者や貸金業者等が関与する三当事者間取引における不適正な取引行為につき新たに規制する必要のあることから、平成六年一〇月の東京都消費生活条例の全面改正を機に、「不適正な取引行為」に関する条例、規則の部分が大幅に改正され、平成七年一月一日から施行されている。本稿は、この改正部分を中心に東京都の「不適正な取引行為」規制の内容を概観するものである。

(1) 詳細は、清水誠「新しい東京都消費生活条例の意義と特色」法律時報六一巻一三号四〇頁以下(一九八九年)参照。

一　「不適正な取引行為」規制に関する条例・規則の改正

1　「不適正な取引行為を行わせない権利」化

「不適正な取引行為」規制に関連して、今回の東京都消費生活条例の改正で特筆すべきことは、不適正な取引行為からの消費者の保護を「消費者の権利」の一つとして規定したことである。第一条で「この条例は、……次に掲げる消費者の権利を確立し、もって都民の消費生活の安定と向上を図ることを目的とする。」とし、三号で「消費生活において、商品又はサービスについて、不当な取引条件を強制されず、不適正な取引行為を行わせない権利」を掲げている。

そしてこれを受けて第二五条に「不適正な取引行為の禁止」規定がおかれている。ここでは、前述の六類型については部分改正が行われ、そして新たに「不当な三者間取引」規制が追加規定されている。そしてこれに基づいて、東京都消費生活条例施行規則の第六条から第一二条にわたり条例の七類型に対応する不適正な取引行為を具体的に定めている。以下では条例と規則を併せて概観することにする。(2)

2　改正された条例・規則の概要

東京都消費生活条例及び規則による不適正な取引行為は、別表の通りである。条例二五条一号類型から六号類型、これに対応する規則六条から一一条までは事業者と消費者の二当事者間取引における不適正な取引行為を規制するものであり、七号類型、これに対応する規則一二条は、商品・サービスを提供する事業者とそれを購入する消費者に加えて、購入資金を融資するクレジット業者や貸金業者などが関与する三当事者間取引における特有の不適正な取引行為を規制するものである。

一号類型は、不当勧誘行為を規制するものであり、従来は、販売意図を隠しての勧誘、重要事項を提供しない勧誘、虚偽事実を告げての勧誘、優良有利と誤認させての勧誘、法令等に義務付けられていると説明しての勧誘、官公署などの職員と誤信させての勧誘を不適正な取引行為としていた。この一号類型については、実質的には従来のままであり改正されていない。このために、電話勧誘などについての規制は依然として残された問題である。

二号類型は、不当強制行為を規制するものであり、従来は、長時間説得・威圧的言動等、年齢等を偽るようにそそのかす、キャッチセールス、無料検査・親切行為等による心理的負担を利用、サラ金等の借入れを勧める、知識の不足に乗じる、心理的に不安な状態にする言動等、催眠商法、早朝深夜等の電話・訪問などによる勧誘・契約締結を不適正な取引行為としていた。改正では、迷惑勧誘（規則七条一号）、金銭の借入れ以外に信用供与を受けることを勧めること（規則七条五号）、知識不足の他に判断力の不足に乗ずること（規則七条六号）、生活上の不安をことさらにあおること（規則七条七号）が追加された。このなかで、判断力の不足に乗じての勧誘行為を不適正な取引行為としたのは、近年、若者や高齢者、様々なハンディキャップのある人、ストレス社会のなかで精神的な病気をかかえる人などを敢えて狙い打ちにする商法が増加しているのに対応するものである。また生活上の不安をあおり心理的に不安な状態にする言動等を用いての勧誘を追加したのは、霊感商法や霊視商法では、様々な消費者の不安をあおりたてて契約を締結させるものであるが、その不安の内容はきわめて多様であり、これまで規定していた「不幸の予言」「健康の不安」「老後の不安」にかぎらず、家族との不和、子供の非行、仕事の行き詰まりや不安、事故の不安、水子のたたりなど様々であり、また、当該消費者本人に留まらず家族に関する様々な不安などの不安をあおっての勧誘・契約締結をも不適正な取引行為として規制しようとするものである。

三号類型は、不当な契約内容を定める行為を規制するものであり、従来は、不当な違約金、異なる目的物の記載をした契約書面作成、事業者の氏名等を偽ること、過剰販売、不利な裁判管轄、過大与信を不適正な取引行為としていた。改正では、異なる記載の契約書面作成のなかに、消費者の年齢や収入、氏名などを異なって記載する場合も含めている。本来はクレジットや信用の供与を受けて取引をすることのできない消費者につき、その年齢や収入等を異なって記載させることによってその取引を可能にするのが狙いであるが、この結果は消費者自身返済などに困ることになるという意味で不適正な取引行為とするものである。また、過剰販売に加えて「不当に長期な供給契約」についても規制することにしている。過剰販売は一回の取引の量に注目して不当、不必要な量の取引を規制するものであるが、長期供給契約は契約期間に注目して不当、不必要な期間にわたる取引を規制するもので、両者は共通した考えに基づくものである。特に、後者を追加規定したのは、最近では、一括前払いの継続的役務供給契約やチケット販売や高額のコース契約がみられ、消費者が不必要な商品、サービスの供給を受けつづけなければならないという被害が多くみられることから、それらの契約が不当、不必要なものである場合には不適正な取引行為とするものである。また、契約の解除などを制限する内容の契約を不適正な取引行為とする規定が新設された。契約の解除にともない高額の損害賠償額を予定したり、違約金を定める条項を設けることは規則八条一項ですでに規制されている。そこで、ここでは消費者の申込の撤回、解除、取消についての権利行使自体を制限する内容のものについても規制しようとするものである。例えば、「死亡、転勤以外は解約不可」とする条項や、いろいろな条件をつけて実質的に解約権を制限する条項などを内容とすることを不適正な取引行為とするものである。

四号類型は、不当な履行強制行為を規制するものであり、従来は、欺き・威迫・早朝深夜電話・訪問等による履行請求、金銭の強制調達による履行、ブラックリスト通知脅迫による履行請求、一方的な契約成立の主張を不適正な取引行為としていた。改正では、まずこれまでは、これらの行為の対象となるのは消費者自身に限定されていたのを、「その関係者」にまで広げている。これは債務の履行を迫る相手方として、債務者の両親、兄弟、親戚、職場の上司、同僚、近所の人にまで及ぶ場合があるのが現状である。このことから、貸金業法二一条一項では、債権の不当な取立てを規制しているが、そこではだれに対してなされた不当な取立てであっても規制することにしている。この考え方に倣ったものである。具体的には、一つは、「保証人等法律上支払義務のある者」につき消費者と同様に取り扱うために「消費者等」として含め、二つは、「消費者の関係人で法律上支払義務のないもの」についても、債務の履行への協力を執ように要求し協力させることを新設し規制している。与信業者などによる法律上支払義務のない者に対する支払請求、債権の取立てへの協力を要請することが多いことから新設されたものである。

五号類型は、不当な履行延引行為を規制するものであり、従来は、消費者からの再三の履行督促に応じないこと、苦情に対する説明拒否、長期間にわたるサービス提供拒否を不適正な取引行為としていたが、改正後も実質的な修正は行われていない。

六号類型は、不当な終了拒絶行為を規制するものであり、従来は、クーリング・オフ行使妨害、口頭行使の悪用、手数料などの要求、仕向け使用及び解除の妨害、解約債務の遅延を不適正な取引行為としていた。クーリング・オフの権利の行使の妨害などにかかわる規制が多くみられた。これはクーリング・オフ制度が十分に定着するに至っていない時期において、そのクーリング・オフ権が適切に行使され、このクーリング・オフ権による消費者の保護を確実なものとするために、細分化し詳細に規定したものである。しかし、今日では、クーリング・オフ制度については一般的に認識され、理解されてきていることから、このように細分化して規定する必要はなくなってきた。そこで、規定が整理統合されているが、実質的には変更はみられない。ただ、六号類型でのクーリング・オフ権の定義については、従来は割賦販売法、訪問販売法及びこれらの法律以外の法令の規定で認められたものとされていたが、改正後は「契約によりみとめられた権利」についても含まれるとされている。これは契約によるクーリング・オフの場合には、当事者間の合意を前提として法的拘束力を持ち、この意味では法令上のクーリング・オフと同視することができるからである。そこで、自主規制上のクーリング・オフについては、このような法的拘束力を認めることはできないとの理由から除外されている。クーリング・オフに法的拘束力があるか否かにこだわって区別することが妥当かどうか問題が残されている。クーリング・オフに係わる規定以外では、継続的契約の中途解約の不当な拒否などを不適正な取引行為とする規定が規則では新設されている。継続的契約の中途解約に関しては、第一二次東京都消費生活対策審議会答申（平成三年一一月）で、国への要望として、継続的契約関係への中途解約制度の導入と中途解約に伴う損害賠償額（率）の規定の創設を提言し、東京都としては積極的に取り組んできている。また、通商産業省は関係業者に対して継続的契約関係における中途解約を認める趣旨の条項を設けるよう指導している。これは長期間にわたる契約であることから契約途中時の事情の変更、サービスではその内容と質が判断できないうちに長期にわたる一括前払い契約が行われることなどから、中途解約の必要が生じてきたことによる。ところで、どのような場合に中途解約を認めるべきであるかに関しては、実体私法上の法律関係の問題であることから、条例により直接規制することは困難な面がある。しかし、民法理論の解釈によって、あるいは通商産業省などの指導により契約における正当な中途解約が認められる傾向が強まってきたことなどを勘案して、このような消費者の正当な中途解約を不当に拒否する行為を不適正な取引行為として規制する必要があるとの考えによるものである。継続的契約関係から生ずる消費者被害からの保護を先取りするものとして注目されよう。

二　クレジット業者等の不適正取引行為類型の新設

1　七号類型と二者間与信取引

七号類型は、前述のように不当な三当事者間取引を規制をするもので、全くの追加新設規定である。現在の消費者取引は、商品・サービスを提供する事業者とそれを購入する消費者に加えて、購入資金を有するクレジット業者や貸金業者などの与信業者が関与する三当事者取引になることが多い。そこで、このような三当事者取引であることを前提として、与信業者に特有な不適正な取引行為につき規制するものである。このため七号類型の規制の対象になるのは、与信業者と消費者との取引のうち、消費者が販売業者などから商品・サービスを購入するのに際して、その購入を条件又は原因として、消費者に、その購入に要する資金を貸付けその他の信用を供与する場合に限られている。このため、何らかの形で商品・サービスの購入と与信取引とが関連しており、販売事業者等と与信業者との間にその了解がある場合に限定されている。与信業者の融資や信用の供与であっても、販売業者などからの商品・サービスの購入と直接結びつかない取引行為については、七号類型の規制対象行為ではない。このような場合は、与信業者と消費者間の二当事者取引として捉え、与信業者についても一号類型から六号類型による規制を受けることになる。東京都消費生活条例及び規則による「不適正な取引行為」規制において、これまでは商品・サービスを提供する販売業者などの事業者の取引行為が規制対象になっていることについては異論はなかった。ところが与信業者の与信取引行為も規制対象になっているかどうかについては、必ずしも明らかではなかった。このため、前述の取引指導課による事業者調査指導においても与信業者については消極であった。しかし、条例二五条一項では「事業者が消費者との間で行う取引に関して」と規定するだけで、この事業者についての解釈として消費者と与信取引を行う与信業者を除外する理由はなかったはずであるし、同然に規制対象となるものとして規定されてはいたのである。そこで、今回の七号類型の追加新設に際し、七号類型は三当事者間取引における与信業者の取引行為を規制し、一号類型から六号類型は二当事者間取引における与信業者の取引行為の規制をも含むものであるとの確認した上で規定されている。このため、七号類型は与信業者の不適正な取引行為の全てを規制しているのものではなく、三当事者間取引になった場合の特有の不適正な取引行為につき規制するのみである。もっとも、三当事者間取引特有の不適正な与信取引行為といっても、与信業者と消費者の関係部分だけを取り出せば一号類型から六号類型で規制できるものもある。ただ、七号類型はそのことを前提とした上で、三当事者間取引における与信業者に、現在、顕著に見られる不適正な取引行為を直接に規制するものである。

2 七号類型の概観

第一は、三当事者間取引にかかわる法律関係の重要情報を故意に提供しないか誤信させて与信取引をする場合を規制している。消費者が三当事者取引の重要な部分につき認識した上で与信取引が行われるのが正当であるとの考えに基づくものである。例えば、自社割賦にみせかけての立替払契約であったとか、クレジット会社による立替払であると説明しながらクレジット会社は保証をするにすぎない場合とか、変動金利であるのに固定金利であると説明するなどの場合が規制される。第二は、過剰与信に対する規制である。同趣旨の規制は、三号類型にもみられる。これとの関係が問題になるが、七号類型では三当事者取引における与信業者の過剰与信を規制し、三号類型では販売業者やサービス提供業者の行う与信取引行為や自社割賦あるいは二当事者間取引における与信取引での過剰与信を規制するものである。第三は、不当取引への与信を規制する。商品・サービスの販売業者等の取引行為が一号類型から三号類型の不適正な取引行為である場合に、与信業者が安易に与信を供与することによって助長されることがある。そこで、与信業者と不適正な取引行為を行っている事業者間に加盟店契約や提携関係等の関係がある場合に、与信業者につき当該事業者の管理にあたっての不適正な取引行為として規制するものである。第四に、抗弁の対抗に対する不当取立てを規制するものである。消費者が、販売事業者などに対して有する支払拒絶などの抗弁を、法律上または契約上の正当な根拠に基づき与信業者に対抗しているにもかかわらず、与信業者が不当な手段を用いて履行を迫る行為を規制するものである。割賦販売法三〇条の四などに抗弁の接続が規定されているが、これと同趣旨の規定である。

（2）　概観にあたっては「不適正な取引行為を定める規則」の実行性及び問題点に関する調査報告（平成六年一一月）によるところが多い。

おわりに

「不適正な取引行為」規制についての条例及び規則の改正によっても、現在みられる不適正な取引行為につき十分な規制が行われたとは言いがたい。そのことは前述において個別に指摘した。それに加えて、例えば、宗教的サービス行為になると、取引行為として捉えて規制対象に入れることができるかどうかについても問題を残していることなどをみても明らかである。また、前述したところであるが、不適正な取引行為は年々新たな形態をとって現れる。このため、規制との追いかけっこにもなりかねない。これに対応して、消費者の権利として定められた「不適正な取引行為を行わせない権利」を保護するには迅速で効果的な改正をこれからもいとわず行っていくことが必要である。

2 役務(サービス)取引の適正化について

はじめに

近年、消費の多様化に伴い、従来の有形商品「もの」中心の取引から無形商品「役務（サービス）」の取引割合が増加してきた。それに伴って、役務（サービス）取引による消費者被害が増加し、東京都消費者センターの相談件数をみても平成四年度上半期の全相談件数の五一・七パーセントと過半数を超えている。このことは、役務（サービス）取引による消費者被害の救済が今後の消費者問題の中心となることを暗示している。しかし、役務（サービス）取引の適正化について考える場合、その対象となる役務（サービス）取引が多様であることから非常に困難である。たとえば、①クリーニングサービスに始まり、②会員サービス、③情報サービス、④証券取引・商品先物取引・保険サービス、⑤旅行・運送サービス、⑥工事・建築・加工・修理サービス、⑦家事・シルバーサービス、⑧レンタル・リースサービス、⑨理美容サービス、⑩教育・内職・宗教サービスなど広範囲に及んでいる。このため、これら各役務（サービス）取引毎に、その適正化を考えなければならない面が強い。また、役務（サービス）のみの取引である場合のほかに、役務（サービス）と有形商品が混合した混合商品取引である場合もあり、そしてそれが単純に合体するだけにとどまらず全体として商品自体による被害として質的に変革する場合もあって複雑である。このため、このような混合商品取引においては、役務（サービス）取引の適正化としてのみ捉えるのか、有形商品と一体をなすものとして、その適正化を考えるべきか問題となる。このように役務（サービス）取引の適正化を考えるあたっては、その対象分析自体に多くの問題があるわけであるが、本稿では、これらの問題を留保して、最近、東京都によってなされた「役務（サービス）取引についての実態及び法的規制等に関する調査報告（平成五年三月）」に依拠しながら、その適正化につき考えてみることにする。

一 役務（サービス）取引の特徴

1 「もの」取引との概念区別

役務（サービス）取引は、「もの」の取引と区別される概念である。役務（サービス）取引は人の行為を取引の対象とするものであるのに対して、「もの」の取引は、有体物が取引の対象とされる。このことから、その区別は明らかなように思われる。しかし、「もの」の取引においても、「もの」の製作、「もの」の引渡など人の行為が伴うことから、それを厳密に区別することは困難である。たとえば、食料品を購入するのは「もの」の取引であるのに対して、レストランで食事をするのは役務（サービス）取引であるとして一応、区別されよう。しかし前者の場合についてみると、その食料品を作り、運び、売るという人の行為が伴っており、これらがその「もの」の価値を形成しているのである。すなわち、種々の役務（サービス）が加わっているのである。また、後者についてみると、料理すること、給仕することという役務（サービス）とともに、料理品という「もの」の取引も行われ、これらが含まれて取引の対象となっているのであって、それほど明確ではないのである。そこで、これを区別する基準としては、一つは経済学におけるものが考えられる。しかし、経済学においても、役務（サービス）に関する明確な定義はないようであるが、一般には、第三次産業としてのサービス産業がこれに当たるとされているようである。二つは法律学におけるものである。これについても明確なものはない。ただ、民法における基本的契約類型についてみると、①物の移転に関する契約（売買・交換）、②

物の利用に関する契約（消費貸借・使用貸借・賃貸借）、③労務の利用に関する契約（雇傭・請負・寄託・委任）、④その他の契約（和解・組合・終身定期金）に分類することができ、そのうち①は「もの」の取引に関する契約であり、②と③は役務（サービス）取引に関する契約とみることができよう。なお、EC指令案によれば、法律学上の役務（サービス）概念とは、「経済学上のサービスの概念から『動産の製造を直接的かつ排他的な目的とする行為又は物権若しくは著作権等の物権類似の権利の移転を直接的かつ排他的目的とする行為を除く』ものをいう」としている。

2　役務（サービス）取引適正化の法理論

ところで、法律学においては古くから役務（サービス）取引に関する契約を規定してきたことは前述のとおりである。しかし、役務（サービス）取引による消費者被害に対応するという意味においては、これらの諸規定によっては十分ではなかった。それは、民商法上の「もの」の取引に関する契約についての規定が、「もの」の取引による消費者被害の救済に十分に対応できなかったのと同様である。ただ、このことのために「もの」の取引の場合には、早くから、そのための特別法、とくに訪問販売法や割賦販売法などを設けて規制してきたのに対して、役務（サービス）取引については、これが遅れ、最近になって訪問販売法のなかに指定役務が入り、その他、商品先物取引や会員権取引についての特別法が設けられるに至るという、「もの」の取引よりその規制が遅れたことの結果である。このため、役務（サービス）取引の適正化のためには、まずは「もの」の取引の適正化のために確立してきた法律上の理論を有効に活用するとともに、役務（サービス）取引独自の消費者問題を発掘し、消費者保護のための独自の法理論を形成することが必要である。

3　役務（サービス）取引被害の特徴

それは、第一に、役務（サービス）内容の不明確さにある。「もの」の取引の場合は、「もの」が有体物であり、契約成立前に、その「もの」を事前に見たり、触れたりすることが可能であり、かつ、その「もの」の製造または販売契約が問題となるだけで、取引の内容は比較的はっきりしている。これに対して、役務（サービス）取引の場合は、契約成立前に、役務（サービス）自体を見たり、触れたりして確認することができず（サービスの無形性、視認困難性）、役務（サービス）を実感できるのは、契約成立後に限られる場合が多い（判定困難性）。さらに、役務（サービス）取引は、請負、委任など、その契約形態もさまざまであるため、取引内容が明確にされないまま契約が締結され、後にトラブルになることが多いことである。このため、役務（サービス）取引の適正化のためには、役務（サービス）取引におけるこのような特性を十分に考慮しなければならないことになる。第二に、役務（サービス）取引による消費者被害の大半は不適正取引被害として現れることである。役務（サービス）という無形商品は取引行為自体によってその商品内容が定まるという特徴をもっている。たとえば、有形商品取引における商品欠陥に対応するところの役務（サービス）の欠陥は取引行為自体の欠陥として現れることになるわけである。これは、取引行為が不適正な場合として現れるのである。このように、役務（サービス）取引による消費者被害と不適正取引行為による消費者被害とは密接に結びつくものであり、役務（サービス）取引の適正化のためには、不適正取引行為の適正化との関係でみていかなければならないのである。

二　役務（サービス）取引の適正化のための諸規制

1　わが国における諸規制の概観

役務（サービス）取引の適正化のために、わが国においてどのような規制が行われているかにつき概観すると、つぎのようである。

第一に、法令による規制がある。これには、包括的規制と個別役務（サービス）規制がある。包括的規制は役務（サービス）取引一般を規制するものである。その代表的なのが、訪問販売法（現行特定商取引法）と独占禁止法および不当景品類及び不当表示防止法である。ただ、訪問販売法では、指定役務に限定されているため多くの役務（サービス）取引がその規制をうけない状況にある。また、独占禁止法では、公正取引委員会が「不公正な取引方法」の指定のなかで役務（サービス）取引の場合も含めていること、不当景品類及び不当表示防止法では役務（サービス）取引における不当な表示を禁止していることから、これらによって一般的に規制されることになる。ただ、これらの規制は、役務（サービス）取引適正化のための独自の規制ではない。個別役務（サービス）規制は、役務（サービス）取引の種別毎に規制をするものであり、業種規制である。その数は多いが、消費者保護との関係において、特に注目されるものとしては、会員サービス取引に関する「ゴルフ場等に係わる会員契約の適正化に関する法律」、先物取引に関する「海外商品市場における先物取引の受託等に関する法律」、旅行サービスに関する「旅行業法」、保険サービスに関する「保険募集の取締に関する法律」、不動産取引サービスに関する「宅地建物取引業法」、商品預託サービスに関する「特定商品等の預託等取引に関する法律」などがみられる。しかし、このような個別役務（サービス）取引毎の規制で十分かどうか問題である。当該個別役務（サービス）取引特有の問題に適合した適正化のための規制には有用ではあるが、その前提としては、役務（サービス）取引に共通する問題についての適正化のための一般規制がなければ、役務（サービス）取引全体についての適正化としては不十分ではないかと思われるからである。

第二に、自治体における、いわゆる消費者条例・規則により規制するものである。多くの自治体において、役務（サービス）取引につき消費者条例・規則が適用されるものとしている。このような消費者条例・規則による規制にあたっては、役務（サービス）取引一般に適用され、種別を限定していないことが、個別役務（サービス）規制を中心とする法令による規制よりは有効といえる。ただ、東京都の場合をみてもわかるように、これらの消費者条例・規則は、「もの」の取引を中心としたものであり、役務（サービス）取引につき十分対応できていないという欠点をもっている。今後は、かかる欠点を自覚した改正が必要である。

第三に、各業界による自主的規制によるものがある。たとえば、リゾート会員サービスに関しては日本リゾートクラブ協会が自主規制基準として、契約・約款基準、重要事項説明書基準、広告及び表示等に関する基準、募集基準、運用基準などを定めているし、結婚情報サービスに関しては結婚情報サービス協議会が自主基準を定め、クリーニングサービスに関しては環境衛生関係営業の適正化に関する法律に基づく標準営業約款等によって、サービス内容の表示、施設・設備の表示および損害賠償についての自主規制が定められ、エステティックサービスに関しては日本エステティシャン協会などが営業、表示および技術に関する自主規約を定めているなど、その例は多い。しかしこのうち、クリーニングサービスの賠償基準のように過失の推定や詳細な賠償額の算定基準を定めるなど評価できるものがあるが、多くは自主規制内容自体不十分なものであり、またその実効性に乏しいところがある。自主規制は、業界自体が社会的責任を自覚するに至らないかぎり実効性を伴うものではないことから、悪質な役務（サービス）取引が行われている業界であればあるほど、それによる規制は期待できない。ここに自主規制の限界がある。

2　諸外国の規制状況の概観

諸外国においても、わが国と同様に個別役務（サービス）取引を規制する法律が多いが、これらを概観することは省略する。そこで、役務（サービス）取引について包括的な規制についてみるとつぎのようである。①アメリカでは、消費者保護で最も重要な連邦政府機関（ＦＴＣ）および連邦取引委員会法五条は、消費者を惑わす不公正な取引を規制するものではあるが、これらは役務（サービス）取引をも当然の対象として規制している。また、多くの州には、訪問販売において消費者にクーリング・オフ権を認める制定法があるが、この制定法も若干の例外を除いては、役務（サービス）取引一般を規制対象としているし、消費者信用保護法もサービスの提供者に対する抗弁権をカード発行者に対して対抗できるものとしているなど、役務（サービス）取引に限定した包括的規制法は見られないが、「もの」の取引に関する規制と同様に規制している。②イギリスでは、一九八二年法におけるサービス供給契約についての定めがある。人（供給者）がサービスを提供することを約する契約がサービス供給契約であると定義したうえで、供給者の注意義務、役務（サービス）供給時期、対価に関する黙示条項を規定している。「もの」の取引と異なる特質に注目したところの役務（サービス）供給義務者に対する義務づけとして注目される。③ドイツでは、不正競争防止法が役務（サービス）取引をも対象とし、約款規制法では一部の役務契約につき一部の条項の適用を除外しているが、その他は全て適用対象とし、消費者信用法では一般的には役務取引を対象としクーリング・オフ権を認めているが、抗弁権接続規定については「もの」の取引と結合する場合に限っている。また、訪問販売法では、役務（サービス）取引を含む有償給付に関する契約全般に適用するものとしている。このことから、役務（サービス）取引についての包括的規制としては、「もの」の取引の場合に近づけているが、役務（サービス）取引特有の包括的規制は行われていない。ただ、それに代わるものとして個別役務（サービス）別規制が多くみられる。④フランスでは、製品および役務（サービス）についての消費者の保護および情報に関する一九七八年一月一〇日の法律第二三号で、役務（サービス）取引をも規制している。また、訪問販売及び住所での販売についての消費者保護に関する一九七二年一二月二二日の法律第七二−一一三七号でも役務（サービス）取引を対象としている。このことから、役務（サービス）取引と「もの」の取引とは、必ずしも区別しないで規制する方向にあるといえよう。

3　役務（サービス）取引規制のあり方

役務（サービス）取引の適正化のための規制につき、わが国および諸外国につき概観したわけであるが、概していえることは、役務（サービス）取引についての独自の問題を十分に検討したうえでの規制が行われているとはいえないのではないかということである。このため、役務（サービス）取引の適正化については、「もの」の取引の適正化と同視して規制するか、個別役務（サービス）別規制で対応しているにすぎない。しかし、役務（サービス）取引に共通する独自の問題があるわけであって、この点の検討を十分に行ったうえで、役務（サービス）取引一般についての包括的規制を行う必要があるのではないと思われる。このことは、わが国だけではなく諸外国においても、役務（サービス）取引が消費者取引の主要な部分を占めるようになった今日においての重大な課題といえよう。

三 役務（サービス）取引の適正化のための問題点

つぎに、役務（サービス）取引の適正化のために特に問題となる点につきみることにする。

1 役務（サービス）内容の明確化

消費者に選択の自由を保障することは、消費者を保護し、悪質な業者を排除して優良な契約を締結する業者だけを残すために基本的に必要なことである。このため、役務（サービス）取引にあっては、まず選択の対象となる商品である役務（サービス）内容が明確でなければはならない。しかし、役務（サービス）については、それが困難な場合が多い。

その一は、内容特定の困難性にある。前述のように役務（サービス）は、無形であり、視認・判定が困難である。このような役務（サービス）の内容を合理的な基準を設定して明確にすることができるかという問題が生ずる。しかしこれがために、エステティックサービスにみられるように多くのトラブルが生じてきていることからすると、適切な規制を行うよう考えなければならない。その方法としては、①各種役務（サービス）に対応して、その内容を明確にすべき法律上の義務を課することが考えられる。

その二は、品質特定の困難性にある。役務（サービス）取引では、役務（サービス）内容がある程度明確にされたとしても、なお、その役務（サービス）を特定するのに困難な問題として、品質特定の困難さが残る。物の取引では、その物が特定されれば、その物の通常備えているべき品質を欠くかどうかの判断は比較的容易である。これに対して、役務（サービス）取引の場合は、提供されている役務（サービス）の程度について、提供者による差があることは否めず、何が通常の品質かを特定することが困難であることが多い。また、消費者が期待した品質と提供された役務（サービス）との間にギャップのある場合も多い。そこで、品質の特定困難性を補完するには、①契約の締結段階において、事業者から提供される役務（サービス）についての情報をできるだけ提供させること、②役務（サービス）提供中でも、消費者に自由な中途解約権を保障することにより対応することが必要になる。

なお、役務（サービス）取引の場合には、役務（サービス）の内容と契約の内容は密接な関係にある。すなわち、役務（サービス）内容を明確にするということは、役務（サービス）取引の目的である無形商品を明確にするとともに役務（サービス）契約の内容自体を明確にすることでもあるのである。そこで、役務（サービス）内容を明確にしないという場合には、それを不適正取引行為として規制することも考えられる。ただ、このためには、役務（サービス）取引における表示および書面交付を強制することが必要になる。

2　役務（サービス）取引変更の保障

役務（サービス）の特性としては、役務（サービス）を実感できるのは、契約成立後に限られている。このことから、いったん契約が締結された後になっても、その内容が消費者の意にそぐわない場合には、合理的な範囲内で役務（サービス）取引を変更できる余地を与える必要がある。役務（サービス）の特性としての判定困難性にともなう危険は、このような役務（サービス）を提供する事業者に負担させるべきであり、消費者に負担させるべきでないと考えられるからである。

しかし、実際には、これとは逆に、旅行サービスやエステティックサービスにみられるように、消費者からの変更は制限され、事業者からの変更は自由になされるという場合が多い。このため、まず、事業者による内容変更については、変更することにつき合理的理由がない限り、債務不履行として責任のあることを明確にすべきであり、消費者からの変更については、これを自由に変更させることは困難であるとしても、消費者からの内容変更の申入れがあり、事業者がこれを拒否したときには、消費者からの解約を認める旨の条項を契約内容に入れることが考えられよう。

3　役務（サービス）の瑕疵と法的救済

役務（サービス）の瑕疵については、わが国では明確ではないが、一般に、①役務（サービス）提供の過程において、役務（サービス）の提供を受けた消費者の生命身体ないし財産が害されることと考えられているようである。しかし、スウェーデンの消費者サービス法では、②契約により定められたとおりの内容の役務（サービス）が提供されていない場合、③提供された役務（サービス）の質に問題のある場合も含まれるものとしている。

①の場合は役務（サービス）の安全性とその法的救済が問題になる。まず役務（サービス）の安全性については、その基準づけが困難な場合が多い。製品の安全とは異なる方法によって、その安全性を確保し規制することが必要になろう。また、役務（サービス）から生じた損害については、わが国では、もっぱら不完全履行としての債務不履行責任（民法四一五条）か不法行為責任（民法七〇九条）による賠償責任が問題にされている。そのいずれもが過失責任主義に基づくものである。そこで、役務（サービス）の提供に際して、事業者に過失があったかどうかの証明が問題になり、困難である。これを解消することが重要な課題となる。ところで、近時、国民生活審議会が、製品の欠陥による事故については、無過失責任主義に基づく消費者救済のための立法化の必要性を提言し、それに添って製造物責任法の立法化が確実になってきている。そこでもしこれが実現すると、役務（サービス）の瑕疵による被害救済については、従来のように過失責任によることになるが、製品の欠陥の場合には無過失責任でよいことになり、アンバランスが生ずることになる。製造物責任立法にあたっては、このことをも考慮しながら考える必要があろう。

②の場合は契約上の役務（サービス）内容の明確化とその法的救済が問題になる。役務（サービス）内容の明確化については、前述のように困難な問題である。しかし、これが明確でない限り、契約により定められたとおりの内容の役務（サービス）提供があったかどうか判断することができないわけで、役務（サービス）の選択のためだけではなく、役務（サービス）の瑕疵判断の前提でもあるわけである。そこで、まず事業者に役務（サービス）内容の明確化を義務づけ、不明確な場合には、契約の効力を否定するなどを考えるべきである。また広告、宣伝等された内容と異なる役務

（サービス）が提供された場合には、錯誤理論等により消費者を保護することを考えるべきである。さらに消費者ニーズとの食い違いも場合が考えられ、この場合はいささか困難である。しかし基本的には消費者ニーズに対応して役務（サービス）提供が行われるように、消費者の要望を十分に聞き、その要望に沿った役務（サービス）を提供すること、消費者の要望に沿えないときは、その旨を明確に伝えることなどの義務があるとして、これらの義務をつくしていない限りにおいては債務不履行責任を認めるべきであろう。

③の場合は品質の保証とその法的救済が問題になる。役務（サービス）の品質を表示することの困難なことは前述した。それ以上に役務（サービス）の品質を保証することは、さらに困難である。しかし、役務（サービス）の品質を客観化できるものも少なくない。役務（サービス）提供に関連する施設や道具、役務（サービス）提供の具体的方法を明確にしたり、旅館やホテルの格付けのように規格化格付けを行うことが考えられよう。また、実際に役務（サービス）を提供する者につき一定の資格をもつことを義務づけることによって役務（サービス）の品質を維持することも考えられよう。

4　役務（サービス）取引における不適正勧誘とその規制

役務（サービス）は、商品のように直接そのものを目でみることができないために、消費者は、その取引の内容に関する情報は、事業者から提供される情報によって知ることしかない。そして、事業者からの情報提供の手段としては、広告、パンフレットなどの商品説明書や契約書、セールストークなどである。このうち、役務（サービス）の視認困難性のために、役務（サービス）取引の勧誘上の問題点の多くは、セールストークや誇大な広告によるものが多い。このため、勧誘の適正化のためには、セールストークや誇大な広告にからむ不適正な情報提供につき法規制することが必要になる。また、役務（サービス）は視認困難であることから、その勧誘方法として「見学・体験・カウンセリング」といういわゆる「体験商法」によるものもみられる。消費者としては、その役務（サービス）内容につき体験できることから、一見、望ましいようにもみえる。しかし、現在、行われている体験商法はまさに悪質なものが多い。エステティクサービスなどでは顔の半分を美顔し残りを有料とするとか、数本程度を脱毛して残りを有料にするとか、語学サロンでは見学にきた消費者に長時間にわたり強引に勧誘するとかなどが問題にされている。それは役務（サービス）内容を体験させるというよりも不適正な勧誘の手段として用いられているわけである。このため、適正な体験が行われるように規制することが必要になろう。さらに電話勧誘も多く用いられている。このような電話勧誘では、その場限りのセールストークで勧誘されることからより悪質になり勝ちである。そこで、電話勧誘を禁止するためには、電話勧誘によっては契約は成立しないものとすることが考えられよう。

5　継続的役務（サービス）取引と中途解約権

役務（サービス）取引には、修理などのように一回または短期間の役務（サービス）の提供によって完了するものと、長期間にわたって継続的に役務（サービス）の提供を行うものとがある。後者の場合には、消費者からの中途解約を認めることが必要である。役務（サービス）は体験して始めてその内容を知ることができ消費者のニーズに合うかどうかが判定できるものである。このため、契約締結当初においては、長期間の継続的役務（サービス）取引につき合意したが、それが当該消費者のニーズに合わないときは、この契約の拘束から免れうるものとする必要がある。これは、役務（サービス）の判定困難性に伴う危険を消費者に負担させるのではなく、事業者に負担させるべきであると考えるからである。そのためには、契約内容として、適正な解約料を支払うことを前提とした解約自由を約定させるようにする必要があろう。

6　役務（サービス）取引の対価の適正化

役務（サービス）取引の場合、物の取引と比べて、料金をめぐるトラブルが圧倒的に多い。それは、役務（サービス）

の規格化が非常に困難であり、品質を的確に表示することも困難であることによる。そこで、役務（サービス）取引を適正にするためには、物の取引の場合よりも厳格に、役務（サービス）内容と役務（サービス）対価を対応させて掲示させることは不可欠となる。

7　継続的役務（サービス）対価の一括前払禁止

継続的役務（サービス）取引では、多数回分・長期間分の料金を一括前払いさせる例が多い。これは、物の取引における大量取引にも類似するものである。そして、このような前払いの場合には、消費者が途中で止めたくなっても止められないことになるとか、止める場合に前払金の返還に応じないとか、事業者が倒産したときには役務（サービス）提供が受けられなくなり、また前払金は返還されないという問題が生じてこよう。もっとも、このような前払いには、消費者にとっても、前払いによる割引のメリットがないわけではない。しかし、その判断は困難である。それよりも、事業者の顧客を固定化し、資金を入手できるというメリットのほうが大きいであろう。このことから、商品の不必要な大量取引を禁止するのと同様に、長期間の前払いを禁止しても不都合はないであろう。

8　役務（サービス）取引とクレジットの利用

役務（サービス）取引においてクレジットが利用されている例は多い。それは、物の取引におけるクレジット利用と何ら異なるところはないからである。そして、クレジットの利用の問題は、一括前払いの問題とも符合するものである。とくに、役務（サービス）提供事業者が倒産したような場合でも、消費者はクレジットの返済を続けなければならないかどうか問題となる。このことに関しては、平成四年に、通産省通達で役務（サービス）取引においても抗弁権接続の法理を適用するよう指導している。このため、消費者は役務（サービス）提供事業者の倒産により、役務（サービス）提供が受けられなくなった場合には、これを抗弁として返済を拒否できることになる。しかしクレジット利用による被害をさらに防止するには、不適正な役務（サービス）供給事業者に対してはクレジットの利用を認めないという方法も考える必要がある。そしてもし不適正な役務（サービス）提供事業者にクレジットの利用を認めたクレジット事業者に対しては、不適正な役務（サービス）提供事業者と同様に、不適正事業者として扱い規制ないし行政処分することも考えられよう。このことによって、加盟店に対するクレジット事業者の審査能力を高め、正確かつ慎重な加盟店への審査、監督を行わしめることもできよう。

おわりに

役務（サービス）取引については、今日、ますます消費者被害が続発し、かつ悪質化しつつある。それにもかかわらず、物（商品）取引に比べて、役務（サービス）取引の適正化は不十分である。それは、役務（サービス）の無形性、視認困難性、判定困難性にあることは、これまでみてきたところである。

しかし、これら役務（サービス）の特性による被害を消費者に負担させることは妥当でない。このような役務（サービス）を提供する事業者において負担させるべきである。このような視点に立って、かつまた物（商品）取引と異なる要素のある点を十分に考慮しながら、その適正化を考えていくことが重要である。とくに、役務（サービス）の表示の目的と方法、役務（サービス）の瑕疵と法的責任の問題、役務（サービス）取引と不適正取引行為規制の関係など注目しながら適正化を図ることが当面の課題といえよう。

3　個人情報利用取引被害と不適正取引行為規制

はじめに

事業者は、今日、販売促進を図るための方策として、個別消費者のニーズへのアプローチを強めてきている。このために、個別消費者の生活行動、需要の把握を戦略的に重視する傾向が高まっている。そこで、そのための前提として、事業活動において、個々の消費者の氏名、住所等の情報はもとより、それ以外の資産、嗜好、生活、消費行動等の情報を含め、幅広く、個人情報を収集し、活用する、いわゆる「個人情報利用取引」が一般化している。これにともない、消費者に対する被害も増加してきている。

そこで、このような状況に対し、今日、個人情報保護の見地からは、専ら人権やプライバシー権あるいは情報の自己コントロール権という面からの個人情報保護規制が強化されてきている。しかし、個人情報利用取引における消費者被害は、このような人権やプライバシー権あるいは情報の自己コントロール権侵害にとどまるものではない。アンケート調査と称しての個人情報の収集による勧誘や、悪質商法にかかり易い消費者リストを転売などして次々に勧誘する「次々販売」や「二次被害」や、結婚情報サービスでのセンシティブな情報の不適正利用による被害なども増加してきていることから、取引の適正化の側面からも、アプローチすることが必要である。そこで、本稿では、不適正な取引の見地からの規制について検討をする。ただ、この場合、個人情報利用取引の態様が様々であり、個人情報利用取引による消費者被害の内容も様々である。そこで、個人情報保護の領域と不適正取引行為規制の領域の棲み分けや、規制の手法の違いなどに留意しながら、不適正取引行為規制の在り方につき考えなければならないという困難な問題がよこたわっている。

一　不適正取引規制の基本的目的と規制内容の概観

1　不適正取引行為規制の概観

消費者の取引被害からの保護のために、今日、事業者の不適正な取引行為を規制する方向が強まってきている。その主な法令としては、訪問販売法（現行特定商取引法）、ゴルフ会員契約適正化法、預託取引規制法、海外先物取引法、貸金業規制法などがみられる(1)。

また、ほとんどの自治体は不適正行為規制条例を設けている。そのうち、東京都消費生活条例(2)についてみると、条例では①不当勧誘行為、②不当強制行為、③不当な取引内容を定める行為、④不当な履行強制行為、⑤不当な履行延引行為、⑥不当な終了拒絶行為、⑦不当与信行為の七類型を定め、これに基づく規則では四〇の行為を不適正な取引行為として規制している。

これら法令ないし条例や規則による規制は、事業者の勧誘から契約締結、契約内容の決定、契約の終了という一連の取引行為につき規制する点に特徴がみられる。そして、今日では、このような不適正取引行為規制は消費者保護の主流となりつつあるともいえる。個人情報を利用した取引についても、このような事業者の不適正な取引行為として規制することができるかどうか検討する必要がある。

2　個人情報利用取引に対する現行不適正取引行為規制の限界

個人情報利用取引に関連した法律上の規制としては、割賦販売取引については割賦販売法四二条の四第一項、二項で情報の適正使用と正確情報の提供について規定し、貸金業規制法三〇条一項、二項でも情報の適正使用と正確情報の提供について規制している。しかし、これらはいずれも個人情報保護規制的規定であって、不適正取引行為規制ということはできない。

また、近時、訪問販売法では電話勧誘販売についての規制規定（同法二条三項、九条の四～九条の一三、一八条の二、現行特定商取引法二条三項、一六～二五条、六〇条）が設けられた。電話勧誘販売は、必然的に個人情報データを利用するものであることから、個人情報利用取引についての規制としての意味をもつものである。そして、個人情報が電話勧誘のために用いられた場合には、有効性を発揮する。しかし、この場合の規制は、個人情報が電話以外の例えばダイレクトメールなどによる勧誘のために用いられた場合には規制の対象にはならない。なお、ダイレクトメールについても訪問販売法八条以下（現行特定商取引法一一条以下）で通信販売取引につき規制している。しかし、根本的なことは、これらの規制は電話勧誘や通信販売という勧誘手段に注目したものであり、消費者取引のための「個人情報の利用」に対する不適正な行為の規制という側面からの規制ではないということである。

二　個人情報利用取引態様と不適正取引行為規制の範囲

個人情報利用取引による消費者被害を不適正取引行為規制の観点から規制するに当たっては、個人情報を利用した取引態様が様々であることから、その典型類型毎に検討する必要がある。その際、不適正取引行為規制によるのか個人情報保護によるのかの棲み分けを行うことによって、よりその方策の適正を判断することができよう。

1　自己収集情報利用取引と不適正取引規制

取引事業者自身が個人情報を収集し、これに基づいて、取引事業者自身が勧誘し消費者取引を行う場合である。もっとも、収集した個人情報を自己管理しているか委託管理させているかは問題ではなく、その個人情報を取引事業者自身が利用して勧誘・取引を行っていれば、この類型に入るものと考えてよい。顧客情報取引、誘因顧客情報取引、不適正収集顧客情報取引などの場合である。

この類型では、取引事業者と個人情報を収集し使用する者（以下は「情報業者」と呼ぶ）が分離していないのが特徴である。このため、個人情報の収集・管理・利用は、それ自体が勧誘・取引の一貫とみることができる。

(1)　適正収集情報利用取引の場合　　たとえば、顧客提供情報で個人情報保護に照らして適正に収集されている場合でも、勧誘・取引態様が不適正な場合は、個人情報保護に反していないときでも、勧誘・取引自体が不適正であることから、不適正取引行為規制の対象になることについては問題はないであろう。個人情報は専ら不適正取引の手段として利用されているだけだからである。

また、適正な顧客提供情報利用の場合でも、顧客が提供した情報に基づく勧誘を拒否しているのにこれに応ずることなく勧誘を続けているときは、個人情報保護では不適正な取扱いになるが、この場合には、消費者の意に反し、迷惑を覚えさせるような方法での勧誘に類するものであり不適正行為として不適正取引行為規制の対象にすべきである（例えば、注(1)の③類型、都規則七条二項一号）。この場合は、その個人情報の利用は不適正利用であり、それは勧誘・取引態様からみると不適正取引とみることができるからである。

(2)　不適正収集顧客情報利用取引の場合　　たとえば、アンケート調査と称して収集した顧客情報や公団住宅申込代行のように目的を偽りあるい隠しての誘引情報など、不適正な収集により作成した顧客情報による勧誘・取引の場合は、個人情報の収集が不適正であることから個人情報保護に反することになるが、この場合には、そのような方法での個人情報の収集自体が、販売の意図を明らかにしない勧誘に当たると解することができ、不適正取引行為規制の対象にもなるといえる（例えば、都規則六条一項一号違反）。このような個人情報の不適正な収集や利用は、専ら取引にあたっての勧誘を目的としたものであり、その不適正収集行為が不適正取引行為そのものとみることができるからである。

(3)　不法収集情報利用取引の場合　他事業者から盗み出した個人情報や無断で流用した個人情報による勧誘・取引の場合は、個人情報の不適正な収集として個人情報保護の対象になるとしても、その勧誘・取引態様が不適正でない限り、不適正取引行為としては規制できない。また、住民登録や行政の保有する個人情報などを無断で写すなどして作成した顧客情報などによる勧誘・取引の場合も同様である。上記の(2)の不適正収集顧客情報利用取引と異なるのは、(2)のように消費者から直接に情報を収集しているのではない点であり、このために販売の意図を隠しての勧誘とみることができないからである。

なお、これらの情報を保有して管理していた事業者についても同様である。

(4)　顧客情報の不適正管理・利用の場合　結婚情報サービス取引に伴って顧客の提供した顧客にとってセンシティブな情報（明かにされたくないような情報）を事業者が、顧客の意に反して利用したり、不適正な管理を行っているような場合には、それ自体が不適正な取引になる。このような場合には顧客情報の管理・利用自体が取引の内容をなすものであり、それが不適正に管理され利用される場合には、契約上の義務に違反する（民法四一五条）とともに、取引自体が不適正になると考えられるからである。もっとも、個人情報保護の見地からみても、情報の不適正管理、利用として規制されることになろう。

(5)　個人情報を利用したテレマーケティングおよびダイレクトメール取引の場合　取引事業者自身がテレマーケティングやダイレクトメールを利用して勧誘・取引を行うとき、テレマーケティングによる場合は、訪問販売法による電話勧誘販売に対する規制で規制され、ダイレクトメールによる場合は、訪問販売法による通信販売に対する規制で規制されることになる。個人情報利用取引については、個人情報を電話勧誘やダイレクトメールの宛先などとして利用する利用の仕方の面からも規制することができるのである。

2 自己収集情報委託利用取引と不適正取引行為規制

取引事業者が個人情報を収集しているが、その管理を他の事業者などに委託するとともに、その受託事業者などによって勧誘が行われている場合である。この類型では、自己収集情報利用類型と同じように取引事業者が自己収集情報を利用して取引を行っていることには変わりはないが、勧誘行為が受託事業者などによって代行されている点に違いがある。

(1) 取引事業者に対する不適正取引行為規制　取引事業者に対する不適正取引行為規制については、情報管理・勧誘受託事業者との関係がどのような関係にあるかにかかわらず、原則としては、前述の自己収集情報利用類型の場合と同様に考えてよい。取引事業者と情報管理・勧誘受託事業者とが親子会社の関係にある場合、事業系列会社である場合は、この原則には例外を認めるべきではない。そこには、取引行為における経済的一体性があるとみてよいからである。全くの別事業者である場合についても、委託関係にあることに注目すると勧誘・取引態様においては一体であると見てよいであろう。ただ、全くの別事業者である場合には、実際の取引ではあり得ないと思われるが理念型として情報管理・勧誘受託事業者が取引事業者の指示に従わないで不適正勧誘を行っている場合については、原則としては、事業活動において独立したものと考えるべきであることから、取引事業者につき不適正取引行為規制を行うことはできないが、取引事業者がそのことを知りながらあるいは重大な過失があって適切な措置をとらなかった場合には、取引事業者も不適正取引行為規制の対象になるとみてよいであろう。

(2) 情報管理・勧誘受託事業者に対する不適正取引行為規制　取引事業者の取引が不適正である場合に、情報管理・勧誘受託事業者も不適正取引行為規制の対象になるかどうか問題である。取引事業者と情報管理・勧誘受託事業者とが法人格としては別であっても情報管理・勧誘受託事業者が取引事業者の個人情報管理及び勧誘業務に従事することのために設置されているという関係にある場合は、情報管理・勧誘受託事業者についても不適正取引行為規制の対象にしてよいと思われる。この場合には、情報管理・勧誘受託事業者は取引事業者の勧誘・取引における一部門とみることもできるし、情報管理・勧誘受託事業者の事業活動も取引事業者の取引行為と一体となって不適正取引を行っているものと考えてよいからである。ここで重要なことは、取引事業者の不適正取引への係わりであり、法人格が異なるかどうかではないからである。また、個人情報保護の面でも個人情報の不適正使用に加担するものとして位置づけることができよう。

取引事業者と情報管理・勧誘受託事業者とは別個独立した関係にあって、単に委託関係にあるにすぎない場合は、原則としては、情報管理・勧誘受託事業者のその管理勧誘業務は取引事業者による不適正取引行為と一体であるとみることができないことから、不適正取引行為規制の対象とすることは困難である。ただ、このような場合でも、情報管理・勧誘受託事業者が、取引事業者が不適正取引を行っていることを知りながらあるいは知らなかったことにつき重大な過失があって適切な措置を採らなかったときは、情報管理・勧誘受託事業者のその管理勧誘業務は取引事業者の不適正取引に加担するものとして、不適正取引行為規制の対象になるものとする必要がある。また、情報管理・勧誘受託事業者が執拗勧誘を行っている場合に、それが取引事業者との成功報酬的契約に基づくような関係にある場合には、情報管理・勧誘受託事業者につき不適正取引行為規制が可能になるものと考えられる。

⑶　情報管理・勧誘受託事業者によるテレマーケティング及びダイレクトメール取引　この場合でも、取引事業者については、上記**1**・⑷の場合と同様に、電話勧誘販売規制や通信販売規制の対象になる。電話勧誘販売規制は、その勧誘手段に潜在的に内在する危険に注目しての規制であることから、取引事業者自身によって行われているのか、委託に別個独立の情報管理・勧誘受託事業者によって行われているかは問題ではないと考えられるからである。

3　顧客情報提供取引業者の顧客情報利用と不適正取引行為規制

ある取引事業者の収集した顧客情報を、その取引事業者と系列ないし提携関係にある取引事業者が利用して勧誘・取引を行う場合である。このような場合は、他の事業者から個人情報の提供を受けているという点では、後述の**4**の場合と類似するが、4の場合は個人情報を提供する事業者は情報提供を業務とする事業者であるのに対し、この場合は個人情報を提供する事業者は専ら取引を業務とする事業者であり、その取引によって収集した個人情報を提供している点で異なっている。そこで、このような場合には、顧客情報を収集した取引事業者とその顧客情報の提供を受けて勧誘・取引を行う取引事業者とは法的には別個独立の事業者であり取引行為においても別ではあるが、個人情報を利用した取引上のつながりが生ずる場合もあることから、顧客情報提供取引事業者について不適正取引行為規制の対象とする余地が大きいという特色が見られる。

⑴　系列・提携取引事業者による他事業者の顧客情報利用取引と不適正取引行為規制　東洋信託銀行事件にみられるように、銀行の顧客情報が同銀行系の企業グループに属する取引事業者に提供され、この顧客情報に基づいて勧誘・取引が行われた場合、その勧誘・取引が不適正な取引であれば、この顧客情報に基づいて勧誘・取引行為を行った系列・提携取引事業者につき不適正取引行為規制を行うことのできるのは当然として、顧客情報を提供した取引事業者も不適正取引を行ったものとして規制することができるか問題である。この場合、顧客情報提供取引事業者は、個人情報の収集目的外提供として個人情報保護の対象になるといえるが、このような収集目的外提供については、たとえ取引事業者の不適正な取引行為と結び付けて考えても、消費者との関係において不適正取引とみることはできないであろう。ただ、例外的に、提供する顧客情報が不適正な取引のために利用されることを知っているか知り得べきであったような場合には、系列・提携取引事業者による不適正取引行為に加担する者として不適正取引規制の対象とすることが可能ではないかと思われる。

⑵　いわゆる「次々販売」「二次被害」と不適正取引行為規制　「次々販売」は、一度、悪質商法被害にあった消費者をターゲットにして次々と勧誘を行い契約をさせる商法である。「二次被害」は、一旦悪質商法被害にあった消費者をターゲットとして以前の被害を救済するなどといって食い者にする商法である。こうした被害の背景には、悪質商法の事業者が自社の顧客情報、すなわち悪質商法の被害者の名簿であるいわゆる「カモ名簿」を作成し、これを売買する

などしており、これを利用して勧誘・取引している実態があるといわれている。この場合は、当初から、顧客情報提供事業者による不適正な取引行為にともなっての個人情報の不適正な収集、不適正な提供、これに基づく不適正な勧誘・取引という専ら個人情報を不適正取引の道具にしている点が注目される。そこで、このような場合で、取引事業者の勧誘・取引が不適正な取引であるときは、取引事業者は不適正取引規制を受けるのは当然として、個人情報の不適正収集および不適正使用として個人情報保護の対象になろう。また顧客情報提供取引事業者についても、このような「カモ名簿」的個人情報の収集及び提供は取引事業者の不適正取引行為を助成ないし幇助する共同行為者として不適正取引として規制することができよう。私法理論としても、このような顧客情報提供取引事業者は、取引事業者の勧誘・取引が違法であれば、これを幇助する者として共同不法行為責任（民法七一九条）を負う者と解することができるからである。

4　情報提供専門業者の個人情報利用取引と不適正取引行為規制

取引事業者が、情報の収集・提供を行う専門事業者ないし個人から個人情報の提供を受けて、これに基づいて勧誘・取引を行う場合である。もっとも、ここには、情報提供専門事業者が取引事業者からの委託を受けて、その提供した個人情報にもとづき勧誘を代行する場合も含まれる。単に個人情報を提供し取引事業者がこの個人情報に基づいて勧誘する場合と、勧誘の代行まで行う場合とには差異はないからである。なお、この場合には、取引事業者の取引行為と情報提供者の個人情報の提供とは法的にも経済的にも別個のものであるという特質がみられる。

(1)　「なま」情報提供と不適正取引行為規制　　印刷された各種名簿や電話帳情報や国勢調査・登記簿などの公的にアクセス可能な情報をもとに情報提供者が収集した個人情報について、名前・電話番号・住所のみをそのままの状態で提供を受け、これに基づいて勧誘・取引を行う場合（名簿業者による「なま」情報の提供がその典型である）は、その勧誘・取引が不適正な場合は取引事業者が不適正取引行為規制を受けることになるが、情報提供者について不適正取引として規制することは困難である。この場合は、情報提供者について個人情報保護の面からみて不適正な収集として規制されるかどうかについてはここでは検討を留保する。

(2)　購入者リスト情報提供と不適正取引行為規制　　情報提供専門事業者が、取引事業者の依頼に応じて購入者リストを作成し、これに基づいて勧誘・取引が行われている場合も、原則としては、情報提供専門事業者に不適正な取引があったとみることは困難である。ただ、その購入者リストが人種差別や身体的障害など人権侵害やプライバシー侵害になるようなものを基準として作成されているようなときは、個人情報の不適正な利用ないし提供、あるいはそのような内容の個人情報を収集したことが不適正な収集にあたり個人情報保護の対象になると考えられる。

なお、購入者リストが、前述のような悪質商法のための「カモ名簿」的なものの提供である場合は、情報提供専門事業者も取引事業者の悪質商法に加担し、共同して不適正な取引を行う者と同視して不適正取引行為規制の対象とする必要がある。

(3)　「誤」情報提供と不適正取引行為規制　　情報提供者が誤った個人情報を提供し、これに基づいて取引事業者が勧誘・取引を行った場合、まず取引事業者についてみると、この誤情報を利用して悪質商法を行ったときは不適正な取引になるとしても、そのような状況にない場合は不適正な取引として規制することは困難であろう。また、情報提供専門事業者については、誤情報を提供しているときは不適正な情報提供ないし不適正な情報管理として個人情報保護の対象になるが、その情報が誤情報であることを知りながら提供している場合でも、消費者との関係では不適正な取引とみることは困難である。

三　不適正取引行為規制に当たっての若干の提言

個人情報利用取引による消費者被害に対する対策としては、個人情報保護と不適正取引行為規制との共同作業によるのでなければ、有効でないことは、これまで検討してきたことで明らかであろう。そして、この共同作業をどのように行っていくかは今後の重大な課題である。ここでは、専ら不適正取引行為規制の見地に立っての基本的視点を列挙するにとどめる。

第一に、個人情報の利用は勧誘行為の一部分であり、個人情報の収集、利用、提供、管理が不適正である場合には、不適正な勧誘行為として、不適正な取引に転換することがあり得るという視点に立って考える必要がある。とくに、上記二・１・⑵のような取引事業者自身による不適正な顧客情報の収集は、直ちに不適正勧誘となるとみてよいであろう。

第二に、専ら悪質商法のための「カモ名簿」やターゲット個人情報の収集、提供、利用については、不適正取引のための手段としての意味を持つものであり、不適正取引行為への加担ないし幇助として不適正な取引の共同行為と捉えて規制することができよう。そして、この場合には、情報提供事業者も取引事業者と共同して不適正な取引行為を行っているとの視点に立って考える必要がある。

第三に、消費者から自己情報の削除を求め、あるいは利用ないし提供を拒否しているのに、この個人情報を利用して勧誘していることが明らかなときは、消費者の意に反した勧誘であり、不適正勧誘として規制することができよう。

第四に、顧客情報の適正管理・利用自体が取引の内容となっているような場合には、個人情報の不適正管理・利用が不適正取引行為になるとの考えのもとで対応すべきである。例えば、結婚情報サービスのような場合における顧客のセンシティブな情報の管理・利用が適切であることが契約上の義務とみることができることから、その不適正取扱いを不適正取引と解し得るからである。

第五に、情報提供専門事業者についても、取引事業者が不適正な取引を行うことにつき、知りながら、あるいは知らなかったことに重大な過失があったために適切な措置を採ることなく情報提供を続けている場合には、その情報提供自体が不適正勧誘に加担するものであり、消費者との関係において不適正な取引になるとの視点から、規制することを検討する必要があるということである。このことは、現行都条例二五条一項七号に、消費者取引において購入資金を融資する信販会社や貸金業者、銀行などの与信業者についても、取引事業者と共に与信業者特有の不適正な取引行為のあることに注目して、与信業者についても規制をしているのと同様の見地に立つて規制することを考える必要があるものと思われる。

（1）　規制行為類型としては、①勧誘にあたって、あるいは契約の解除・申込の撤回を妨げるために重要事項についての不実を告げること（訪販法五条の二（現行特定商取引法六条）第一項、訪販法一二条（現行特定商取引法三四条）一項、ゴルフ会員契約適正化法七条一項、預託取引規制法四条一項、海外先物取引法九条）、②勧誘に際し、あるいは契約の解除・申込の撤回を妨げるために判断に影響を及ぼすことになる重要なものにつき故意に事実を告げないこと（訪販法五条の三第一項（現行特定商取引法七条）二号・省令六条の二（現行七条）第二号、訪販法一二条（現行特定商取引法三四条）一項、ゴルフ会員契約適正化法七条一項、預託取引規制法四条二項、海外先物取引法九条）③契約締結の意思のないものに対する迷惑を覚えさせるような勧誘（訪販法五条の三第二項二号（現行特定商取引法七条三号）・省令六条の二（現行七条）第一号、訪販法一五条（現行特定商取引法三八条一項）二号・省令一八条（現行三一条）一号）、④勧誘に際し道路などの進路に立ちふさがること（訪販法五条の三第二項二号（現行特定商取引法七条三号）・省令六条の二第五号（現行七条六号））、⑤勧誘に際し顧客につきまとうこと（訪販法五条の三第二項二号（現行特定商取引法七条三号）・省令六条の二第五号（現行七条六号））、⑥契約の締結、あるいは契約の解除・申込の撤回を妨げるために人を威迫し・困惑させること（訪販法五条の二（現行特定商取引法六条）第二項、ゴルフ会員契約適正化法八条一号、預託取引規制法五条一号）、⑦老人その他の判断力不足に乗じた契約の締結（訪販法五条の三第二項二号（現行特定商取引法七条三号）・省令六条の二第三号（現行七条二号））、⑧利益収受が確実であると誤信させるべき断定的判断の提供（訪販法一五条（現行特定商取引法三八条一項）一号・省令一八条（現行三一条）二号、ゴルフ会員契約適正化法八条三号・省令一一条、海外先物取引法一〇条一号）、⑨勧誘に際しての利益保証（海外先物取引法一〇条二号）、⑩返済能力を超える過剰貸付契約の締結の禁止（貸金業規制法（現行貸金業法）一三条）、⑪著しく事実に相違する表示、著しく優良、有利と誤認させるような誇大広告の禁止（訪販法八条の二（現行特定商取引法一一条）、貸金業規制法（現行貸金業法）一六条、ゴルフ会員契約適正化法六条）、⑫契約書面の年齢、職業その他の事項についての虚偽の記載（訪販法五条の三第二項二号（現行特定商取引法七条三号）・省令六条の二（現行七条）第四号）、⑭交付義務のある書面の不交付、特定記載事項を欠く書面の交付、虚偽記載書面の交付（訪販法一五条（現行特定商取引法三八条一項）二号・省令一八条（現行三一条）三号）、⑬交付義務のある書面の不交付・特定記載事項を欠く書面の交付・虚偽記載書面の交付を唆すこと（訪販法一五条（現行特定商取引法三八条一項）二号・省令一八条四号）、⑮交付義務のある書面記載事項を顧客同意を得ないで定めることができることを内容とする契約の締結（海外先物取引法一〇条三号（現行三一条五号））、⑯契約に基づく債務あるいは契約解除によって生ずる債務の履行拒否（訪販法五条の三（現行特定商取引法七条）第一項一号、訪販法一五条（現行特定商取引法三八条一項）一号、ゴルフ会員契約適正化法八条二号、預託取引規制法五条二号、海外先物取引法一〇条五号）、⑰契約に基づく債務あるいは契約解除によって生ずる債務の履行の不当な遅延（訪販法五条の三（現行特定商取引法七条）第一項一号、訪販法一五条（現行特定商取引法三八条一項）一号、ゴルフ会員契約適正化法八条二号、預託取引規制法五条二号、海外先物取引法一〇条五号）、⑱債権取立に当たって威迫、困惑させること（貸金業規制法（現行貸金業法）二一条一項）、⑲債権取立受託者の相手方の請求による貸金業者の明示（貸金業規制法（現行貸金業法）二一条二項）、⑳クーリング・オフ妨害のために商品を使用または消費させること（訪販法五条の三（現行特定商取引法七条）第二項二号・省令六条の二第六号）、㉑顧客の指示を受けないで売付け・買付け・注文をし、顧客を威迫して追認させること（海外先物取引法一〇条四号）、㉒空注文による自己取引の禁止（海外先物取引法一〇条六号）、㉓顧客の金銭、保証金などを虚偽相場等不正の手段で取得すること（海外先物取引法一〇条七号）などに概略できる。

（2）　詳細は、拙稿本書*1*「不適正な取引行為規制に関する都条例及び規則改正の概要」参照）

4　新たな法整備に対応した不適正取引防止と事業者調査指導のあり方

一　市場メカニズム重視社会における都の消費者行政

1　消費者のための新たなシステム──自己責任原則に基づく市場メカニズム重視

消費者と事業者間の消費者取引のための法整備として制定された消費者契約法や金融商品販売法の基本理念は、わが国における「国民の自己責任原則に基づく自由な選択を基礎とした公正で自由な競争が行われる市場メカニズムを重視」し、司法ルールに基づく事後的紛争処理による社会形成を基調とする「消費者のための新たなシステムづくり」を目指すことにある。都の消費者行政も、このような基本理念に基づいて展開されなければならない。このことは、平成一二年一二月の東京都消費生活審議会答申においても指摘されているところである。そこでは、「市場メカニズム重視社会における取引環境の整備」にあるとしている。このことから、これまでのような規制行政により、行政が事業者の活動へ直接に関与、介入し、問題のある事業者に行政指導や行政処分を行うことによって消費者被害を防止するだけでは、十分ではない。むしろ行政規制は緩和され、消費者と事業者が対等な立場に立ち、問題の関係は市場メカニズムに委ねるものでなければならない。

2　消費者の「保護」から「自立・自己決定主体の確立」へ

自己責任原則に基づく市場メカニズム重視を前提とした消費者のための新たなシステムの構築のためには、消費者は「消費者の権利」の主体として自己決定・自己責任の原則に基づいて行動することが必要である。このためには、「保護」から脱却して、消費者自身の「主体」性を確立していくことが必要である。このような転換は、消費者自らにおいて行うべきことではあるが、消費者行政としても、積極的に支援を行うべきである。具体的には、このような転換の意味するものは何か、自己責任原則に基づく市場メカニズム重視社会における消費者の役割などにつき啓発し教育するための支援的行政が必要である。

3　市場メカニズム重視社会における取引環境整備行政の導入

自己責任原則と公正で自由な競争に基づく市場メカニズム重視の社会の実現のために、これまでのような行政規制を緩和するとしても消費者を無責任な自由放任、弱肉強食の社会に放置するものであってはならい。新たな法整備においても、消費者と事業者の間にある情報、交渉力の格差を背景にして行われた消費者取引の効力を否定しあるいは事業者に責任を負わせるものとしている。これは、そのような格差のない状態での自己決定と市場メカニズムの原理に基づく取引が行われるようにするための環境整備としての民事ルールでもある。都の消費者行政も、このことを十分に認識して、消費者のための新たなシステムの構築の前提条件として、このような取引環境整備行政を積極的に導入する必要がある。

4　行政型裁判外紛争処理機関の充実

また、事業者に対する行政規制が緩和され、自己責任と市場メカニズム原則の前提である民事ルールが機能しないということになると消費者は無責任な自由放任、弱肉強食の中にさらされるだけのことになりかねない。そのためには、裁判外紛争処理制度の拡充強化が必要になる。裁判外紛争処理制度としては、さまざまな制度が考えられる。①消費者と事業者との相対交渉、②民間型業種、業界ごとの事業者団体による紛争処理機関、③民間型横断的な弁護士仲裁センターなどの紛争処理機関、④行政型横断的な紛争処理機関、⑤裁判所における民事調停などがある。このうち、①と④への期待が大きい。

①消費者と事業者との相対交渉については、消費者取引上の紛争の多くは、このような相対交渉による処理から始まる。そして、この時点において、消費者の納得のいく救済が得られるのであれば、最も望ましい方法である。このためには、消費者をいかにサポートするシステムを構築するかである。そのサポートの一つとして、消費者行政として消費者の相談に応じられる体制の整備を欠かすことができないであろう。

④行政型横断的な紛争処理機関については、消費生活総合センター、消費者被害救済委員会などによる処理が考えられる。消費生活総合センターでは消費者からの相談に応じて個別紛争解決に携わる（相談・助成）ことになろう。直接に携わる消費生活相談員等は、どのような場合にどのような解決が新法上なされうるかについて、できる限り明確にしておくことが最低限必要である。そこでは個別紛争解決としては行政措置や指導ないし規制として行われるものではない。民事ルールにもとづき契約の効力に影響を与えるなど司法的効力を包含するものである。ただ、窮極的には自己責任と市場メカニズム原則による消費者取引のための民事ルールの定着化につながることになる。消費者被害救済委員会は、消費者と事業者間において相対交渉による解決が得られない場合に、当該個別紛争を新法の民事ルールに基づいて直接解決するものである。そして、新法のように民事ルールの内容が明確であればあるほど裁判上の解決に移行する可能性は少ない。また、司法的判断の不確定性を前提にする必要はなく確定的な自信のもとでの個別紛争の解決を図ることも可能である。このため、新法に基づく裁判外紛争処理制度としては、消費者被害救済委員会の充実、拡張による活用が望まれることになろう。そして、このような行政型裁判外紛争処理のための環境整備としては、第一は救済処理ルールの明確化、第二は専門的知識を有する人材の確保、第三は救済処理結果の公表と事例体系化が重要になる。

二　市場メカニズム重視社会における取引環境の整備のための事業者調査指導

1　市場ルールを逸脱する悪質事業者に対する事業者調査指導の強化

これまでの、都の消費者部指導課による事業者調査指導は、事業者の不適正な取引行為を法律や条例等で規制し、不当な取引行為等を行う事業者を排除、是正するために、これらの規定に違反する疑いのある事業者の調査を実施し、その結果により業務改善等の是正指導等の行政措置を講じるなどして法の実効性を確保し、取引の適正化を図るための事業者規制行政として行われてきたといえる。このような事業者規制行政は、今後も、市場ルールを逸脱する悪質な事業者に対して、条例、規則の改正などによる規制整備を行い、是正、指導を強化することは必要である。

2　取引環境整備行政としての事業者調査指導の導入

市場メカニズム重視社会における取引環境の整備のためには、今後は新たに市場メカニズムルールの環境整備行政（仮称）としての事業者調査指導を展開する必要があるものと思われる。

ところで、新法の取引適正化のためのルールをみると、⑴消費者契約法の場合は、①契約条項の明確化、権利義務及び契約の内容の明確かつ平易化、契約の内容及び必要な情報の提供についての努力義務などの事業者の一般的行為ルール、②勧誘に際しての不実告知、断定的判断の提供、不利益事実の不告知や不退去、監禁などの違反の場合の契約取消などの勧誘行為ルール、③事業者の損害賠償の責任を免除する条項の無効、消費者の支払う損害賠償の額を予定する条項等の無効などの契約条項ルール、④消費者の利益を一方的に害する条項の無効などの私法上の取引に関する任意規定の強行法規化ルールが定められ、⑵金融商品販売法の場合は、①金融商品の販売勧誘に際しての重要事項の説明義務懈怠による賠償責任などの勧誘行為ルール、②勧誘に関する方針の策定と公表などの事業者の一般的行為ルールが定められている。これを類型化すると、（ⅰ）勧誘行為ルール類型、（ⅱ）契約条項ルール類型、（ⅲ）事業者の自主適正化ルール類型に分けられる。事業者調査指導も、このような分類に対応して適切に実施することが必要である。

三　取引環境整備行政としての事業者調査指導の具体的展開

1　勧誘行為ルール類型に対応する事業者調査指導

現行の条例、規則につき若干の整備をしたのち不当勧誘行為（条例二五条一項一号・規則六条）及び不当強制行為（条例二五条一項二号・規則七条）として事業者調査指導を行うのと併存して実施することが可能である。すなわち、勧誘行為ルールを逸脱する事業者に対しては規制行政としての事業者調査指導で対応することが可能である。

2　契約条項ルール類型に対応する事業者調査指導

現行の条例、規則の不当な取引内容を定める行為（条例二五条一項三号・規則八条）に、大幅な追加規制を設けることができれば、これまでの事業者調査指導を行うのと併存して実施することが可能である。すなわち、契約条項ルールを逸脱する事業者の行為を、不適正な取引行為規定の対象とすることによって、それらの事業者を規制行政としての事業者調査指導で対応することが可能になる。

しかし、これまでの事業者調査指導では、不当な取引内容を定める行為規制については実効性を挙げていないようである。その原因は不当な取引内容と判断する基準が明確でなかったこと、契約内容や契約条項につき都が指導を行うことによって都によるお墨付きが与えられたものと理解される恐れがあるとの意見があったこと、都がそこまでの指導を行う権限があるのかについて疑問があったことなどによるものと思われる。しかし、新たな法整備によって判断基準が明確になったこと、取引環境整備のためには行政として積極的に契約内容や契約条項をチェックして消費者に情報を提供することが重要になってきただけではなく消費者行政の責務となりつつあること、事業者の自己責任原則が前提となってきたことから、都の指導はあくまでも事業者の自己判断を前提とするものであることを理解させた上での指導であればお墨付きを与えることにはならないことなどの状況の変化に伴って、積極的にチェックし指導をすることが可能になったと思われる。ただ、このような契約条項ルール類型に対応する事業者調査指導に当たっては、賠償責任ルールに基づく指導は比較的容易であるが、一般条項ルールに基づいての指導は私法領域における法的知識が必要になることから、新たな体制整備が必要である。私法領域についての法的知識を持ち、条項についての解釈能力のある担当者が不可欠であり、担当者に助言するための専門的助言機関も必要である。

なお、このような契約条項ルール類型に対応する事業者調査指導とし、今後、最も重要視されるのは、取引環境整備行政としての事業者調査指導である。この場合の事業者調査指導の主眼は、消費者が自己決定を行うにあたっての的確な取引情報を提供するところにある。事業者の契約条項を調査し、その結果に基づいて事業者を指導することよりも、直接消費者に対して提供することが重要である。すなわち、その契約条項が不当条項であるか否かにつき行われるだけではなく、その契約条項を用いての消費者取引における消費者の利益状況（不利益性の判断）を消費者自身が判断できるようなものでなければならないのである。

3　事業者の自主適正化ルール類型に対応する事業者調査指導

事業者の自主適正化ルール類型は行政指導体制による事前規制重視から、この規制を緩和して、事業者の自己責任に基づく取引の適正化を目指すものである。このことから、事業者の自主適正化に行政が介在することは望ましいことではないのではないかとの疑問が生ずる。しかし、規制行政としての介在は矛盾することにはなるが、コンプライアンス体制の内容を把握して適正取引が行われるような内容になっているかどうか、努力義務がどのように実施されているかにつき調査することは、市場メカニズムルールの取引環境整備につき責務を負う立場にある消費者行政としては積極的に行うべきである。とくに、このことは、法的強制力のない事業者の自主適正化ルール化の実効性を確保するためにも必要である。なお、この場合の事業者調査指導の主眼は、消費者取引に関しては契約の内容や消費者の権利義務が明確かつ平易に表現されているかどうかに、金融商品取引に関しては適合性原則に基づいた適正勧誘が行われるような体制になっているかどうかなどに置くことになろう。

四　今後の事業者調査指導の実効性の確保

市場メカニズムルールの取引環境整備行政としての事業者調査指導の実効性を如何に確保するかは重要な課題である。

㈠　**規制行政としての是正指導**　条例、規則による不適正な取引行為に該当する場合は、これまでと同様に、事業者に対して直接に是正指導を行うことによって実効性を確保することは可能である。すなわち、規制行政としての実効性の確保によることができる。

㈡　**規制行政としての公表等**　なお、条例、規則による不適正な取引行為に該当する場合で、事業者が是正指導に従わないか、消費者の被害が重大で、多発及び再発の可能性のある場合には、事業者名を含めて、不適正取引行為を行った事業者として公表等を行い実効性を確保することが考えられる。この場合には、これまでの公表ルールによることになる。もっとも、これまでの規制行政としての公表ルールについては、余りにも活用されてこなかったこと、市場ルールを逸脱する不適正な取引行為を行う事業者については、市場ルールを守らせる必要のあることなどを勘案して、公表を容易に行うことができるように再検討する必要があるものと思われる。

㈢　**取引環境整備行政としての情報提供**　契約条項ルール類型に対応するために取引環境整備行政として行われる事業者調査指導の実効性や、事業者の自主適正化ルール類型に対応する事業者調査指導についての実効性については、規制行政によって確保することができない。そのためには、事業者に対しては、自主的改善を求めることになる。その一方で、消費者に対して、その不適正性、不利益性などの利益状況について情報提供を行い、消費者の自主的判断に基づく市場ルールを通じて実効性を確保していくことになろう。

この場合の情報提供は、規制行政としての公表等ではない。啓発的要素の強い情報提供を意味する。このため、規制行政としての公表ルールに従う必要はない。事業者の用いている契約条項ルールや自主適正化ルールがどのようなものであるかについての情報提供であることから、それは取引環境整備行政としての情報提供であって、事業者名をも含めて積極的に提供し、消費者に取引にあたっての判断のための材料を提供するものである。それは本来は、事業者自身が提供すべきものであるから、仮に、そのことによって事業者に取引上の不利益が生ずることがあっても、それを隠しての取引自体が市場ルールに反することになることから、行政としては何らの責任はない。むしろ、積極的に提供すべきである。

5　資産形成取引被害の実態と対応策

資産形成取引の被害実態の分析を中心とした調査結果として得られた問題点、及びそれに対する都の消費者行政における対応策についてみると、以下のような諸点が重要ではないかと思われる。

一　資産形成取引の態様との関係での対応

資産形成取引に共通しているのは、投資により収益を得て資産を形成することを目的とした取引であることである。資産形成取引は、投資により収益を得ることができる可能性のある反面、リスク（損失）の生ずる可能性もあり、投資資産自体が失われる危険を伴うという特質を持った取引である。このような取引は、これまでは専ら投資資本家が事業として、あるいは企業が企業資金を形成するために行ってきたもので、収益を得る反面、リスク（損失）の生ずることを覚悟し、そのことによる投資の失敗は、取引計算上、織り込み済みであることを前提として行われてきたものである。その結果、投資の失敗は、資産形成取引を行う者の自己責任原則によるものとして処理され、他からの干渉は望ましいものではなかったのである。しかし、今日、資産形成取引の対象は、消費者にも拡大されつつあり、あるいは将来的には消費者の消費生活上の重要な取引として位置づけられることが予測される。それは確かに、リスク（損失）を伴う投資による資産形成という点では共通するものがあるにしても、このような取引を行う基本的目的は、消費者の生涯の消費生活の安定のためであり、自己の生涯の消費生活の安定を消費者自らの自己責任に基づいて図らなければならないことが要請されようとしている経済社会においては、必然的に係わりを持たざるを得ない取引になりつつあるということである。これまでは、資産形成取引は、その人の単なる「欲のために」行ったにすぎないものとの見方がなかったわけではないと思われる。しかし、将来的には、消費者の「消費生活のために」行わざるを得ない取引となりつつあるものと位置づけて対応することが重要と思われる。

それとともに、資産形成取引には、さまざまな取引類型がみられる。これを大別すると、かつてのペーパー商法やマルチ・マルチまがい商法、オーナー商法にみられるような取引内容自体が詐欺的な、いわゆる「ぎまん的」資産形成取引と、国内・海外先物取引、変額保険、投資信託、海外預金、ファンドなどの新種金融取引のように、取引内容はハイリスク・ハイリターン取引ではあるが詐欺的なものではない、いわゆる「本来的」資産形成取引に分けることができよう。そして、このことを前提として、「ぎまん的」資産形成取引への対応と、「本来的」資産形成取引への対応との対応の仕方につき共通する部分と、別に行う部分とを明確にして、対応を検討することが必要ではないかと思われる。

二　資産形成取引に対する消費者行政と問題点

資産形成取引に対する都の消費者行政についてみると、いわゆる「ぎまん的」資産形成取引への対応については積極的な取り組みがみられ、また都条例・規則などによって対応できる可能性は大きいと思われるが、いわゆる「本来的」資産形成取引への対応については、今後の重要課題ではないかと思われる。以下、このことにつき若干の指摘をする。

(1)　**被害実態把握と問題点**

資産形成取引による被害実態のうち特に指摘されるべき点は、メコニス情報を中心とした被害実態の分析に際して、被害状況の記載が不統一であって、このため被害原因がどの点にあるのかにつき客観的に把握できない状況にあったことである。資産形成取引の適正化への対応に当たって重要なことは、当該資産形成取引のどの点に被害原因があるのかを明確にしなければ、適切な対応ができないものと思われる。特に、いわゆる「ぎまん的」資産形成取引被害は、取引自体に被害発生の根源のあることから、その被害実態と被害原因を分析、把握することは容易である。これに対して、いわゆる「本来的」資産形成取引については、その取引に伴うリスク（損失）の発生が「被害」であったのかどうかについての被害実態の把握、そのような被害発生の原因はどこにあったのかについての被害原因の把握、分析については、非常に困難なものがあると推測される。このことから、都の消費者行政としては、まず被害実態を的確に把握し、分析できるようなシステムを構築する必要があるものと思われる。例えば、いわゆる「本来的」資産形成取引は、役務（サービス）取引の中に分類されているようであるが、対価と役務（サービス）の提供とが有償関係に立つものとされる本来の役務（サービス）取引とは異なり、リスク（損失）の発生に伴い本来的有償関係に立たない場合のある点に注目して資産形成取引を独立させた上で、被害実態把握のためのシステムを構築する必要があるのではないかと思われる。

(2)　いわゆる「ぎまん的」資産形成取引への対応

資産形成取引のうち、いわゆる「ぎまん的」資産形成取引の適正化への都の消費者行政は、今後も、基本的には現行と同様に、都条例・規則に基づく事業者調査、指導を中心とした適正化への対応を強化することによって、十分に対応できるものと思われる。ただ、これらの「ぎまん的」資産形成取引では、事業者による倒産等による投資資産の回収不能の生ずる可能性が大きいこと、さらにはこのことを見込んだ上での当初からの「倒産商法」被害が想定されることから、事業者調査、指導、あるいは情報提供等に当たっては早い機会に強力に対応する方向で検討すべきではないかと思われる。

(3) いわゆる「本来的」資産形成取引への対応

資産形成取引の内、いわゆる「本来的」資産形成取引にもさまざまな類型の取引がある。そのうち、ハイリスク・ハイリターンな取引については、消費者取引としては被害性の大きいことが明らかである。しかし、このような取引であっても、原則的に禁止すべきものではないであろう。前述のように、資産形成取引が、「消費生活のために」必要な取引になりつつあるとすると、そのような取引についても選択の余地を残して置くことも必要である。ただ、その取引に当たってはリスク（損失）を覚悟しなければならないとしても、そのリスク（損失）の結果は消費者の生活を破壊し生存をも危うくしかねないという重大な危険を包含していることを認識する必要がある。資産形成取引である以上は、リスク（損失）の発生は本質的なものであり、それを回避することは不可能である。問題は、消費者による資産形成取引においては、このようなリスク（損失）が生じたとしても、消費者の生活を破壊し生存をも危うくするに至らないような方策が必要である。それは、単純なリスク（損失）をカバーするための制度導入では対応できるものではない。消費者行政のなかでその対応のための方策が検討されなければならないのである。その方策としては、いろいろと考えられよう。例えば、消費者に対しては「消費生活のために」の必要度、収益とリスク（損失）のバランスのもとでの適正な選択、自己責任原則のもとでの生活破壊の回避の自覚などについての消費者行政を、事業者に対しては消費者が適正な選択を行うことができるような方策、収益とリスク（損失）のバランスを考慮した適正な取引勧誘の方策などについての指導などの消費者行政を、あるいは生活破壊に陥った消費者救済のための行政などにつき検討することが必要ではないかと思われる。

ところで、取引適正化のための都条例・規則は、以上のような観点からみた場合に十分に対応できるものであるかどうか疑問である。例えば、消費者の自己責任原則を基底にしながら、事業者側の適合性原則や説明義務の徹底による資産形成取引の適正化のルールに、都条例・規則が対応したものになっているかどうかを検討してみる必要があるように思われる。すなわち、資産形成取引のように取引自体が本来、危険性を伴い、事業者が提供する情報なども、将来の経済情勢など不確定な要素を多く含み予測や見通しの域を出ないことが通常な取引である場合には、消費者自身において、開示された情報を基礎に、当該取引の危険性とその危険性に耐えうるだけの相当の財産的基礎を有するかどうかの自らの判断と責任において取引を行うべきであるとする自己責任原則を基底とする。事業者は投資勧誘に際しては、当該勧誘が顧客の経験、投資目的、財政状態などの実情に照らして最も適合した投資が行われるように配慮し、取引開始基準を作成し、それに適合する者に限り取引を行うという適合性原則を守っていない限り消費者に自己責任原則を問うことはできない。さらには投資取引の適合性があると判断される場合であっても、特有の危険性をもった投資商品については、消費者が当該投資商品に精通しているといった特別の場合を除き、当該投資取引に伴う危険性につき、正しく認識させるだけの情報を提供して説明する義務を怠ったときも、自己責任を問うことができない。以上のような取引ルールが守られているか否かにつき、事業者調査、指導を行うための準則が定められているか否かを検討することが必要である。

(4) 金融投資取引への対応の必要

消費者トラブルの流れは「物品販売からサービスへ、そして金融へ」にあると指摘されている。この金融取引への流れは、いわゆる「本来的」資産形成取引の中核となる金融ビッグバンを控えての金融投資取引に係わるものであることは明らかである。そして、ここではサービス取引と金融サービス取引は区別され、サービス取引の範疇で捉えうるものでないことをも暗示されている点に注目すべきである。消費者行政も当然のことながら、このような流れに対応しなければならない。都の消費者行政においても物品販売を中心としたものであった時代から、平成六年の消費生活条例の改正（施行七年一月一日）、それに基づく不適正な取引行為を定める規則の改正を契機としてサービス取引の適正化に対応するための条件整備が行われ、今日では、これにもとづいた消費者行政が展開されてきている。形式理論的には、いわゆる「本来的」資産形成取引の中核となる金融サービス取引の適正化についても、現行の条例・規則を拠り所としてある程度は対応できないものではないことは確かである。しかし、前述のような、いわゆる「本来的」資産形成取引の適正化のためのルールを踏まえての消費者行政を遂行することが可能かどうかについては若干問題ではないかと思われる。このことを踏まえて、今後の都の消費者行政のあり方を考えるにあたって、その基本となる条例・規則につき検討を開始することが必要ではないかと思われる。

(5)　事前規制・行政主導型社会から事後的救済型社会への移行との関係

さらに、消費者行政に限られたものではないが、規制緩和、国際化、グローバリゼイションの影響のもとでのわが国における行政機能全体の方向性の転換、すなわち行政主導体制による事前規制の重視から、透明なルールのもとでの適正な手続による利害調整、事後的救済機能重視への転換に対応した消費者行政のもとで、これに対応していくことも必要である。このことは、資産形成取引の適正化に係わって、最も端的に結び付くことでもある。すなわち、前述のように金融取引の適正化については、金融監督庁自体が金融機関等の自己責任原則に基づくコンプライアンス（事業者の内部管理）体制の構築のもとで、金融機関等が社会的責任及び公共的使命を全うするために自ら遵守すべきルールを作り、自ら遵守して取引を行うことを基底とした上で、そのルール自体について、あるいは遵守状況等について事後的に実態把握をするという新検査方式に転換することを明らかにしている。資産形成取引の適正化のための消費者行政としても、このような、いわゆる「本来的」資産形成取引の中核となる金融投資取引への国の行政の対応の転換を踏まえた上での、消費者行政システムを構築しなければならないことからも明らかである。すなわち、資産形成取引に係わる各事業者における資産形成取引ルールの策定について、このようにして策定された資産形成取引ルールの各事業者の遵守体制について、さらにはこのような資産形成取引ルールの各事業者によるフォローアップ組織の構築について等に関して、消費者行政の観点からコミットしていくための準則を作り上げることが必要であると思われるのである。

三　資産形成取引の適正化と消費者行政のあり方との関係

近時、資産形成取引の適正化のためのルールとして、「日本版金融サービス法」の制定が議論されている。資産形成取引の適正化のための消費者行政の遂行に際しては、この日本版金融サービス法の動向を無視することのできないことはいうまでもないであろう。

この「日本版金融サービス法」の内容については、今後、流動的なところもあると思われるが、「金融審議会第一部会『中間整理（第二次）』」（平成一一年一二月二一日）に基づきながら、留意すべき諸点を指摘するに留める。

「日本版金融サービス法」の中心となっているのは、金融商品取引の適正化のうちの「金融商品の販売・勧誘ルールの整備」である。このための骨子として、一つは業者の説明義務の明確化と説明義務違反に対する民事上の効果を定めることであり、二つは不適切な勧誘等に対する対応である。

(1)　説明義務との関係

金融商品の取引の円滑化のためには、金融商品の取引内容を一般投資家が理解し適切な情報提供が不可欠であるとともに、業者と比べて情報に乏しい一般投資家としては業者から提供される情報を信頼し、またそれに相当強く依存せざるを得ないことなどから業者に一定の重要な情報を提供する説明義務を課する。説明を義務付けるべき事項としては、顧客のリスク判断にとって重要な事項であり、説明内容としては、商品の基本的な性格、仕組みにリスク（将来「不利益な状態」が生じる可能性）が内在するときは、そのリスクをもたらす主要な要因に即しての説明とされている。なお、商品毎の説明事項の具体的な内容及び説明の方法については、業者団体等においてもガイドライン等の作成・公表に向けて検討を行うとともに、社内規程の整備にも反映させることが望ましいとされている。このことから、消費者行政としては、このようなカイドライン等の作成・公表や社内規程の整備の状況などについての事業者調査・指導が重要になるものと思われる。

なお、説明義務違反に対する民事上の効果としては、現在も判例によって認められている不法行為責任としての損害賠償責任にとどまっている。しかし、このような説明義務違反に基づく損害賠償による救済に際しては、簡易・迅速処理のため裁判外紛争処理制度の導入も期待されていることから、被害者救済に係わっての対応も考えられよう。

(2)　不適切勧誘との関係

ア　詐欺的な勧誘等の取扱い

国民生活審議会の審議を経て制定が予定されている「消費者契約法（仮称）」では、「消費者は、事業者の不実告知等に該当する行為により誤認したことによって、又は、事業者の不退去等に該当する行為により拒むことを得ず、消費者契約を締結したときは、当該消費者契約の申込み又は承諾の意思表示を取り消すことができるものとする」とされている。金融商品の販売に際しても、このような不実告知等の詐欺的な勧誘等による取引については、この消費者契約法の適用を排除しなければならない理由は特にないとして、詐欺的な勧誘等については消費者契約法を適用して取り消し得ることを明らかにしている。このことから、消費者契約法に基づく勧誘適正化ルールと消費者行政による取引適正化との関連づけについての検討を経て、資産形成取引についての対応を考えるべきことになろう。

イ　適合性の原則

適合性原則は、説明義務を補完するものとしてではなく、勧誘における基本原則の一つとして位置づけているようである。しかし、その違反に際しての効果は明らかでない。ただ、業者が勧誘活動において自ら実践することが求められる重要な事項との認識に立っていることは明らかである。そして、その実効性については、業者に対し、適合性原則を踏まえた社内規程及びその遵守に基づくコンプライアンス（業者の内部管理）体制の整備を必要としているにすぎない。

ウ　不招請勧誘

不招請の勧誘とは、顧客からの招請のない場合の訪問や電話による勧誘であるが、リスクの高い金融商品を取り扱う際の勧誘としては、適合性原則と同様にコンプライアンス（業者の内部管理）体制の整備によることが期待されているにとどまっている。

エ　業者に対するコンプライアンス規程の義務づけ

業者による適切な勧誘の確保については、行政の監督だけではなく、業者自身の自主的な対応が極めて重要であるとの基本的考えに立つ。前述した適合性原則に基づく勧誘の実効性や不招請勧誘の回避についても、このような自主的対応に期待するとしていることに見られるところである。すなわち、「適切な勧誘の実現のための販売業者のコンプライアンス体制が整備されれば、金融商品の販売時に説明義務を遵守・履行することとあいまって、金融商品の販売・勧誘における顧客保護はより一層強化され、金融サービスに対する信頼確保と取引の円滑化に資する」とするものである。このことは、前述した金融監督庁による金融行政の基本的考え方と一致するものであることは明らかである。

具体的には、業者側に対応を促すために、顧客に対する説明の内容や方法とともに、適合性原則の実施や不適切な勧誘の自制等の、勧誘時の適切な対応に関する社内規程を整備し、その遵守を義務づけるだけではなく、勧誘に関する各業者の基本的な方針について何らかのかたちでの公表等の義務づけを検討するとされている。

このため、資産形成取引の適正化のための消費者行政においても、このような事業者の自主的対応に基づくコンプライアンス体制の整備を前提としての金融取引の適正化ルールとの係わりにつき検討し、対処しなければならないであろう。このようなルールの下での適正化に対応するに当たって重要と思われるのは、一つは事業者によるコンプライアンス（業者の内部管理）体制の内容につき消費者に対して的確な情報を提供することが、これまでにも増して重要になったこと、二つはこのようなコンプライアンスは金融商品自体を形成するものであり、コンプライアンス体制の完備されていない金融商品の販売・勧誘は、それだけで価値の劣る金融商品であることを意味するものであり、消費者に対するコンプライアンス体制の内容の情報提供は企業秘密を提供するものではなく金融商品の価値づけにかかわるにすぎないものであることに留意して、これまで以上に積極的に行うことが必要であること、三つは以上のような見地からすると、各事業者のコンプライアンス体制の情報捷供は具体的な消費者被害の発生を待つまでもなく、かつ個別事業者名の公表を躊躇することなく行うことができるということである。さらには事業者調査・指導も同様であろう。このことは、これまでの消費者行政における取引適正化への対応についての意識改革をもたらすものでもあると思われる。

6　消費者契約と被害救済——裁判外紛争処理機能の充実と強化——

はじめに

消費者契約法は、消費者が事業者と締結した消費者契約に係わる紛争の公正かつ円滑な解決に資するための民事ルールとして制定することが予定されている。このような民事ルールの実効性を確保する手段の一つとして裁判外紛争処理機能の活用が考えられる。とくに、消費者契約被害の特徴とされる少額・多数被害性に注目するとき、裁判外紛争処理制度の活用は重要である。そこで、本稿は、その裁判外紛争処理において、民事ルールが紛争処理ルールとして有用性を発揮するものであるのか、また、その有用性を発揮させるためにはどのような措置をとる必要があるのか、そのための環境整備と機能拡張、強化について、若干の考察を行うものである。

一　消費者契約法の理念と被害救済処理

まず、消費者契約法が予定する新たな民事ルールに基づく被害救済処理を考えるにあたっては、基本的視点として、従来の消費者被害についての救済処理と同一の考えに基づいてよいのかどうか問題になる。このことは消費者契約法の基本理念とも密接に関連する。

消費者契約法の基本理念について、ここで多言するものではないが、被害救済との関係において認識して置かなければならないことは、つぎのことである。それは、消費者契約法は、わが国における「国民の自己責任原則に基づく自由な選択を基礎とした公正で自由な競争が行われる市場メカニズムを重視」し、司法ルールに基づく事後的紛争処理による社会形成を基調とする「消費者のための新たなシステムづくり」を目指した民事ルールであることである。このことから、これまでの主として行政規制により、行政が事業者の活動へ直接に関与、介入することによって消費者被害を防止するのとは異なるものである。行政規制による場合は、問題のある事業者に行政指導や行政処分を行うことによって消費者被害を救済するものであった。このため消費者と事業者間の紛争の解決のためのルールとしての機能を果たすものではなかった。消費者契約法による被害救済は、個別には契約自体の効力に影響を与えると共に、被害救済のための一般的なルールとしての機能を果たすものであるということである。さらに、消費者契約法の基本的性格は裁判規範ではあるが、裁判外紛争処理の指針ともなることを想定して、事業者にとって事業活動に即してどのような行為をするとどのような効果が生ずるのか、消費者被害に際してどのような救済がなされるのかをできる限り具体的に明確となるような規範であることが求められるといわれている。すなわち、消費者契約法に基づく民事ルールは、当初から裁判外紛争処理の場においても活用され被害救済のルールとなることが予定されているのである。このことは、民事ルールの基本法とされる民商法とは異なる。これらは、専ら裁判上での紛争処理を前提としたものであるからである。このことから、消費者契約法に基づく被害救済にあたっては、窮極的な解決手段は裁判制度によらざるを得ないとしても、その前段階においては積極的に裁判外紛争処理制度を利用することが期待され、裁判制度による処理に持ち込んだとしても結果としては裁判外紛争処理と遜色のないものとなることが期待されているわけである。この意味では、消費者、事業者共に、簡易で迅速な紛争解決手段である裁判外紛争処理制度を信頼して活用することが望まれるわけである。さらには、消費者契約法は、消費者と事業者の自己責任原則に基づいての市場メカニズムによる取引の形成を目指した「消費者のための新たなシステム」であることから、消費者契約法に反する消費者被害は、この新たなシステムづくりのためのルール違反として位置付けられることになる。すなわち、自己責任原則と公正で自由な競争に基づく市場メカニズム重視の社会の実現のために、これまでのような行政規制を緩和するとしても消費者を無責任な自由放任、弱肉強食の社会に放置するものではなく、消費者と事業者の間にある情報、交渉力の格差を背景にして行われた消費者契約の効力を否定しあるいは事業者に責任を負わせることによって、そのような格差のない状態での自己決定と市場メカニズムの原理に基づく取引が行われるようにするための条件整備としての民事ルールである。このため、これまでの民商法のような消費者と事業者の利害の調整を図るという観点からの処理であってはならないわけである。その意味では、行政規制的要素の強い民事ルールであるとみることもできそうである。消費者契約法による裁判外紛争処理にあたっても、このような特質に留意することが重要である。

二　裁判外紛争処理制度の機能

消費者契約上の被害の特色としては、少額で多数であることである。被害救済の制度としても、この特質に留意したものでなければならい。消費者契約法は基本的には裁判規範であることにとらわれて、裁判による処理に重点が置かれるようでは、たとえ少額訴訟が導入された今日においてもその訴訟遂行は消費者にとっては容易ではないことから、消費者契約法の有効活用は望めないし、自己責任と市場メカニズム原則による消費者取引のための民事ルールの定着は望めないであろう。それだけではなく、事業者に対する行政規制が緩和され、自己責任と市場メカニズム原則の前提となる民事ルールが機能しないということになると消費者は無責任な自由放任、弱肉強食の中にさらされるだけのことになりかねない。そのためには、裁判外紛争処理制度の拡充強化が必要になるわけである。

裁判外紛争処理制度としては、さまざまな制度が考えられる。①消費者と事業者との相対交渉、②民間型業種、業界ごとの事業者団体による紛争処理機関、③民間型横断的な弁護士仲裁センターなどの紛争処理機関、④行政型横断的な紛争処理機関、⑤裁判所における民事調停などである。このうち、②の制度については、行政指導と同様に業界の画一的指導を排して各事業者の自己責任原則の下でのコンプライアンスに基づく各事業者による取引ルールの策定、遵守、紛争処理の構築の考え方との関係からみて、今後は期待することができないのではないかと思われる。③については、裁判上の紛争処理を背景とする要素が強いように思われることから、これまでと特別異なるものでないであろう。⑤は実質は裁判上の処理の前段階に当たるものであって、ここで期待されている裁判外紛争処理とは異なる。このことから消費者契約上の被害救済に限ってみると①と④への期待が大きいことになる。

①消費者と事業者との相対交渉については、消費者契約上の紛争の多くは、このような相対交渉による処理から始まる。そして、この時点において、消費者の納得のいく救済が得られるのであれば、最も望ましい方法であろう。このためには、消費者を如何にサポートするシステムを構築するかである。消費者契約法自体及びその適用運用におけるルールが具体的明確なものであって、それについて啓蒙、教育が十分に行われていることが最低条件である。それとともに、特に、消費者行政として消費者の相談に応じられる体制の整備も欠かすことができない。

④行政型横断的な紛争処理機関については、消費生活センター、事業者調査指導、紛争処理委員会などによる処理が考えられる。消費生活センターでは消費者からの相談に応じて被害救済の解決に携わることになるが、それに直接に携わる消費生活相談員等は、どのような場合にどのような救済が消費者契約法上なされうるかについて、できる限り明確にしておくことが最低限必要である。そこでの被害救済に向けての解決は、消費者契約上の個別被害についてみれば、行政規制に基づくのとは異なり、契約の効力に影響を与えるなど民事ルールにもとづいた被害救済に直接つながるものであるだけではなく、窮極的には自己責任と市場メカニズム原則による消費者取引のための民事ルールの定着化につながるものであり、司法的機能を包含するものであるとみることもできるのである。事業者調査指導は現在では、不適正な取引行為を規制するために訪問販売法等や条例・規則に基づいて行われている。消費者契約法に反する契約の多くは、このような不適正取引規制の対象となる可能性を持っている。このことから、行政規制としての事業者調査指導との関

係での裁判外紛争処理も考えられる。この場合は、個別の消費者契約上の被害救済を目的とするものではないが、事業者調査指導上の不適正な取引が消費者契約法上のルールにも反し、契約の効力にも影響が生じ、あるいは事業者に法的責任を負わされることになることの指摘、改善要請を通じて、消費者契約上の被害の発生を防止することが考えられる。そして、両者の手段としては異なるところがあるが、併用することについては問題はないと思われるし、事業者調査指導に際しては契約の効力などに影響のあることを背景として有効な指導が可能になるであろう。被害救済委員会による場合は、直接的に消費者契約上の被害救済につながるものである。消費者契約法による民事ルールの内容が明確であればあるほど裁判上の処理に移行する可能性は少ないし、司法的判断の不確定性を前提にする必要はなく確定的自信のもとでの被害救済を図ることも可能である。このことから、消費者契約法に基づく裁判外紛争処理制度としては、被害救済委員会のような機能をもった機関の設置、充実、拡張が望まれることになろう。

三　行政型裁判外紛争処理のための環境整備

消費者契約法に基づく消費者契約上の被害救済のための裁判外紛争処理の期待に応えるためには、行政型裁判外紛争処理制度としては、いくつかの環境整備が必要になろう。

第一は、救済処理ルールの明確化である。まず消費者契約法の内容をできる限り明確化することである。司法解釈の余地を残すようなルール内容では、行政型裁判外紛争処理の機能は十分に発揮されないであろう。そして、このことを前提として消費者契約法のルールの適用運用に関する裁判例の整理、分析等による紛争解決基準の具体化を図ることである。なお、その際に、消費者契約法(案)一〇条の消費者の権利を一方的に害する条項の無効規定にみられるように、民法、商法その他の法律が、いわゆる契約正義の観点から規定している規定を重視していることから民法その他の法律についても具体化を図ることが必要である。

第二は、専門的知識を有する人材の確保である。消費者契約法のルールに基づいての被害救済は、準司法的要素をもつものであることから、消費者相談員や事業者調査指導担当者、被害救済委員などにおいて法律的知識や専門的知識を備えた人材を育成し確保することが重要である。特に、行政機関においては、一般的な職員配置基準とは異なる専門職的職員としての位置付けで対応する必要があろう。

第三は、救済処理結果の公表と事例体系化である。このような行政型裁判外紛争処理機関による救済処理は、裁判における判例にも類するものである。そこで、救済処理基準が累計的に形成されるなかで、他の機関による救済処理結果とのバラツキが問題にされるし、最終的な司法判断基準との整合を図ることも要請される。このことから、救済処理結果とその基準については、公表するとともに全国的に統一して体系化することが必要である。

（注）本稿の執筆にあたっては、本文では注記を省略したが国民生活審議会消費者政策部会報告「消費者契約法（仮称）の制定に向けて（平成一一年一月）」、「消費者契約法（仮称）の立法に当たって（平成一一年一二月）」に依拠するところが多いことを付言しておく。

7　金融取引における消費者保護

はじめに

金融ビッグバーンの進展の伴い金融商品についての消費者トラブルの増大が懸念される。このことから、これに対応するため、金融商品販売法が五月二三日に衆議院本会議で可決、成立し、二〇〇一年四月から消費者契約法と共に施行されることになった。本法は、消費者契約法と共に新しい金融商品取引のルールを定めるものとされている。本稿では、金融ビッグバーンの進展に伴って生ずる金融取引での問題、特に消費者との関係での問題を視点に置きながら、そこで生ずる問題に十分に対応するには何が必要か、金融商品販売法は、これに答えることができるのかどうかにつき検討するものである。

一　金融ビッグバーンと消費者保護

金融ビッグバーンは、金融取引での規制を大幅に緩和し、これまでは銀行、証券、保険、信託など業界ごとに縦割りに行える業務が決まっていた境界を取り除くものである。例えば、銀行は決済業務と融資が中心で証券会社が扱う株式投資などを扱えなかった垣根を取り払い、いずれも可能とするものである。その目的は、日本の個人金融資産の大部分が預貯金と保険で占められ、信託、株式、債権、投資信託は一五〜一六パーセントにすぎないという状況にあった。これは投資資産より元本保証重視の資産構成となっている。これに対しアメリカでは預貯金比率は一四パーセント程度で、他は元本保証のない金融商品に投資されている。金融ビッグバーンは、このような日本の個人金融資産構造をアメリカ型に変えることによって、個人金融資産の有効活用を図ろうとするものである。その結果としては、個人金融資産は、元本保証のない金融商品に振り向けられ、そのことによるリスクの発生が多発することが予測される。すなわち、消費者へのリスクの拡散が予測されることになる。

一方、金融ビッグバーンにより、多様な金融商品が登場することも予測され、消費者にとっては金融商品の選択肢が増えることになる。ところが、その金融商品の内容は複雑であり素人である消費者では理解することが困難になる。このため、金融商品販売業者とは対等な立場で取引を行うことはできず、このような知的格差による被害も予測される。

さらには、ハイリターンの金融商品は他方ではリスクの高い金融商品であることが常であり、その仕組みが理解し難いだけではなく、そのようなリスクはすぐには現れないという特徴をもっている。このため、気がついたときは、手遅れという状態に陥る危険も内包しているのである。

そこで、金融ビッグバーンの進展に伴っては、消費者に生ずることの予測されるこれらの危険から、いかに保護するか、今後の重要な課題になる。

二　金融投資取引と消費者保護

金融投資取引に共通しているのは、投資により収益を得て資産を形成することを目的とする取引であることである。すなわち、投資により収益を得ることができる可能性のある反面、リスクの生ずる可能性もあり投資資金自体が失われる危険を伴うという特徴をもった取引である。このような取引は、これまで専ら投資資本家が事業として、あるいは企業が企業資金を形成するために行ってきたもので収益を得る反面、リスクの生ずることを覚悟し、そのことによる投資の失敗は、取引計算上、折り込み済みであることを前提として行われてきたものである。その結果、投資の失敗は、投資を行う者の自己責任の原則によるものとして処理され、他からの干渉は望ましいものではなかったのである。しかし、前述のように金融ビッグバーンの最大の狙いは、消費者の元本保証のついた預貯金の元本保証のないリスクの伴う投資への振り向けであることからすると、金融投資取引は将来的には消費者の消費生活上の重要な取引として位置づけられるようになる。それは確かにリスクを伴う投資による資産形成という面があるとしても、消費者にとっては、基本的には、消費者の生涯の消費生活の安定のためであり、自己の生涯の消費生活の安定を消費者自ら自己責任に基づいて図らなければならないことを要請しつつある経済社会に結果として必然的に係わりを持たざるを得ない取引になりつつあるということである。このため、これまでは、ややもすると、金融投資取引によるリスクは、その人の単なる「欲のため」に行ったことによる結果にすぎないとの見方がなかったわけではないが、これからは、消費者の「消費生活のため」に行わざるを得ない取引としての位置づけで対応することが重要と思われる。このため、金融取引に伴うリスクからの保護は、まさに消費者保護の問題として捉えることができるのである。すなわち、そこでの消費者保護の課題は、リスクの生ずることを認識した上での取引であるとともに、万が一リスクが生じた場合であっても消費者の生活を破壊し生存をも危うくするに至らないような方策を考えることである。

三　金融商品販売法による消費者保護と限界

金融商品販売法は、二条に規定する「金融商品の販売」に際して、金融商品販売会社等に三条に掲げる重要事項についての説明義務を課し、これを担保するために説明義務違反によって生じた損害についての賠償責任を負わせる（四条、五条）（以下、説明義務ルールと呼ぶ）と共に、金融商品の販売等に係わる勧誘の適正化のための努力義務（七条）として勧誘方針のコンプライアンス体制の整備及びその公表を義務づけ（八条）、これに違反した場合に過料（五〇万円以下）に処する旨（以下、勧誘コンプライアンス・ルールと呼ぶ）を規定している。

本法は、金融をめぐる環境変化のもとで、金融取引に伴うリターンとリスクの関係の明確化と透明性の向上を図り、金融サービスの利用者が、自己責任の下で、主体的にリターンとリスクの組み合わせを選択することを可能にし、安心して取引を行える環境を整備するために、金融取引の「ルール」を定めたものであるとされている（金融審議会第一部会「中間整理（第一次）」一頁）。このことから、単に金融サービスの利用者である消費者保護の充実といった側面のみならず、効率的で活力ある金融サービスの構築を図るものであることが強調されている（「中間整理（第一次）」三二頁）。ただ、基本的には、自己責任原則の適用される条件整備を行った上で、公正で自由な競争が行われる市場メカニズム重視の社会での「消費者のための新たな取引システム」を目指して制定された消費者契約法と共通する。すなわち、正確で漏れのない金融情報と商品知識を金融機関が顧客に提供、開示することによって武器を対等にした上での自己責任原則の実現（宇野真輔「コンプライアンス規定・約款等の見直しと受入れ体制の整備」銀行実務二〇〇〇・五月号四五頁）と、「買い主注意せよ」の私法の原則を修正して「売り主も注意せよ」の原則を導入している点が注目される。

ところで、本法の基本的目的は、単純に消費者を保護することではなく、消費者の自己責任原則の下での公正で自由な競争が行われる市場メカニズム重視の取引社会の形成にある。それは、基本的には消費者の自己責任原則の確立である。しかし、消費者と事業者間では商品知識については著しいギャップがある。とくに、金融商品についてみると、最近では外国の通貨やデリバティブなどを組み込み、にわかには判断が付きにくいハイリターンではあるがリスクの高い金融商品が次々に流通している。これらを消費者が自己責任の原則の下で判断し、リスクを覚悟しなければならないとなると金融ビッグバーンに伴う危険を消費者に転化するに止まる。金融ビッグバーンを迎えての、はだかの自己責任原則では危険は消費者に一方的に転化するだけになる。このことから、消費者の自己責任原則を全うできるシステムを作るための条件整備が必要になる。

本法は、その条件整備のために、説明義務ルールを採り入れた。すなわち、「説明すればリスクは移転する」「説明しなければリスクは移転しない」の考えを基本としたのである（「中間整理（第二次）」五三頁）。しかし、この説明義務ルールは、既に、判例により私法の法理のなかに採り入れられてきていることからすると明記的に追認したにすぎない。ただ、これまでの判例では、この説明義務を適合性原則や不適正勧誘、あるいは断定的判断の提供禁止などと併存させて、賠償責任の根拠付けとしているのに対し、本法では、説明義務違反だけを根拠としている点に特徴がみられる。この意味では、一歩前進したともいえる。すなわち、金融商品について、どのようなリスクがどの時に起きるか、その際、消費者はどれだけの負担を負うことになるかをわかりやすく説明することによって、消費者が自己責任に基づいて判断できるようにしようとするものである。ただそれがどこまで徹底されるかである。例えば、生命保険についてみると、これまでは元本保証のなされていた保険商品に代えて、さまざまな魅力を備えた新しい保険商品が開発され、これまでの保険商品との乗り換え契約の勧誘が行われているが、このような場合に、これまでの商品の安全性と新しい保険商品の危険性をきちんと説明していない限り説明義務違反になるとまで徹底できるかどかである。さらに、今日では、広告を見ただけで取引をする場合やインターネット取引の場合のように勧誘か広告かの区別が明確でない場合における説明義務をどのように位置づけるかは今後の課題として残されている（石戸谷豊「6月最終報告に向けて残された課題」銀行実務二〇〇〇・五月号三三頁）。

さらに、この説明義務ルールを担保するために、説明義務違反＝元本欠損損害額の推定（五条）を設けている。説明義務違反により元本欠損損害が生じたことについての因果関係の立証が緩和された。しかし、説明義務違反の有無については消費者が立証しなければならない。この紛争を速やかに解決し、本法の実効性を確立するためには紛争処理制度の整備が重要になる。

本法は、また勧誘コンプライアンス・ルールを採り入れている。これは、昨年七月一日からの金融検査マニュアルによるコンプライアンス・チェックを金融商品販売業者に拡大するものである。また、このような内部規定であるコンプライアンス規定を積極的に対外開示するものとしていることも注目される。このコンプライアンス・ルールの導入は、規制緩和、国際化、グローバリゼイションの影響のもとでのわが国における行政主導体制による事前規制の重視から、透明なルールのもとでの適正な手続による利害調整、事後的救済機能の重視への転換に対応するものである。そして、このようなコンプライアンス・ルールは、金融商品自体を形成するものであり、コンプライアンス体制の完備されていない金融商品の販売、勧誘は、それだけで価値の劣る金融商品であることを意味するものとみることもできよう。この意味では、消費者保護のためには、金融商品販売業者によるコンプライアンスの整備を、厳しく監視しなければならないのである。

ところで、本法における、このようなコンプライアンス・ルールの導入の目的は、適合性の原則と適正勧誘確保にある。金融ビッグバーン時代においては、最も重視される基準は適合性の原則である。リスク性のある金融商品を売る場合、消費者の支払能力や金融情勢への精通度の度合い、その金融商品が購入する消費者の投資ニーズに合致しているかどうかなどを、金融商品販売業者側が判断したうえで契約することを義務づけるものである（山田厚史「金融ビッグバーンの進展と消費者保護」国民生活九九年七月号一四頁）が、このような原則がコンプライアンス・ルールにおいてのみ確保するだけでよいかどうか問題である。アメリカやイギリスでは、この適合性の原則に違反した場合は、契約を無効としている（山田・前掲一四頁）のと同様に、わが国でも、このような効果を認める必要があるのではないと思われる。もっとも近時の判例のなかには、適合性の原則に反した勧誘行為については、違法性判断の要素として位置づけ、損害賠償責任を根拠づけていることから、かなりの救済が得られる。しかし、このことに関しても、説明義務違反の場合と同様に、適合性の原則違反＝元本欠損損害額の推定ぐらいは、今後、導入する必要があるのではないかと思われる。このことによって、例えば、高齢者にリスクの高い金融商品を販売したときは、契約の取消し、あるいは元本欠損損害額の賠償等の対応を導入すべきではないかと思われる。

さらに、適正勧誘についてはコンプライアンス・ルールにおいて確保する他に、消費者契約法による確保も考えられる。すなわち、本法と消費者契約法との適用関係が問題になるが、「金融商品の販売について消費者契約法の適用を排除しなければならない理由は特にない」（金融審議会第一部会「中間整理（第二次）」一五頁）とされているし、本法でも排除する趣旨の規定は設けられていないことから重複適用は可能と解されよう（同旨、松本恒雄「消費者契約法と金融商品販売法・金融取引との関係」銀行実務二〇〇〇・五月号三九頁）。この結果、金融商品販売に際しての、不実告知等の詐欺的な勧誘、断定的判断の提供等による契約については取り消すことができる（消費者契約法四条）。そして、前述の説明義務違反が、このような内容を包含するものであるときは、損害賠償請求の他に契約の取消しも可能になる。ただ、消費者からの招請のない場合の訪問、電話による不招請勧誘については、消費者契約法でも規制はなく、コンプライアンス体制の整備に委ねられている。しかし、金融商品はリスクの高い商品であることからするともっと積極的な保護が必要となろう。

なお、金融商品販売契約条項につき何ら保護規定を設けていない。しかし、このことに関しても、適正勧誘の場合と同様に、事業者の損害賠償の責任を免除する条項（消費者契約法八条）や消費者が支払う損害賠償額の予定条項（消費者契約法九条）などに違反する場合は、無効となる。この他、各金融取引を規制する業法による約款規制を受けることになる。

最後に、本法は、二条一項で規定する「金融商品」の取引に限って適用される。金融商品としては、預貯金、無尽掛金、信託商品、保険、有価証券、抵当証券、金融先物、オプション取引等が対象として限定列挙されるとともに今後登場する新商品に対応するため政令により対象とできる余地を残している。このことからすると、利用者が資金の出し手になる場合の金融商品がほぼ包括的に適用されることが予想されるが、利用者が資金の受け手になる場合である融資に関する契約は対象外ということができる。このことから、変額保険にみられるように融資業者が金融商品の購入代金の融資（バックファイナンス）を提供する場合に、融資業者にも適用されるか問題になる。「中間整理（第二次）」では、融資業者の責任を問うことは適当でないが、融資業者が実質的に金融商品の販売行為（契約の締結、その代理、媒介等）を行っていると認められる場合には、金融商品販売業者として責任が問われることになると説明している。しかし、それだけではなく、過剰融資により消費者が生活破綻をきたすことも考えられることから、融資にあたっても適合性原則を導入する必要があろう。

四　消費者行政の役割

これまで金融取引における消費者保護については、消費者行政としては消極であったように思われる。例えば、最も積極的と評価できる東京都の消費者行政においても、物品販売を中心としたものであった時代から、平成六年の消費生活条例の改正でサービス取引の適正化に対応するための条件整備が行われたが、金融取引は、このサービス取引の範疇に位置づけられているにすぎない。この結果、金融取引に伴って生ずる消費者被害の実態については、十分に把握されていないというのが実情である。確かに、金融取引はサービス取引の範疇に位置づけ得ることはいうまでもないが、その被害実態においては全く異質なもので、サービス取引と金融サービス取引は区別して対応する必要があるものと思われる。その原因は、金融取引は投資による利得の獲得であることから消費者保護の問題として対応することに躊躇があったことにあるものと推測される。しかし、それは消費者保護に係わるものであることが認知された今日では、消費者行政としても、そのことを視野に入れて、積極的に対応することが必要である。

その対応に際しては、第一に、金融販売法では金融取引で最も重要な適合性原則と適正勧誘が金融機関の自己責任による勧誘コンプライアンス体制の整備に委ねられていることから、その体制が十分に整備されているか否かにつき、消費者に告知すること、第二に、説明義務違反＝元本欠損損害額賠償の実効性を確保するために、消費者行政として裁判外紛争処理機関を用意すること（拙稿「消費者契約と被害救済」本書***6***参照）が、特に重要となろう。

8　変額保険訴訟と銀行の説明義務

はじめに

　変額保険は昭和六一年頃から大蔵省の正式認可を受けて発売された金融商品である。変額保険は、従来の生命保険の場合は、保険料の運用成果が予定利率を下回っても所定の保険金額、払戻額が保証されていたのとは異なり、保険契約の資産を運用するために設定された特別勘定においてその資産を運用し、運用対象の株式等の評価損益や売買差損益まで含めた総合収益を追求し、その運用実績に基づき、保険金額や解約払戻金を変動させる仕組みの生命保険であり、死亡、高度障害の際の基本保険金額が保証されているだけで変動保険金の額には保証がなく、契約を解除した場合の解約払戻金の額も運用実績に応じて増減し、最低保証されるものではない。このため、保険会社の運用実績が高い場合には保険金支払額や解約払戻額が高くなり大きな利益が得られるが、運用実績が悪い場合には支払った保険料よりも大幅に下回り元本割れの損失が生ずることになる危険のある、ハイリスク・ハイリターンの金融商品である。そして、バブル期は順調であったが、バブル崩壊後の株価の長期低迷に伴って元本割れの事態が生ずるようになった。このため、この保険を勧誘した保険会社の説明義務違反などを理由とする損害賠償訴訟が多発しており、訴訟の数は二〇〇件程度[1]に及んでいるともいわれている。

　ところで、このような変額保険への銀行のかかわりは、変額保険契約に伴う一時払保険料の支払資金を銀行が融資する場合に生ずる。そして、保険会社は変額保険の勧誘にあたっては、積極的に一時払保険料の銀行融資を前提としている場合もあり、あるいは銀行が融資拡張のために一時払保険料の融資を前提として変額保険を勧めたという事情がみられる。このため、変額保険の元本割れによる損害について、保険会社に対しての賠償請求とともに、銀行に対しても請求する場面や、一時払保険料支払のための融資金の返済を巡って銀行との間にトラブルが生ずる場面が生じてきている。そこでの争点の中心は、銀行が一時払保険料支払のための融資にあたって、変額保険の危険性を十分に説明する義務があるのに、この説明義務を怠ったという点にある。そこで、本稿でも、この場合の銀行の説明義務についてみることにする。

一　銀行の説明義務の存否

銀行が、変額保険契約に伴う一時払保険料の支払資金を融資するにあたって、変額保険契約に伴う危険やリスクなどについて説明する義務があるのかどうか、まず問題になる。法律的には、銀行は、融資契約の当事者であるが、変額保険契約の当事者ではないことは明らかである。変額保険契約の当事者は保険会社である。このため、保険会社は、変額保険の勧誘にあたっては、顧客に対して、それがどのような金融商品であるのか、その危険性や、ハイリスク・ハイリターン性を説明しなければならない義務のあることはいうまでもない。このことから、変額保険訴訟は多くは保険会社との間で争われている。では銀行は、全く門外漢でいられるのかどうかである。変額保険契約が銀行の一時払保険料の支払資金の融資を前提として行われている場合には、実際の取引上は、銀行も変額保険取引の一方の当事者とみられる場合もないではない。このような場合に、銀行は、法律上は、当事者でないことを理由とすることができるのかどうか問題となる。

そこで、銀行の説明義務の存否に関するこれまでの諸見解をみるとつぎのようである。まず否定判例としては、①銀行が変額保険契約に伴う一時払保険料の支払資金のために融資した融資金の返済を保証人に求めた事案で、銀行の融資契約は、訴外会社が銀行に持ちかけたもので、銀行が融資の可否を検討し始めた時には、保証人と訴外会社側は、融資を受けた資金を変額保険の一時払保険料として運用することを既に決定しており、銀行が保険会社と共謀して訴外会社を変額保険に加入させ融資契約を締結させたり、保証契約を締結させたものではないこと、保証人は社長や副社長として経済活動に従事した経験があり判断能力は一般の人に勝ること、変動保険にはリスクが伴うものであることは広く世間にしられていたことなどの事実関係のもとでは、銀行は「変額保険の内在的リスクについてまで改めて説明すべき法的義務を負うことはない」とする判例[2]と、②銀行に変額保険の元本割れの可能性の説明義務違反があったとして損害賠償を請求した事案で、銀行には、変額保険の危険性について説明すべき義務を認めるべき法律上の根拠はないとする判例[3]がある。これに対して肯定判例としては、③顧客が解約返戻金が保険料を下回る結果となったことから、その差額と支払利息および弁護士費用を損害賠償として銀行に請求した事案で、「一般に、銀行の顧客が保険への投資をするために、銀行に融資を申し込み、銀行がそれに応じる場合、保険契約と融資契約は法律上別個であり、募取法九条で銀行は保険の募集をすることは銀行取締法上できないから、銀行が顧客に保険の説明をする義務は原則としてなく、保険会社の説明義務だけが生じうる。ただし、すべての場合に右原則を貫くことはできず、保険勧誘への銀行のかかわり方等によっては、特段の事情のある場合、保取法九条の趣旨に反しない限度で、銀行にも保険の説明ないしそれに類似した行為をとる義務が生じうるとするのが信義則にかなうであろう。」とした上で、銀行員が、自ら変額保険を電話及び訪問により顧客方に持ち込み、「損はしない、儲かります。」などと勧誘し、その後保険会社の社員を同行し、同席の上説明させ、保険料計算をした上、後日の健康診断にも銀行の車で運転して同行し、保険会社の審査後、直接連絡を受けて融資に関する書類作成のために顧客事務所に赴いているなどの深い関与が認められることなどからすると、特段の事情が認められる場合であるとして、銀行の変額保険の内容についての説明義務を認めた判例[4]がある。

学説としては、変額保険料支払のための銀行融資に際しての銀行の説明義務の存否について、本格的に検討されたものはみられないが、銀行が顧客に相続税対策（相続発生時に借入金により相続財産が減額されること、死亡保険金は一定の控除が認められること、死亡保険金等を相続税支払資金に充当できることなどの対策）として、保険料支払資金とその利息支払資金を借り入れて変額保険に加入する方法のあることを話し、保険会社の勧誘員を紹介して、変額保険の勧誘が始まっているような場合には、銀行にも説明義務があると解する余地はあるとする見解[5]や、保険契約に関して銀行には何ら説明義務がないということの結論を一般的にいつも妥当とするかについては検討の余地がある。ある取引を行い事業者に対して金銭を支払う必要がある場合において、金融機関から融資を受けようとするとき、右事業者と金融機関に経済的な一体性があると認められる場合、または事業者との契約と金融機関との契約に密接不可分の関係がある場合、あるいは融資を受けようとする者の当該取引に関する知識が極めて乏しい場合、銀行に説明義務を認める余地もあり得るとの見解[6]などがみられる。

以上のような諸見解からすると、変額保険料支払のための銀行融資に際しての銀行の説明義務は、原則としては、法律上、存在しないことを前提としながら、例外的に、当該変額保険締結への銀行（融資担当者）の関与状態によっては、銀行も説明義務を負う場合があると解されているといえよう。そこで、その関与状態が問題になる。③判例のように変額保険への勧誘が銀行員により融資拡大のために主導的、かつ積極的に行われている場合や、銀行と保険会社とが連携して変額保険契約と融資契約が密接不可分な関係にある場合などはこれに当たると解されよう。しかし、銀行が変額保険を紹介したにすぎず、その後は保険会社の勧誘に委ねられているような場合や、①判例のように顧客が変額保険への加入を既に決定し、その後に融資依頼をしてきたような場合は、これに該当しないと解すべきではないかと思われる。ただ、後者の場合でも、かりに変額保険取引が原野商法のように、それが本来的に違法な取引であり、そのことを銀行も認識しているような場合には、説明義務がないといえるかどうかは問題である。しかし、変額保険は本来的には違法なものではないのであるから、このような場合には、銀行に説明義務はないと解してよいであろう。なお、変額保険料融資に限らず、一般的に顧客への銀行に融資にあたって、顧客がそのような融資を受けて、取引や事業を行うことが著しく不適切であることを銀行が認識しているような場合、そのことを説明しないまま融資したことによる損害に対する銀行の責任の問題は、ここでの説明義務の問題とは別の問題として考えなければならない。いわゆる融資者責任（レンダーライアビリティー）の問題との関係をどのように考えるかについては、ここでは留保する。

なお、銀行に説明義務があるとする場合の法的根拠をどこに求めるかであるが、③判例が指摘するように、変額保険契約の当事者としてではないが、その勧誘に関与した者としての信義則上の義務とみてよいであろう。

二　銀行の説明義務の程度・内容

変額保険保険料融資に際して、銀行に説明義務があるとされる場合、どの程度と内容の説明が必要なのかも問題になる。

③判例は、変額保険の内容について積極的な説明をする義務はないものの、少なくとも、保険勧誘員の説明によって、顧客が変額保険の内容について誤解している時は、誤解を解くための説明を自らするか、保険勧誘員に再度の正確な説明を促すべきであるという消極的な説明義務であるとしている。これによると、銀行は、積極的に、変額保険はハイリスク・ハイリターンの危険性のある金融商品であることを説明する必要はないということになろう。顧客が変額保険によってリスクの生ずることや、変額保険によって相続税対策などの目的を果たすことができなくなる場合のあることを認識していないことを知覚したときに、それを認識させるための説明程度ということになろう。しかし、このような消極的説明義務の程度でよいかどうか疑問である。前述のように銀行の説明義務の存在の場面を限定する限りにおいては、その説明義務の程度は積極的なものでなければならないのではないかと思われる。顧客の誤解や危険認識不足がみられるかどうかにかかわらず、そのハイリスク・ハイリターンの危険性を説明すべきではないかと思われる。そしてもし、銀行がこのような説明をしたとしても、それにより直接、変額保険の勧誘を自ら行うものでないかぎりは、生命保険募

集人等以外の保険勧誘を禁じた保取法九条に違反するとはいえないであろう。なお、説明義務の具体的内容は、いわゆる適合性の原則などに照らし個々の顧客によって一様ではないし、当時の経済的状況といった事情も、念頭に置かなければならないであろう。(7)ところで、銀行の説明義務の内容としては、変額保険のリスクの説明は保険会社がすべきであるとしても、借入金の返済のために不動産の担保権が実行される危険性があることについて、説明する義務があるとの見解もある。(8)しかし、この説明義務は、銀行が当事者となってする融資取引自体についての説明であり、そのような説明義務は、前述で留保した、いわゆる融資者責任（レンダーライアビリティー）との関係で問題になるものである。ここでは、この問題との関係については言及するものではないことから、意見は留保する。ただ、ここで問題にしている変額保険料融資に伴っての銀行の説明義務は、融資金の使途の対象となっている変額保険の危険性についての説明でなければならないものといえる。

おわりに

今日、銀行の金融取引に伴っての説明義務は、いろいろと問題になってきている。それは、銀行が直接当事者となって、金融商品を取引する場合に限らず、融資という形で関与するにすぎない場合であっても、その関与の仕方によっては、その説明義務が求められてきているのである。それはさらには、いわゆる融資者責任（レンダーライアビリティー）にまで拡大していくものであり、銀行としては、その覚悟をしておくことが必要である。

（1）　編集部「変額保険訴訟の分析」手研四九八号三六頁参照。

（2）　東京地判平成五・二・一〇判タ八一六号二一四頁、金法一三五六号四六頁。なお、銀行による融資金の返還請求で、錯誤、詐欺、公序良俗違反などを理由に争った事件で、銀行が勝訴した判例としては、東京地判平成六・三・一五金法一三八三号四二頁、東京地判平成七・二・二〇金法一四一七号六一頁がある。

(3)　東京地判平成七・三・二四金法一四三〇号七二頁。

(4)　大阪地堺支判平成七・九・八金判九七八号三五頁。

(5)　岡孝「民法判例レビュー（契約）」判タ八七一号三五頁。

(6)　円谷峻「判例解説」森島昭夫＝伊藤進編・消費者取引判例百選一三七頁。

(7)　③判例のコメント（金判九七八号三六頁参照）。

(8)　岡・前掲三五頁。

9 変額保険の勧誘における不適正行為と損害賠償責任

〔東京高裁平成六年一月二七日判決金判九四二号一九頁、金法一三八一号三〇頁、判タ八五四号七四頁、手研四九〇号六六頁〕

一　事　案

輸入工業繊維販売会社の課長であったXは、昭和六三年三月に、Y_1生命保険会社の保険募集人Y_2から、訴外A銀行の低利の融資を受けて、訴外B会社取扱いのコンドミニアム購入と変額保険加入のセット投資をするよう勧められ、両方の申込をした。そして、Xは、A銀行から、まず約三〇〇〇万円の融資を受けてコンドミニアム購入契約を締結し、更に一五〇〇万円の融資を受けて、同年九月に終身型一時払変額保険六口の契約を締結し保険料合計一五〇〇万円を払込んだ。その過程で、Y_2はXに、同年四月に変額保険の解消払戻金に関し、払戻保険料を上回る一定額が保証できる旨記載した書面を交付し、同旨の説明をし、締約直後の九月にXの要求に基づき改めて保証をする旨記載した保証書を交付している。その後、Xは、平成三年一〇月に、変額保険を解消したが、解約払戻金は配当金を含めて一四一四万余円であったことから、前記のようないわゆる利益保証書を使用したY_2の勧誘行為は欺罔行為であるとともに、募取法一五条二項、一六条一項四号に違反する不法行為であるとして、四〇〇万余円の損害賠償を請求した。

原審は、欺罔行為であるとはいえないとしたが、Y_2の勧誘行為は不法行為であり、Y_1には募取法一一条一項の責任があるとしたが、Xにも二割の過失があり、損害額を一五〇〇万円として過失相殺をすると、Xの損害は解約返戻金により全額塡補されているとして、請求を棄却した。そこで、Xが控訴した。

二　判　旨

Y_2の本件保証は「文書でされ、その文言上は、剰余金の配分の予想に関する記載はないが、本件変額保険の解約払戻金の保証をしたものと解され、また、その将来の運用成績の断定的判断を含む面もあるし、本件保証書の最終文書は、解約払戻金がそこに掲げられた見込みを下回ったとき、Xに特に差額金を払うという趣旨であれば、特別の利益の提供の約束といえる。そうするとY_2の行為は、募取法一五条二項には該当しないが、募取法一六条一項四号には該当する余地があり、また募取法の趣旨に反する著しく不適当な行為であり、これによって、保険契約者であるXに損害を加えたことがあるとすれば、Y_2は民法七〇九条により、Y_1は募取法一一条一項により損害を賠償する責任がある。」

ところで、「以上によると、Xは、本件保証の掲げる見込みを相当に確実性を有するものと考えたことは認められるが、いわばそれを重要な資料として、しかし、最終的には自己の才覚に基づき、本件変額保険契約を締結したものということができるから、右見込みを下回る結果になった場合の危険は自ら負担する意思のもとに、右締約をしたものというべく、したがって、Xは、本件変額保険の運用実績を右見込みを下回ったからといって、Yらに対し、損害の塡補を求めることはできない」。

三　先例・学説

変額保険は、保険契約者から払い込まれた保険料中の保険料積立金を、特別勘定としてもっぱら上場有価証券への投資等によって運用し、その運用実績にしたがって保険金額や解約返戻金額を変動させることを内容とする生命保険であるといわれている（江頭憲治郎「変額保険・ユニバーサル保険」ジュリ九五三号六五頁）。このため、保険会社の運用利回りが高い場合には保険金支払額や解約返戻金額が高くなるが、運用実績が悪い場合には、予定利率を下回ることになり、支払保険料額割れをも生ずるというリスクを保険契約者が負担することになるハイリスク・ハイリターンの保険商品である。また、現実には、本保険の利用は、保険会社等の販売政策のためか相続税対策または財テクのために行われ、本件事案でもみられるように、その多くは、銀行から短期の約定で一時払保険料の全額につき融資を受けて本保険に加入し、そこで短期の融資期間満了時に本保険を解約することが前提となっている。このように変額保険を短期的に利用するときは、まさにハイリスク・ハンリターンの投機商品になるといわれている（吉田明「変額保険」ジュリ一〇二二号一〇頁、石原全「判批」金判九五五号四七頁）。そこで株価が下がると変額保険の運用利益もマイナスになり、解約返戻金額が一時払保険料額を大幅に割り込む一方、銀行からの融資金額の利息は膨張するし、融資に際して設定された抵当権が実行されることによって契約者は不動産を失うことにもなりかねないことになり相続税対策どころではないという損失が生ずることになる。このため、変額保険の問題は、投資家保護の問題にとどまらず、生活資金の運用や相続税対策としての融資とセットされる場合には消費者問題としての性質を持つことにもなるのである（松本恒雄「変額保険の勧誘と説明義務」金法一四〇七号二一頁）。バブル経済の崩壊による株価低迷に伴って、このような問題がかなり生じてきており、本件事案もその一つでなる。

変額保険に内在するこのような危険によって生ずる損失につき、誰に法的責任を負わせるかについては、契約者自身、保険会社（保険募集人を含む）、融資銀行などが考えられるが、現在、確定はしていない。本件事案では、契約者と判示したが妥当か問題である。変額保険損失の救済に関する判例としては、まず保険会社との関係のものがある。そのうち、①大阪地判平成六・七・六金法一三九七号四七頁、②東京地判平成五・六・三〇判タ八五九号二三九頁、金判九四三号二四頁、金法一三七七号三二頁（本判決の原審）、③東京地判平成六・五・三〇判時一四九三号四九頁、判タ八五四号六九頁、金法一三九〇号三九頁が保険会社の責任を認めている。①判例は変額保険と他の保険との本質的ないし重要な相違点、とくに特別勘定の運用実績に連動し、元本割れする場合もある程度の説明義務違反があったことを、②判例は変額保険の特殊性や危険性につき十分な説明をせず、かえって高収益性を強調し、高利回を保証して勧誘したことを、③判例は変額保険は元本割れする危険度の高い保険商品であるのに、そのような事態の生ずる危険性のない保険と誤信したもので要素の錯誤により無効であるとともに、このような危険度の高い保険への加入を勧誘する場合には、その保険の有利性のみならず、保険の危険性についても十分説明する義務があるのに、この義務に違反し、むしろ虚偽の事実を告知したことを理由としている。すなわち、①判例は変額保険の特殊性と危険性についての単なる説明義務違反に、②判例は説明義務違反に加えて高利回り保証勧誘に、③判例は説明義務違反のほか虚偽事実告知に、注目して責任を認めている。これに対して、④東京地判平成六・七・二五金法一三九七号四八頁は変額保険の運用実績如何によっては元本割れの可能性を説明したことを認定し、争点である相続税対策についての説明に関する部分も違法はないとし、⑤東京地判平成四・六・二五金法一三四五号三四頁は変額保険と明記された書類が手渡され、変額保険の内容が説明されていたとして、⑥東京地判平成六・五・一二金法一三九〇号四四頁は契約者が専ら自己の判断と責任に基づいて変額保険契約を締結したものとして、それぞれ保険会社の責任を否定している。

また融資銀行との関係では、⑦東京地判平成五・二・一〇金法一三五六号四六頁は、契約者が変額保険で投資することを決めた上、銀行に融資を申し込んだ事案で融資銀行には変額保険の内在的リスクについてまで説明すべき法的義務はないとして、⑧東京地判平成六・三・一五判タ八五四号七四頁、金法一三八三号四二頁は、融資銀行の行員から変額保険の紹介を受けた事案で、行員が同行していたが変額保険の具体的な説明は保険会社が行い、融資銀行が虚偽の事実を告げ、また高額収入を保証した事実はないと、いずれも融資銀行の責任を否定している。

学説は多くはないが、①判例に関連して契約締結上の過失に関する近時の学説、裁判例を踏襲していると評価できるとの見解（岡孝「解説」判タ八七一号三三頁）、②判例の解説で、この問題は商品先物取引や証券取引における不当な投資勧誘にもとづく不法行為責任の問題と共通し、投資リスクを正しく説明しなければ不法行為責任が生ずるし、利回り保証をしたことは不当な勧誘であることの決定的な証拠であるとする見解（山下友信「解説」ジュリ一〇三〇号一二三頁）、本判決に関連して、Ｘは投資の危険性を十分に知っていたとはいえないし、Y_2のなした保証による不法行為責任であり、Y_1はその塡補の責任ではなく、募取法一一条一項に基づく責任であるから、不法行為を肯定した原審が妥当との見解（石原全・金判九五五号五〇頁）などにみられるように保険会社に法的責任を認めようとする傾向がみられる。ただ、本判決のように投資危険の引受による自己責任の原則に注目するものもないわけではない（コメント金法一三九七号一頁）。この他、事業者・消費者間の取引のように、契約当事者間に知識・経験の格差がある場合において、知識・経験のある当事者には、相手方を不測の損害を被ることのないよう十分に配慮すべき義務（保護義務）として、当該契約の対象や契約の内容についての説明義務が課されるという考え方は、契約締結上の過失についての最近の有力説および一連の判例の流れであれ、変額保険の説明義務も同様であるとして、その説明義務の程度内容を厳格に検討するもの（松本・前掲二五頁）がある。

融資銀行の責任に関しては、銀行と保険会社が提携関係にあり、契約者が変額保険の危険性を十分理解していないことを知っているときには、銀行も危険性などを説明する義務を負うとの見解（木村晋介ほか・消費者取引判例ガイド一九一頁（千葉肇）〔一九九四年・有斐閣〕）や、変額保険のリスクの説明は保険会社がすべきであるとしても、借入金の返済のために不動産の担保権が実行される危険性は保険会社と並んで銀行にも説明義務があると考えるべきではないろうかとの見解（岡・前掲二五頁）がみられる。なお、この点に関しては、レンダー・ライアビリティー（融資者責任）の問題としても捉える（同旨、現役法務部室長匿名座談会「変額保険訴訟の行方を占う」金法一三九七号九頁）ことができよう。

四　評　論

一　変額保険は、一つの保険商品である。この保険商品は、前述のようにハイリスク・ハイリターンという危険を包含した商品である。この保険商品の販売に際して、保険料金の短期融資がセットされると、それはまさに投機商品として、その危険は増幅されることになると指摘されている。このため、昭和六〇年保険審議会答申で「募集にあたっては、顧客に対して変額保険の仕組みを、契約者が資産運用のリスクを負担し、保険金額が減少する可能性があることを含め、十分説明する必要がある。これまでの定額保険の募集のために必要とされている知識に加えて、変額保険を正しく販売するための業務知識が求められることから、変額保険の募集のための特別の資格認定制度を設けることが適当である」と指摘され、変額保険販売資格制度が設けられ、通達「変額保険募集上の留意事項について（昭和六一年七月一〇日付蔵銀第一九三三号）」では、①将来の運用実績についての断定的判断を提供する行為、②保険金額あるいは解約返戻金額を保証する行為などを変額保険募集上の禁止行為としているのである（石原・前掲四五頁、四七頁参照）。すなわち、変額保険は、その説明を怠り、取扱いを間違った場合には、財産的損害を生じさせる恐れのある欠陥商品であることを意味しているのである。このことは、製造物責任における指示・警告欠陥と等質的なところがある（同旨、座談会「金融取引における説明義務とは何か」金法一四〇七号六七頁〔松本恒雄発言〕（一九九五年））。このため、変額保険損失の責任の問題は、製造物責任の問題とパラレルに捉えうる余地のあることを考慮に入れながら考える必要がある。

二　このことから、変額保険損失の責任を判断するにあたっては、保険会社（保険募集人を含む）側についてみると、どのような状態で、顧客に販売したか問題になる。まず保険会社による説明の態様が問題になる。変額保険損失の責任を問題とする判例の多くも、この点に注目している。そして、保険会社に責任を認めた①判例、②判例、③判例は、いずれも変額保険の仕組みと特殊性、危険性についての説明が不十分であったことを根拠としている。反対に責任を否定する④判例と⑤判例は説明義務が尽くされていたことを根拠とする。そこで、どの程度の説明が行われたならば説明義務を尽くしたことになるのか問題になるが、それは顧客の知識、能力とも関係することであり、判例の集積に待つしかないであろう（ただ、このことに関しては、前述の松本教授の検討が参考になろう）。ところで、問題は、変額保険の販売の場合に、このような説明義務違反だけで法的責任が問えるかである。このことに関しては、変額保険では説明義務違反は指示・警告欠陥にも相当するものであることや、一般的に、投資商品の販売にあたっては、投資リスクの伴うものにつき、契約内容および契約に伴う投資リスクを正しく説明しなければならず、このような義務違反は不法行為責任を生ぜしめると言われていること（山下・前掲一三二頁）などを勘案すると、積極に解してよいであろう。そこで、本件事案についてみると、原審である②判例では「変額保険の特殊性や危険性について十分な説明をせず」と認定していることから、このことだけで保険会社の責任を認めることができよう。しかし本判決では、「Y_2はXに対し、「変額保険（終身型）は、保険金額が資産の運用実績に基づいて増減する生命保険であって、基本保険金が保証されるだけで変動保険金には保証はなく、解約戻払金も、運用実績に応じて増減し、最低保証はなく、途中解約とくに短期解約の多くの場合は払込保険料より少額となる旨説明をし、Xもその説明を理解していた」と認定していることから、説明義務違反の無かったことを前提として保険会社の責任を考えているものと推測される。この説明義務違反の有無の判断は、原審の認定と異なる。また、原審を解説している山下教授が「Xは主張していないが、Y_2の行為は、変額保険の内容について明らかに誤った説明をしているし、危険性について説明をしていないので、保険契約者に対して不実のことを告げ」ているとまで指摘していることとは隔絶の感があるが、この点の当否の判断は留保する。いずれにしても本判決の評論は、本判決の認定に従って、説明義務違反がなかったことを前提としなければならないということである。このため、本判決は、変額保険損失の責任に関するこれまでの多くの判例で問題とされた論点とは、多少、異なる視点から捉えなければならないことになる。

なお、説明の態様として③判例は虚偽事実告知を問題にし、山下教授は②判例に関係して不実告知を問題にしている。

しかし、このような虚偽事実や不実告知は損害賠償責任との関係では、説明義務違反の程度がより悪質なものであったことを証明し、違法性を高めるものであるにすぎない。説明義務違反がここまで悪質でなければ責任が生じないという意味を持つものではないことに注意すべきである。ただ、本判決とは直接関係がない。もっとも③判例のように錯誤無効を判断するには重要であるかも知れない。

さらに保険会社側の態様として、利回り保証や運用実績の断定的判断の提供をして勧誘する場合が考えられる。これらは、変額保険のリスクは本来、顧客が負担するものとされているにもかかわらず、そのリスクは保険会社が負担するか、そのようなリスクの生じないことを確約するものである。変額保険の特殊性や危険性は、このような保証や確約によって全く考慮する必要がないことになる。これは変額保険とは異なる保険商品の販売にあたる。このため、募取法一六条一項四号や先の通達では、これを勧誘にあたっての禁止行為として規制している。そして、この規制に違反するときは、行政取締法規違反であるだけではなく、不法行為成立の要件としての違法性を備えるものと解される。すなわち、危険な保険商品を危険のない保険商品として販売することになるわけであるから、その偽りは取引的正義に反するもので社会的にも違法であるからである。本判決は、このような事案に関するものである。すなわち、勧誘に際して、利回り保証的文言の書面を交付しているのである。もっとも、本判決は、この文言の趣旨について、いわゆる利回り保証そのものとは解していない。Y_2にはそのような権限のないことや、Xもそのことを知っていたか知りうべきであったこと、基本的にはXに利回り保証契約を締結するまでの意思があったとまでは考えられないことから妥当な判断といえる。そこで、「特別の利益の提供の約束」による勧誘行為に当たると判断している。そしてこの判断に基づき、Y_2の勧誘行為は、著しく不適当な行為で、そのことによってY_2には民法七〇九条の不法行為責任、Y_1には募取法一一条一項の賠償責任があるとする。この点は、原審とほぼ同様である。ただ、原審では、説明義務違反をも考慮しているのに対して、本判決は、前述のように説明義務違反のないことを前提として、「特別の利益の提供の約束」による勧誘行為であったというだけで賠償責任を認めたことは、先例として価値を持つであろう。その見解は妥当なものと評価される。

三　ただ、本判決は、以上のような保険会社側の態様の判断に加えて、被害者側の態様に注目する。被害者側の態様としては、従来から、先の説明義務の内容・程度との関係で問題としてきている。しかし本判決には、そのような意味においてではなく、被害者は「自己の才覚に基づき……危険は自ら負担する意思のもとに」締結したことに注目している。いわゆる被害者による「投資危険の引受」があったとして、保険会社の責任を否定している。この点は、保険会社の責任を否定した⑥判例と同一の理論によっている。そして、本判決は、被害者による「投資危険の引受」のある場合には、保険会社側の「特別の利益の提供の約束」による勧誘という著しく不適正な行為による責任が回避されるとの論理を展開していることに留意する必要がある。このことから、本判決に対する最も重要な論点としては、被害者による「投資危険の引受」の当否と、そのことによる不適正な行為の責任回避という論理につき検討する必要がある。

被害者が自己の才覚に基づいて危険は自ら負担する意思で投資取引を行った場合、その投資取引によって生じた損害の塡補を他に求めることができないとの、いわゆる「投資危険の引受」の考え方は、一般的には承認されるものである。これは、取引契約の責任を考えるにあたっての根幹をなすものであり、私法の基本原理とされる私的自治の原則に依拠するものだからである。しかし、このような「投資危険の引受」を、具体的事案との関係で安易に肯認してよいかどうかである。それを肯認するための前提となる諸条件につき、検討する必要があるのではないだろうか。本判決に則してみれば、輸入工業繊維販売担当の課長の職にある者が、変額保険につき理解をし、自らの危険負担の意思で変額保険契約を締結したときは、保険会社の利益提供約束による著しく不適正な勧誘行為があったとしても、「投資危険の引受」が肯認されということになるのかどうかである。

まず、「投資危険の引受」を肯認する前提としては、当該投資取引についての自己責任原則を十分に理解し、その上に立っての意思決定であることが必要である。このためには、変額保険についてみれば、その仕組みと特殊性、危険性および投資危険の引受けのともなうものであることを十分に説明し、理解を得ていることが必要である。そこで、このような説明義務違反があるときは、「投資危険の引受」は原則として、肯認されるものではない。本判決では、前述のようにこの点は一応クリアーしているものとして考える。ところで、説明義務が充分に尽くされていて理解をした上で契約を締結した場合、それだけで「投資危険の引受」を肯認できるかである。投資危険の引受けのためには、当該変額保険契約から生ずる可能性のあるリスクの確率、程度、多寡を知った上で、そのリスクを自己の責任をおいて負担するとの確信のもとに行われることが必要である。そこには、誘導が加わってはいけないのである。この点、本判決についてみると、当該変額保険契約の締結に際しては、Y_2による利回り保証書が交付されていることが問題になる。本判決は、これは不適正な勧誘行為であることを承認しながら、このような保証書の交付による勧誘行為により変額保険契約は締結されたものではないことを論証している。「投資危険の引受」を肯認するにあたってはマイナス要素となるものである。すなわち、勧誘の加わっていることは、「投資危険の引受」この論証については一応、肯認して置こう。しかし、このような不適正な本判決が、Xが保証書の交付を求めたのは、Y_2の見込みの確実性を改めて確認するといった趣旨であると考えられるとしていることは、当該変額保険契約に伴うリスクの確率判断や責任負担の確信に大きな影響を及ぼす要因となっていることを暗示するものである。そうだとすると、このような要因の加わった状態での契約締結をもって、「投資危険の引受」を持ち出すことには問題があろう。

また、「投資危険の引受」は、どのような被害者との関係においても用いうるものなのかどうか問題である。「投資危険の引受」は、投資取引における自己責任の原則との関係で位置づけられなければならない理論であることは前述したが、このことの結果として、いわゆる適合性の原則をも考慮する必要があるのではないかと思われる。すなわち、変額保険が当該顧客にとって不適合なものではないと信ずるにつき相当の根拠を有する場合でなければ推奨してはならないとする原則（江頭憲治郎「変額保険の法的問題」保険学雑誌五一九号二三頁（一九八七年））との関係が問題となる。当初から当該投資取引の対象としての適合性を有しない者が、自らの自主的判断で投資危険を引き受ける意思決定をしたからといって、そのような不適合な者を投資取引の対象として勧誘した事業者に全く責任がないということにはならないのではないと思われるからである。投資取引を事業の一貫として行っている企業者やいわゆる個人投資家については、投資家保護の見地から説明義務違反や不適正勧誘のある場合には責任が認められる余地があるが、このような事情のない場合には、最終的には「投資危険の引受」はそのまま適用されよう。しかし消費者として資金を運用する目的であるにすぎない者については、適合性を有するか否か疑問である。ましてや、本件事案のように一時払保険料の融資を受けなければ投資取引を行うことのできないような資産状況にある者につき適合性があると解することは困難であろう。また、このような投資取引に適合性のない者の場合、とくに消費者として生活資金を運用する目的でしかない者の場合には、単に投資に伴うリスクの負担を覚悟しているというだけではなく、「消費生活の破綻の引受」と重畳的に引き受けられている場合でない限り、「投資危険の引受」の理論を用いることを認めるべきではない。

なお、本判決は、Xにおいて、投資の危険については充分に認識していたことを認定している。しかし、Xが投資の危険を認識していたことと投資危険を引き受けたこととはイコールではないのである。Xについてみれば、変額保険契約の相手方としては本来不適合な者であったのであるから、さきの重畳的引受までが行われていてはじめて「投資危険の引受」があったといえるのであり、本判決はこの点の考慮を欠くものといえる。

四　ついで、「投資危険の引受」があると、不適正勧誘による責任を、何故、追及することができなくなるのかである。本判決では、XはY_2らに対し「損害の塡補を求めることができない」とするたげで、その法的根拠は明確ではない。そこで、まず、いわゆる一般的な危険の引受理論と同様に、違法性が阻却されるからだとも考えられる。しかしここでの引受は不適正勧誘という違法行為を認めるというものではないから、このように解することは妥当でない。ついで、Xの損害はY_2らの不適正な勧誘行為によるものではないとして因果関係を切断することの結果かどうかである。しかし不適正勧誘と運用実績見込みを下回ったことの因果関係切断を意味するものでもなさそうである。そうだとすると、変額保険の運用実績の見込み下回ったことによる損害は、X自身の判断によるものであり、Yらの行為によるものではない、すなわち「他人による加害」ではないという意味に解されよう。「投資危険の引受」とは、法的には、そのようなことを意味するのかどうか、すなわち「自己加害」を意味するものなのかどうか、ここでは留保する。

ところで、このように解するとすると、かりに「投資危険の引受」が肯認されたとして、変額保険損失については賠償請求できないとしても、著しく不適正な行為による責任が当然に回避されるものではないのではないだろうか。このことから、その趣旨を充分に理解しえないところもあるが、石原教授が「本件で追及しているのはY_2のなした保証による不法行為責任であり、Y_1はその塡補の責任ではなく、募取法一一条一項に基づく責任である」から、「むしろ、不法行為を肯定した原審の判断が妥当といえる」(石原・前掲五〇頁)とする見解は注目に値する。

五 本判決は、変額保険損失の責任にかかわる多くの判例で争点とされている説明義務違反の有無の問題を乗り越えたところに、その争点がみられる。それは、これまで指摘したように「投資危険の引受」の理論に係わるものである。このような「投資危険の引受」理論を賠償責任理論のなかでどのように位置づけるかはこれからの重大な問題である。とくに、投資商品の損失責任を考えるにあたって重要である。そこで、この検討は、後日に譲るが、ここで一言付言したいことは、被害者が「自己の才覚に基づき、危険は自ら負担する意思」であったという状況が認められても、そのことだけで「投資危険の引受」論を安易に持ち出すことには疑問があるということである。このことから、本判決には若干の疑問が残されている。

10　貸金業規制法四三条一項、三項にいう「任意に支払った」の意義

〔最高裁第二小法廷平成二年一月二二日判決判時一三四九号五八頁、判タ七三六号一〇五頁、金判八五四号三頁、金法一二五九号三四頁〕

一　事　案

X（原告・被控訴人・上告人）とY（被告・控訴人・被上告人）間には、元本二〇〇万円を限度とし、利息は日歩一五銭（その後日歩一三銭に変更）、損害金は日歩二〇銭の約定で、金員を貸し付ける旨の金銭消費貸借契約が締結されていた。これに基づき、まず五〇万円が、ついで一五〇万円が貸増しされ貸金元本を合計二〇〇万円とした。その後、残元本一八五万七八六一円に四万二一三九円を貸増しし貸金額を一九〇万円とした。さらにこの貸金の残元本一六九万八七一〇円に三〇万一二九〇円が貸増しされて貸金額が二〇〇万円になるという、いわゆる借換えが行われた。このような状況を前提として、Xは、これまで支払った利息及び損害金のうち利息制限法の制限超過部分は元本の弁済に充当されたことになるから、その後に弁済供託をした三三万五三一七円をYが受領したことにより、借受金債務の全部が消滅したことになるとして、債務不存在確認の訴え及びこれを担保する抵当権設定登記の抹消請求を提起した。これに対し、Yは、Xの弁済については貸金業の規制等に関する法律（現行貸金業法、以下「法」という）四三条が適用され、利息制限法超過利息、損害金が元本に充当されることはないから、債務は残存しているとして争った。

第一審は、法四三条が適用されるための任意性の要件を充たす場合にあたらないとしてXの主張を認めた。そこで、Yが控訴し、原審では、弁済は任意に行われたものと認められ法四三条が適用され、元本への充当の主張は理由がないとされた。これに対して、Xは、法四三条適用の前提として法一七条、一八条所定の書面が交付されていること、法四三条の適用にあたって債務者の利息・損害金充当の意思表示を要すること、「任意」とは利息制限法所定の超過利息であることを知りながら、自らの意思で支払った場合と解されることなどを理由に、解釈適用を誤ったものであるとして上告した。

二　判旨

貸金業の規制等に関する法律の「趣旨にかんがみれば、債務者が貸金業者に対してした金銭の支払が法四三条一項又は三項によって有効な利息又は賠償金の債務の弁済とみなされるには、契約書面及び受取証書の記載が法の趣旨に合致するものでなければならないことはいうまでもないが、法四三条一項にいう『債務者が利息として任意に支払った』及び三項にいう『債務者が賠償として任意に支払った』とは、債務者が利息の契約に基づく利息又は賠償額の予定に基づく賠償金の支払に充当されることを認識した上、自己の自由な意思によってこれらを支払ったことをいい、債務者において、その支払った金銭の額が利息制限法一条一項又は四条一項に定める利息又は賠償額の予定の制限額を超えていることあるいは当該超過部分の契約が無効であることまで認識していることを要しないと解するのが相当である」。

三　先例・学説

法四三条の「みなし弁済」規定が適用されるための主要な要件としては、①債務者が利息又は賠償金として支払ったこと、②その支払が任意になされたものであること、③法一七条所定の契約書面が交付されていること、④法一八条所定の受取証書が交付されていることが必要である。本判決は、この要件のうち直接的には、①と②に関して判示したものであり、最高裁としては初めてのものである。

ところで、本判決が直接的に判示している①と②の要件についての判例、学説の見解は、つぎのようである。まず①の要件に関しては、下級審判例は、「債務者が積極的に制限超過部分の利息・損害金に向けて支払う旨弁済充当の指定」が必要であるが、明示であることを必要とせず黙示の意思表示で足りると判示したものがある（高松簡判昭和六〇・九・二六最高裁事務総局「消費者信用関係に関する執務資料」民裁資料一六八号四八頁）。また、本件第一審判決（大阪地判昭和六二・二・二七金判八五四号一二頁）は、利息制限法所定の制限額を超える金額を利息または損害金と「指定」して支払った場合であると解している。このことからすると下級審判例では、明示あるいは黙示にしろ積極的な「指定」が必要であるとの見解によっていたといえる。ところが、本判決が「認識」で足りるとしたことは、従来の下級審判例を変更するものといえよう。また、学説では、森泉教授は、「利息として」は「明示または指定しての意味に解される」、本条は、制限超過利息として支払う旨を明示した場合にのみ適用」され、指定がないときは制限内利息、損害金および元本に法定充当されることになるので、「積極的に超過利息として支払う旨意思表示をした場合に限る」（森泉章編・貸金業規制法二七七頁以下、同旨、森泉章「貸金業規制法四三条の適用要件」青法二五巻四号五四頁以下、森泉章「判評」判例評論三八二号四五頁）と解され、甲斐教授は「超過利息に充当指定したことを要する」（甲斐道太郎「庶民金融」加藤一郎＝竹内昭夫編・消費者法講座4巻一九一頁）と解され、大森判事は、「本条は、利息制限法の特則であるから、その要件である支払の趣旨は、明示されることを要する」（大森政輔「貸金業規制法第四三条について」判時一〇八〇号八頁）とか、「特定明示せずに交付したときは、本条の適用があるかは疑問が残る」（大森政輔「貸金業規制法四三条と利息制限法（上）ＮＢＬ二八四号一四頁）とされ、難波判事は「債務者の積極的な意思を要すると考えるのが相当」であるが、明示の場合に限らず「黙示の場合であっても明確に指定があったと認定できる場合も考えられる」から黙示の場合でもよい、ただ

「単に、法一八条の受取証書が適法に交付され、これに対し債務者が何らの異議も述べなかったというだけでは不十分であり……、判決に当たっては、単に黙示の意思表示があったというだけでは不十分で、その具体的事実を摘示し、右事実について立証」する必要がある（難波孝一「貸金業四三条に関する判例の動向」薦田茂正＝中野哲弘編・裁判実務大系・金銭貸借訴訟法四四頁以下）とされ、小田部判事は「債務者が積極的に制限超過分の利息債務に向けて支払う旨意思表示をした場合に限り適用のある規定」であり、業者の弁済充当計算において制限超過の利息債務の額が明らかでない場合は、「暗黙の了解を与えていたとしても、制限超過分の利息へ充当する意思を表明したものとみるべきかどうか、疑問が残る」（小田部胤明「貸金業法四三条の要件と立証」判時一〇八一号一二頁以下）とか、「『利息として』とは『利息と指定して』の意味に解される」、ただ「実務上、どのような外形的事実に基づいて、超過分への充当指定がなされたと認定するかは、難問である。事態の推移を見たうえで論ずべきであろう」（小田部胤明「貸金業規制法と利息制限法」ジュリスト八〇七号一一頁）などの諸見解がみられる。ところで、これらの学説については、若干のニュアンスの違いがみられる。その原因は、そこで用いられている「債務者の積極的意思」、「指定」、「明示」、「黙示」の概念内容がそれほど明確ではないことによるものと思われる。ただ、ここでその分析をすることは留保するが、これらの学説において基本的に共通することは「債務者の積極的指定意思」が必要であると解していることであろう。これが学説の絶対多数であったのである。本判決は、このような学説にもよらないことを明らかにしたものである。もっとも、小田部見解は、制限超過利息額が明らかにされて暗黙の了解があった場合は要件を充たすことになると解される余地をもっていること、それを外形的事実に基づいて判断するのだとすると法所定の契約書面および受取証書が交付されていて支払ったということにより、①の要件が認定されたとみる余地のあること（難波見解は、消極である）からすると、本判決と基本的には共通する要素を包含しているともいえる。

つぎに②の要件に関する判旨部分にかかわっては、下級審判例として、「任意の要件を充たされたというためには、債務者において自己の利息、損害金の支払が利息制限法所定の制限を超過したものであることを認識し、その事態を容認しながら任意に支払った場合でなければならない」と判示するものが唯一みられる（前掲本件第一審判決）。学説では、森泉教授は「『任意に支払う』とは……、自主的に自己の意思に基づいて支払うことである」（森泉編・前掲書二七六頁）、それは「債務者が超過部分が無効であることを知って支払った場合でなければならない。それが任意性の判断の前提となる事実だからである」と解される（森泉・前掲判時八頁、同・前掲判評二〇六頁、同・前掲青法五五頁、五六頁）。また、小田部判事は「債権者の強制を伴わない、いわば債務者が自主的に自己の意思に基づいて支払う場合」で、制限超過分の利息が「無効なことを知っていることが、債務者の任意な、すなわち自発的、積極的な支払意思の前提となる事実であって、これが欠けていれば任意とはいえないことになろうか」と指摘される（小田部・前掲判時一三頁）。そこで、両見解は共通しているといえよう。そして、自主的意思の点については、大森判事は「債務者が自己の自由意思に基づいて支払うこと」で、「支払意思の形成過程に瑕疵があれば、任意に支払ったものとは認められない」と解される（大森・前掲判時八頁、同・前掲ＮＢＬ一四頁）。このことは、本判決でも判示しており、同旨である。そして、超過利息の違反ないし無効についての知、不知に関しては、甲斐教授は「債務者が制限法違反の超過利息であることを知りながら支払ったことを要する」（甲斐・前掲一九二頁）とされ、谷教授も「債務不存在についての不知を前提とする支払は、任意性を欠き、みなし弁済とならない」（谷啓輔「貸金業規制法の一考察（下）手研三四三号六八頁）とされる。さらに、沢井教授は、債務なきを知って弁済した場合でも、そのような弁済をしたことについて合理的理由が存在するときは任意ではないとされる（沢井裕「貸金業法四三条をめぐって」ひろば三六巻九号一七頁、一八頁）のである。このことからすると、学説の多数は、超過利息の違反ないし無効を知って弁済したことが必要としていたといえる。しかし、本判決は、これについても学説によらないことを明らかにした。もっとも、小田部判事によれば「『任意に』というのは内心の心理状態であるが、通常は外形的事実に基づき認定するほかない」（小田部・前掲ジュリ一一頁）と指摘されていることから、法所定の受領証書に基づき支払が行われているときは、任意性の要件が充たされたと認定される余地があるわけで、本判決と接近する要素がなかったわけではないのである。

四　評　論

本判決は、①の要件である「利息又は賠償金として」の意義につき、従来の判例および支配的学説と異なり、利息又は賠償金の支払に充当されることを「認識」しているだけでよいと解したことが注目される。そして、それは約定に従った利息又は賠償金の支払であることを分かっていれば十分であるという理解であると解説されている。また、指定という概念を用いなかったのは、昭和三九年最高裁大法廷判決が、利息制限法の制限超過部分は無効であるから「債務者が利息、損害金として指定して支払っても、制限超過部分に対する指定は無意味であ（る）」（最大判昭和三九・一一・一八民集一八巻九号一八六八頁）とする判断が法四三条の適用の場面でもなお妥当すると解されたものと窺われるとも解説されている（滝澤孝臣「判解」ジュリスト九五九号九三頁）。ところで、①の要件として、「認識」で足りるのか明示にしろ黙示にしろ積極的な「充当指定」が必要であるのかについては、法四三条の趣旨をどのように解するかという基本的問題につながるものである。そこでこの点は後述する。ただ、昭和三九年最高裁大法廷判決を引合いに出して従来の判例理論との整合性を図ったものであるかのごとき説明については若干の疑問が残る。昭和三九年最高裁大法廷判決が「指定」が無意味であるとしたのは、有効な利息の支払であるとか非債弁済として不当利得返還請求の効果を導くことを否定するための前提であったと解される。これに対し、法四三条の場合は「みなし利息」としての効果を付与するための要件として「指定」が必要かどうかを問題とするのであるから、「指定」のかかわる法的意味合いが異なるのではないかと考えられるからである。このため、昭和三九年最高裁大法廷判決との整合性に立脚しては説得力はないといえよう。

また、②の要件である任意性の意義については、債務者が自己の自由な意思で支払うことであると判示している。このような抽象的意義づけについては、従来の学説と異なるものではない。ただ、学説の多数は、債務者の自由な意思での支払にあたるかどうかの判断要素として、利息制限法の制限を超えていることあるいは無効であることを「認識」している必要があると解していたのとは異なる見解によることを明らかにしている。そこで、このような見解によるときは、貸主の威迫その他の言動による借主の困惑による支払や詐欺、強迫による支払、強制執行による強制的弁済などのような場合は任意性は否定されるが、債務者が自発的に弁済したときは、それだけで任意性があったということになろう。しかし、法四三条が「みなし弁済」の効果を生じさせるための要件として任意性が必要であるとしているのは、債権者に強制されないで債務者が自発的に支払ったかどうかにかかわるだけではないのではなかろうか。法四三条は利息制限法一条の特則であり任意性の要件が備えた場合にはそれを適用して「みなし弁済」の効果を認めるとの論理からすると、まず利息制限法超過利息、賠償金は無効であることを認識していて、それでも自発的に支払ったというのであればその超過部分についても利息、賠償金の支払とみなされるとするものであると解するのが素直ではないであろうか。この意味では、学説の多数によるべきであったといえる（同旨、森泉・前掲二〇七頁）。

以上のように、本判決が示した①、②の要件に関する見解につき、それ自体、それぞれに疑問が残る。それとともに、本判決の評価にあたってより根本的に掘り下げて検討しなければならないのは、このような諸見解のでてくる基本的前提である。それは、法四三条の趣旨をどのように捉えているかということである。これについては、法四三条は、超過利息等の支払を無効としたまま、貸金業者に契約書面及び受取証書の交付を強制することは、却って、法の趣旨としない「ヤミ金融」を助長する結果となりかねないから、一定の要件の下で有効な債務の弁済とみなす趣旨である。そこで、このような趣旨を反映するには、債務者が超過利息等の無効を認識していたか否かなどという主観的事情に左右されないで、貸金業者が交付した契約書面及び受取証書に所定事項が記載されているか否かという客観的事情から適否を結論づけるべきであると解説されている（滝澤・前掲九三頁）。そしてこのことは、法所定の契約書面及び受取証書の交付されていることを重要視し、債務者が「充当を認識」し「自由な意思によって支払」うだけでよく、その要件は法所定の書面等の交付に基づいて支払われたことによって認定されるとの本判決の論理展開にみられるところである。しかし、このような考えによるならば、「みなし弁済」の効果の生ずるのは、所定事項を記載した契約書面及び受領証書の交付があって自発的に支払われていればよいということになろう。そうだとすると、所定事項を記載した契約書面及び受領証書が交付され、受領して支払ったという客観的事実が、債務者が「利息（賠償金）として任意に支払った」の要件をみたすということになるわけで、債務者側において必要とされる①、②の要件は、実質的には債権者側に課されている③、④の要件に吸収されてしまうことになるのではなかろうか。そして、債務者側については、債権者の威迫、強迫、詐欺、強制などにもとづかない自発的支払であったかどうかを客観的事情によって判断されるだけということになろう。法四三条の要件論として、このように理解するのが正しいかどうかである。そして、このような要件論を導き出す前提としての法四三条の趣旨として、貸主が法所定の書面等を交付し、強制的取立をしたのではないかぎり、支払に際しての借主の意思はどうであれ「みなし弁済」の効果を認めるものであるとの理解が正しいかどうかである。これでは利息制限法は骨抜きになってしまう。利息制限法が利息等についての基本的規定であるとするならば、これを修正する特則としての法四三条の適用要件は厳格でなければならないであろう。そして、債務者側において必要とされる①、②の要件が備わって初めて特則が適用されるとしたものと解するのが妥当である。さらに、そうだとすると、①、②の要件についていては、これを骨抜きにするような解釈は許されるべきではない。このことからすると①の要件に関しては、債務者による「指定」のあること、②の要件に関しては「無効の認識」のあることが必要であるとする多数の学説によるべきではないかといえる。ただ、このような債務者の主観的要件を何によって認定するかである。それらは、明示であると黙示であるとは問わないが、それは客観的事情によって判断せざるを得ないであろう。しかし、どのような客観的状況によって判断すべきかである。この場合、法所定の契約書面及び受領証書が交付されているかどうかの事情は、法四三条適用のための要件として法定されているのであるから、これによることは許されないことは明らかであろう。このことからすると、法所定の書面等の交付という事情以外の客観的事情にもとづいて、その具体的事実を摘示し、前述の意味での①、②の要件を立証することによって認定すべきであろう。

11　割賦販売法三〇条の四と未払割賦金の支払拒絶

〔東京地判平五・九・二七民三四部判決、東京地裁平(ワ)九九二八号〕

一　事　実

X_1は、平成三年五月五日、訴外Ａから、外車一台を代金一〇三〇万円で購入し、Ｙとの間において、右代金のうち金六五〇万円に関し、同年七月二五日付けでオートクレジット契約（「本件立替払契約」という）を締結した。その際、X_2は、Ｙとの間において、「本件立替払契約に基づくX_1のＹに対する債務を連帯保証した。X_1は、本件売買契約締結から約三か月後、訴外Ａから一旦本件車両の引き渡しを受けたが、車体に異常があったため訴外Ａ会社が引き取って修理した後改めて引渡しを受けることとなった。しかしながら、訴外Ａ会社は平成二年末日ころ、倒産し、本件車両の登録名義も平成三年八月五日に訴外Ａ会社代表取締役Ｂに移転され、その後、訴外Ｃ会社に売却されて、平成四年三月二七日、登録名義も移転した。そこで、X_1は、本件売買契約の本件車両引渡義務は履行不能となったとして、売買契約を解除した。その間、X_1は、Ｙに対し、本件立替払契約に基づき合計金二五四万七六五〇円を支払っている。このため、X_1は、割賦販売法三〇の四に基づき履行不能による解除はＹに対抗することができるから、既払割賦金二五四万四六五〇円について不当利得になるとして返還を求め、また、X_1及びX_2は、未払割賦債務又は保証債務金五九三万四六〇〇円の支払義務不存在の確認を求めた。

二　判　旨

「割賦販売法三〇条の四は、購入者保護の観点から、創設的に、購入者が割賦購入あっせん業者（以下「あっせん業者」という。）から立替払契約に基づく割賦金支払の請求を受けた場合に、一定の要件の下、立替払契約と別個の契約に関する事由であっても本来当然には対抗することができない売買契約につき割賦購入あっせん関係販売業者（以下「販売業者」という。）に対して生じている事由を抗弁として対抗できることとし（最高裁判所平成二年二月二〇日判決）、売買契約における問題が解決されるまでの間、一時的に未払割賦金の支払を拒絶できることとしたものと解され（規定文言上もこのように解するのが最も自然である。）、これを超えて、右抗弁権の行使により、実体的に、売買契約と別個の契約である立替払契約に基づく債権債務自体が消滅する、すなわち、購入者の側から積極的に右抗弁権を行使して未払割賦金債務を消滅させたり既払割賦金の返還を請求したりできるものと解することは困難である。」「そして、このことは、購入者が行使する抗弁権の内容が商品未引渡による売買契約の解除であっても、同様と解される。もっとも、右のように解するとしても、販売業者が倒産するなどして資力を有しない場合においては、購入者が抗弁権を行使すれば、事実上、立替払契約に基づく未払割賦金債務が存在しないのと同様の結果となる（本件についていうと、原告において本件売買契約を解除しこれが有効であれば、原告らは、事実上、被告に対する未払債務の支払を免れることとなる。）が、法律上は、購入者は、販売業者に対し売買契約解除に基づく原状回復請求権たる代金返還請求権等を有しているのであって、その弁済を受けた上、その限度であっせん業者に対し割賦金の支払を再開すべきこととなる余地があるから、立替払契約に基づく未払割賦債務が法律的に消滅しているということは困難であり、また、割賦販売法三〇条の四の立法趣旨に照らしても、このような場合においても未払割賦金の支払拒絶を認めれば一応十分であると解される。かえって、販売業者無資力の場合において購入者が売買契約解除の抗弁権を行使したときに、立替払契約に基づく債権債務が消滅し既払割賦金があっせん業者の法律上の原因を欠く不当利得になると解するとすれば、いわゆる自社割賦販売における同様の事例では購入者が事実上既払割賦金の返還を受けることができないことと均衡を失することにもなりかねない。」

三　評　釈

一　割賦購入あっせんを利用しての取引においては、購入者と販売業者間には売買契約が存在し、購入者とあっせん業者間には、購入者の販売業者への代金の支払のために、あっせん業者が販売業者に代金相当額を一括立替払し、購入者が立替金及び手数料を分割払いする旨の立替払契約が存在する。そこには、法形式的には、購入者・販売業者間の売買契約と、購入者・あっせん業者間の立替払契約の二つが存在することになる。このような法形式にのみ注目すれば、本件のように販売業者に履行不能が生じて契約を解除した場合であっても、それによる代金支払の拒絶、代金債務の消滅、既払金返還請求などの法律上の関係は購入者と販売業者間においてのみ問題となるのであって、購入者とあっせん業者との立替払契約には何ら影響を及ぼさないことになる。この結果、購入者はあっせん業者に対して、割賦金の支払を続けなければならないことになる。このことは、販売業者自身が割賦販売の方法で取引を行った場合には、購入者は、販売業者に対して、割賦金の支払を拒絶し、代金債務消滅を主張し、既払金返還請求をすることができることと比較して著しく不均衡となる。このため、民法上の解釈として、抗弁接続の理論が主張され、判例もこれを認めるものと認めないものが存在していた。しかし、その後も、購入者と販売業者間において商品の引渡がない等の契約上のトラブルがあるにもかかわらず、購入者はあっせん業者から賦払金の請求を受け支払わなければならないという自体が多発したことから、昭和五九年の割賦販売法改正の際に、購入者は販売業者に対して生じている事由をもって、支払を請求するあっせん業者に対抗することができるとする、いわゆる抗弁接続の規定が法三〇条の四として設けられた。このことによって、本件事案においても、XはYからの賦払金請求に対して、支払拒絶の抗弁のできることについては問題はない。

問題は、購入者と販売業者間の売買契約の解除にともなう効果としての代金債務消滅と原状回復としての既払金返還請求の主張も、あっせん業者に対抗できるかどうかである。すなわち、あっせん業者との関係についてみると、法三〇条の四に基づく抗弁接続の効果として、立替金支払義務不存在と既払金返還請求をも主張できるかどうかが、本件の争点である。

二　このような争点に関する判例としては、健康食品の売買契約が物の性状に関する錯誤により無効とされたことによる既払金の返還請求につき、「法三〇条の四の規定は、消費者保護のため創設的にもうけられた規定であって、右規定の文言上、請求を受けたときの対抗、すなわち支払拒絶を意味するものと解されることから、既払金の返還は許されない」とする下級審判例（福岡地小倉支判平成三・七・一九（平成二年(ワ)第二一二号・反訴同年(ワ)八五四号NBL四八五号六七頁））がある。本判決もほぼ同旨であるが、その理由は詳細である。この二つの判決からすると、判例理論としては、否定的見解に立つ方向で形成されるものと推測される。なお、改正法以前の下級審判例には、家具販売業者の倒産により履行不能になったとして売買契約を解除したことにともなって、「本件売買契約と本件立替払契約とは成立上、効力上、履行上完全な牽連関係に立つ」ことを理由に、あっせん業者との関係においても立替金支払債務が消滅し、既払金の返還を求めることができるとした判例（松江簡判昭和五八・九・二一判タ五二〇号二一九頁）がみられる。また、これを否定する判決（松江地判昭和五九・九・二五判タ五二六号一九九頁、広島高判昭和五〇・一〇・一七判タ五九四号七五頁など）がみられる。しかし、これら法改正以前の判例は、民法上の解釈としての抗弁接続の効果としての可否にかかわるものであり、本判決の争点となっている法三〇条の四に基づく抗弁接続の効果の問題とは直接に関係するものではない。

なお、立法関係者の見解としては、この規定は、支払の請求に対して対抗できるという書き方をしていることから、その趣旨は、支払の請求を拒むことができるという限度で必要最低限の立法化を図ったもので、既払金の返還請求については、今回の立法では積極にも消極にも対応していないということであるとか（竹内昭夫編著・改正割賦販売法一五九頁〔濱崎発言〕）、支払請求に対して拒絶する権利を認めたものというのが私どもの理解であるとか（竹内・前掲一五九頁〔稲葉発言〕）、通産省産業政策局長の私的諮問機関である消費者信用産業懇談会の報告のなかでは、「共同責任」という言葉を使っているが、これは一九七七年のＯＥＣＤの理事会が加盟各国あてに出した「消費者信用における消費者保護のあり方についての勧告」において、「共同責任（joint liability）」という言葉を使っており、それにならったまでで、今回の改正は、購入者は信販会社の支払請求を拒むことができるというだけのことであり、それ以上に進んで、信販会社も販売業者と同様の責任を負わなければならないという考え方は、入れていないとも説明されている（竹内・前掲三二頁〔竹内解説〕）。

学説は分かれている。消極説は、法三〇条の四は、本来、立替払契約とは別個の契約である売買契約上の抗弁事由にもとづくものであり、消費者の保護を図るために認められたものであるから、売買契約上のトラブルが解決するまでの間、消費者に立替払契約上の支払停止の効果を認めれば足りると解する（佐藤歳二＝小池裕・改正割賦販売法の民事実体規定について」判タ五四九号一二頁、田中秀明「割賦販売法改正と抗弁権の接続」金法一〇八三号二一頁、阿部則之「抗弁権の接続」裁判実務大系二一号三二三頁）。なお、清水教授は、法三〇条の四の抗弁権の行使としては、本条は共同責任を認めたものではないから、割賦購入あっせん業者に支払った金銭の返還請求を行うことができないとしながら、しかし「割賦購入あっせん契約はその存在目的から売買契約（付帯する役務提供契約を含む）の不成立・無効・解除による消滅を黙示の（遡及効をもつ）解除条件とする契約と解すべきである。したがって、前述の既払金（一部解除等による過払金も同じ）については、原状回復義務として、割賦購入あっせん業者は購入者に返還義務を負うといえる」と解されている（清水巌「クレジットと消費者の抗弁権」現代契約法大系第四巻二七八頁）。この清水見解は、法三〇条の四の抗弁接続の効果としては消極に解する点では消極説と言えるが、民法上の解釈としては返還請求は可能とするものであると推測される。積極説として、沢井教授は「対抗」と「請求」は理論上異なるが、法三〇条の四の解釈として、対抗事由発生後の原状回復請求としての代金の返還請求は成り立ちうると解されている（沢井裕「クレジットをめぐる法と裁判」関西大学法学部編・法と政治の理論と現実下巻九七頁）。さらに、民法法理の適用として、信販会社と特定加盟店との具体的一体性、信義則違反が立証されたならば「抗弁」の域を超えて信販会社に解除にともなう責任を問えるとも解されている（沢井・前掲九八頁）。千葉教授は、売買契約上の抗弁事由が売買契約上の代金債務を消滅させるものであれば、売買契約のみならず立替払契約の効力も喪失すると解すべきであり（効力喪失説）、購入者は割賦販売法三〇条の四にもとづき信販会社に対する立替金債務の不存在を理由として、以後の賦払金については支払いを拒絶できる（本来的効果説）（千葉恵美子「第三者与信型消費者信用取引と契約関係の清算（上）北法三九巻五・六合併号上一二三三頁）。この結果、購入者は立替払契約の効力の消滅を原因として、民法上既払金の返還を割賦購入あっせん業者に請求できる（千葉恵美子「判例解説」森島昭夫＝伊藤進編・消費者取引判例百選一〇頁）と解されている。千葉見解では、法三〇条の四の抗弁接続の効果として立替払契約消滅を抗弁できることを前提として、積極に解するものである。山本教授は、既払金返還請求については抗弁権の接続を一般に認めてきた判例の理由と同じ理由で、未払割賦債務消滅については売買契約が無効か取消となった場合、当然に立替払契約も消滅することを理由に積極に解されている（山本忠弘「割賦販売法における抗弁権の接続について」名城法学四三巻四号一一頁）。ただ、この山本見解は、法三〇条の四の抗弁接続の効果として積極に解するのか、民法上の解釈としてであるのかは明らかでない。

三　法三〇条の四の抗弁接続の効果として消極に解する本判決の理由とするところは、以下の点にある。

一つは、法三〇条の四の抗弁接続規定は、売買契約と立替払契約は別個の契約であることから、売買契約上の抗弁を立替払契約において持ち出すことはできないのが原則であるが、消費者である購入者を保護するために特に創設したものであるとの見解を前提としている。この点は、最高裁判例（最判平成二・二・二〇判時一三五四号七六頁、判タ七三一号九一頁）も「法が、購入者保護の観点から、購入者において売買契約上生じている事由をあっせん業者に対抗し得ることを新たに認めたもの」であると判示しているのを踏襲したものである。これに対して、学説には、従来から解釈論上認められてきた購入者の権利を確認したにすぎない規定であるとする見解がみられる。その背景には、売買契約と立替払契約とを一体的に捉えるべきであるとの考えがあるものといえる。法形式に注目して別個の契約とみるか、取引実体に注目して一体的な契約とみるかは、割賦購入あっせん取引の性質をどのように解するにかかわる重要な問題である。このため、ここでは検討を留保するが、法三〇条の四の制定の趣旨に限定して考えるならば、その当否はともかくとして、創設説によるのが妥当といえよう。その文言において、抗弁接続の場合がかなり限定されていることからも明らかである。かりに確認説によったものであるとするならば、「支払の請求をうけたときは、……販売業者に対して生じている事由をもって……対抗」できるという限定を加えるべきではないし、「共同責任」にあることが明確にしてしかるべきではないかと思われるからである。もっとも、ここでは、割賦販売法という特別法上では、そのように扱うことを前提としているというだけのことであって、民法上の解釈としてもそのように解さなければならないというものではない。ところで、このような創設説に立つことと消極説とが直ちに結び付くかどうかであるが、このような見解に立つ限りは、抗弁接続の効果内容については、その範囲は限定されることは確かである。

二つは、文言解釈による。創設説に立つときは、この文言解釈は重要な基準となる。その文言によれば、前述のように割賦購入あっせん業者による支払の請求に対する「対抗」に限定されることになる。そこで、本判決は、未払割賦金の支払拒絶に限ると解する。その結果として、未払割賦金債務の消滅や既払割賦金返還請求は認められないことになる。これに対し、沢井教授は、「対抗」と「請求」は理論上異なるから、同法により損害賠償の請求はできないが、代金の返還請求については、解除を原因とする原状回復の請求であり、信販会社に積極的不利益を与えるものではないし、契約関係を総体としてとらえると契約関係を進行させないという意味で、本質的には「抗弁」といってよいと主張される（沢井・前掲九七頁）。しかし、法三〇条の四は両契約を別個の契約とみることを前提とした規定であるとの立場に立つときは、やはり「抗弁」とは解されないことになろう。千葉教授は、売買契約の解除など売買契約上の債務を消滅させる否認的抗弁権の対抗の場合には、抗弁接続の効果として、立替払契約自体も効力を失うと主張される（千葉・前掲（判例解説）一一頁）。これは、売買契約の「解除」が対抗できるのか、売買契約の解除を理由とする「支払拒絶」を対抗できるにすぎないのかの問題に集約されるが、文言上は後者にすぎないと解するのが妥当ではないかと思われる。

三つは、売買契約の解除があっても立替払契約は存続することを前提としている。そうだとすると、売買契約の解除を理由とする「支払拒絶」の抗弁は、立替払契約との関係でどのように位置づけるかが問題となる。そこで、本判決は、売買契約における問題が解決されるまでの間、一時的に未払割賦金の支払を拒絶できるにすぎない状態にあると解している。購入者が、販売業者に対し、売買契約解除に基づく原状回復請求権に基づき代金の弁済を受けた場合は、その限度で割賦購入あっせん業者に対し割賦金の支払を再開することになると解しているのは、このことを前提としたものと思われる。これに対して、否認的抗弁権の場合には、立替払契約もその効力を失い、購入者は立替金等債務の不存在を理由として賦払金の履行を拒絶することができるとの見解（梶村太一ほか編・改正割賦販売法八〇頁）や、とくにリボルビング方式の割賦購入あっせんの場合で、抗弁の接続関係が複雑になることから、否認的抗弁権の対抗のときは、立替払契約自体も効力を失うと解する見解がある（千葉・前掲〔判例解説〕一一頁参照）。しかし、両契約を別個の契約とみる立場からすると、否認的抗弁の場合であっても、立替払契約自体の効力を失わせるためには、その旨の抗弁接続の効果を規定上、創設しておく必要がある。法三〇条の四では、そこまで抗弁接続の効果が創設されているとは解されないであろう。

四つは、自社割賦販売との均衡論によっている。すなわち、販売業者が無資力の場合に、かりに抗弁接続の効果として、既払金の返還請求ができると解すると、購入者は割賦購入あっせん業者から既払金の返還を受けることができるのに対して、自社割賦の場合は割賦販売業者が無資力であることから既払金の返還を受けることができないという不均衡が生ずるというのである。これに対して、割賦購入あっせんという取引形態において契約当事者にいかなる効果を認めるべきかが問題であり、割賦販売と同様の権利しか認められないと解するべきかどうか自体を検討する必要があると反論されている（千葉・前掲〔判例解説〕一一頁）。たしかに、割賦購入あっせん取引の場合には、購入者は販売業者と割賦購入あっせん業者との両者の信用を前提として取引をしているのに対して、自社割賦の場合には割賦販売業者のみの信用を前提として取引をしていると解するならば、両者間において差異が生じてもやむをえないといえよう。このため、本判決の均衡論は理由づけとしては妥当ではないと思われる。

以上みてきたように、法三〇条の四に基づく抗弁接続と効果としては、本判決の根拠づけの一部には問題があるとしても、基本的には未履行債務不存在の確認や既払金返還請求権の行使を求めていくことはできないと解され、本判決はその限りにおいて妥当といえる。

四 ただ、本判決を離れて、一般法である民法上の解釈に基づいて、割賦購入あっせん業者に対して、未履行債務不存在の確認や既払金返還請求権を行使することができるかどうかは別に考える必要があるように思われる。この点、本判決については、民法上も購入者と割賦購入あっせん業者間には不当利得関係が発生しないとの立場に立っているものと解されるとする見解がある（千葉・前掲一一頁）。たしかに、法三〇条の四に基づく抗弁接続の効果として、立替払契約自体が消滅するものではないことからすると、割賦購入あっせん業者に支払った既払金は、法律上の原因のある支払ということになり、民法上も不当利得にはならないと解されよう。この限りにおいては、本判決を前提とすると不当利得は成立しないと解するのも妥当といえる。また、売買契約と立替払契約とが別個の契約であることを前提としている以上は、民法上も、販売業者と割賦購入あっせん業者との一体性を理由として、売買契約の解除により立替払契約自体の効力も失われるものと解することも困難である。

しかし、立替払契約は、売買契約が有効であって、それから生ずる代金債務の支払につき、立替払をすることを内容とした契約である。代金債務の存在が前提となって、立替払契約の効力が生じ、存続する関係にあることに注目すると、売買契約が解除され、遡及的に無効となり、代金債務が存在していなかったことになると、立替払契約もその目的実現が不能であったという状態が遡及的に生じ、このため立替払契約の効力も遡及的に消滅すると解することができよう。この結果は、この立替払契約に基づいて支払った既払金は、法律上の原因を欠く支払ということになり、不当利得による返還請求が可能ということになるし、立替払契約から生じた未履行債務は存在しないことの確認を求めることもできると解することができないものであろうか。そこで、割賦購入あっせん業者による販売業者に対する立替払は、売買契約に基づく購入者の売買代金の支払としての性質が失われ、このことによって、割賦購入あっせん業者も販売業者に対して不当利得として返還を求めることができることになると解することができよう。この意味では、民法上の解釈に基づいては、未履行債務不存在の確認や既払金返還請求権の行使は認められることになろう。

12　割賦購入あっせん契約の残債務を内容とする再契約への割賦販売法三〇条の三の適用

〔釧路地判平成九・三・二五判例時報一六三五号一三三頁〕

一　事　実

Xは、昭和六三年一一月、Y信販会社との間で、訴外A販売店から購入したテレビなどの代金四〇万円につきY信販会社が立替えし、代金及び手数料八万二四〇〇円を二四回払いで支払うという内容の割賦購入あっせん契約を締結し、Y信販会社は立替払をした。Xは、平成元年六月の第一回目の支払金の支払を怠ったが、平成二年三月から平成三年三月まで毎月一万円をY信販会社に支払った。その後の平成三年三月、XはY信販会社の説明を受けて、立替払契約の残債務から期限未到来の手数料を七八分法により控除した後の金額を元本としてY信販会社から借入れ、実質年利一八パーセント、遅延損害金二九・二パーセントとし、平成三年四月から毎月一万三七三八円を三六回に分けて支払う旨の金銭消費貸借契約（以下「本件再契約」という）を締結し、執行受託文言の記載のある公正証書が作成された。そこで、Y信販会社は、この公正証書に基づき強制執行をしたのに対して、Xは、本件再契約には割賦販売法三〇条の三が適用されるから、再契約における利息及び遅延利息は年六パーセントに制限され、これによると再契約上の債務は消滅したとして争った。これに対して、Y信販会社は再契約はXにも利益になることから割賦販売法三〇条の三の適用は受けないとして抗弁した（なお、Xは、公正証書作成は無権代理、双方代理であること、割賦販売法三〇条の三に違反する公正証書を作成した公証人及び国には不法行為責任があるとも主張しているが、検討を省略する)。

二　判　旨

「本件立替払契約は、割賦販売法三〇条の三の適用がある契約であったところ、本件再契約は、Y信販会社とXとの間で金銭の授受がされていない事実に照らせば、新たな消費貸借契約ではなく、本件立替払契約の残債務を目的として締結された準消費貸借契約であると認めることができる。」「割賦販売法三〇条の三は、……消費者保護の見地から一定の制限を定めた規定であるところ、履行期の到来した右規定の適用がある契約の残債務の弁済について新たに締結される契約にも同規定が適用されるかどうかについては、右規定の法文上明らかとはいえず、このような契約については当事者間の自由な合意にゆだねてよいとの見解も一応考えられる。」「さらに、本件再契約は、本件立替払契約の残債務から将来分の手数料を控除した残額の範囲内の金額を元本とし……、弁済能力を確認した上で現実に支払が可能な金額を毎月の支払額と定めており、購入者に相当な利益がある内容となっていると認めることができ……、その内容の合理性及び購入者側の利益に照らし、割賦販売法三〇条の三の規制を受けないとする見解にも、相当の根拠がある」「しかし、本件再契約は、原告にとって、……利益がある反面、……なお不利益もあり、そのいずれが優先されるべきかを客観的に決定することは困難である。」「結局、購入者にとって右のような利益、不利益のいずれが優先されるべきであるかは、購入者が、前記金利面及び期限の利益の確保にかかる得失と自らの経済的状況を正しく把握したうえで、合理的な判断をすることによって決定すべき性質の問題であるというほかはない。したがって、このような前提が確保されない限り、このような再契約が購入者にとって有利な契約であると結論づけることはできない。」「しかるに、割賦販売法の適用がある立替払契約の利用者は一般の消費者であるから、法律的知識や判断能力が十分でないために、前記のような再契約を締結することの当否を検討するに際して、同法三〇条の三の規定により保護されている立場を認識し得ないままに、債務の履行を遅滞し、期限の利益を失ったことにより、高率の遅延損害金が発生し続けるのではないかとの誤解に基づく懸念や強制執行に対する過大な恐怖感を抱き、これらの不安を免れたい意識に支配された合理的な判断ができない状態で再契約に応じることが十分に考えられ（本件再契約についても、原告が、右規定の存在を認識することなく、契約の締結に応じたことがうかがわれる。）、業者側も、購入者のこのような状態を利用することにより、購入者にとって再契約の締結に実質的には利益がないような事例においても、容易に再契約の締結を承認させて、前記規定を潜脱することが可能である。したがって、消費者保護の見地から制定された割賦販売法三〇条の三の規定の趣旨に鑑みれば、本件再契約のように、将来分の手数料を控除した残債務を元金とし、購入者が支払可能であると見込まれる金額による分割弁済を定めた内容の契約であっても、同規定の適用が及ぶと解することが相当である。」

三　評　釈

一　割賦販売法三〇条の三は、割賦購入あっせん業者と購入者との間で立替払契約を行ったが、購入者が割賦金の支払を怠ったために、割賦購入あっせん業者が契約を解除して損害賠償を請求する際の賠償額につき当該契約に係わる支払総額に相当する額とこれに対する法定利率（年六分）による遅延損害金の額とを加算した金額（一項）、あるいは割賦購入あっせん業者が契約を解除しないで購入者の債務不履行により期限の利益を喪失させて、又は購入者による支払分の支払の単なる履行遅滞を理由に損害賠償を請求する際の賠償額につき当該契約に係わる支払総額に相当する額から既払分の額を控除した額とこれに対する法定利率（年六分）による遅延損害金の額とを加算した金額（二項）に制限している。この規定は、割賦販売業者との関係において契約の解除等に伴う損害賠償等の額を制限した割賦販売法六条と同趣旨であり、昭和五九年改正により新設されたものである（割賦販売法三〇条の三については、千葉恵美子「契約解除・期限の利益喪失・損害賠償額の予定等と消費者の債務不履行」森泉章＝池田真朗編・消費者保護の法律問題一七五頁以下参照（一九九四年・勁草書房)）。

本件事案は、この規定の適用のある立替払契約において、購入者が割賦金の支払を怠ったことから、立替払契約の残債務を元本として借入れ、実質年利一八パーセント、遅延損害金二九・二パーセントとする再契約がなされたことにつき、この再契約も割賦販売法三〇条の三の制限を受け法定利率（年六分）の範囲を超える部分は無効になるかどうかにつき争われたものである。さらに本件では、再契約につき公正証書が作成されていることから、この公正証書の無効、あるいは割賦販売法三〇条の三に違反するような公正証書を作成したことによる公証人及び国の不法行為責任についても争われている。ただ、公正証書作成に係わる部分については、同種事件に関連して既に最高裁判決（最判平成九・九・四判時一六一七号七七頁は、不法行為責任については消極に解している。）がみられることから、本稿では評釈を留保し、専ら本件事案のような再契約に割賦販売法三〇条の三が適用されるか否かの部分についてのみ評釈することにする。

二 割賦販売法三〇条の三の規定の適用を受ける立替払契約に基づく債務を含む再契約にも、同法が適用されるか否かについては、このような再契約の行われることが予想されるとして、昭和五九年新設の頃に、実務では問題とされている。昭和六〇年の簡易裁判所裁判官協議会の東京高裁、札幌高裁及び高松高裁の協議会では「三〇条の三は、購入者が割賦金の支払を怠った場合のあっせん業者の請求について一定の制限を定めた規定であるが、右規定は当初の立替払契約における合意の効力のみを制限するものであり、履行期の到来した債務の弁済について新たに締結される契約の内容については、当事者間の自由な合意にゆだねてよいとの見解も一応考えられる。しかし、このように解すると、あっせん業者は、購入者が割賦金の弁済を怠った後に残債務の弁済について新たな契約を締結することにより容易に三〇条の三の制限を潜脱することができることになる。同条が当事者の合意にかかわらず、あっせん業者の請求を制限する強行規定であることからすると、履行期の到来した債務の弁済について新たな合意がなされる場合についても同条が適用され、あっせん業者は同条の制限額を超える請求はできないと解するのが相当である。」として積極に解する見解が多数であったようである（最高裁判所事務総局・消費者信用関係事件に関する執務資料（その二）（一九八七年・法曹会）九五頁)。このような積極見解は、割賦販売法三〇条の三の立法趣旨に立脚して、その潜脱を認めるべきではないとする価値判断に基づくものであることは明らかである。それでは法理論的にどのように根拠づけるのかについては明らかにされていない。これに対して、日本公証人連合会法規委員会は新旧両債務の同一性の有無は当事者の意思による(公証七六号一四頁)と解している。このため、積極、消極のいずれとも画一的には判断することができず、具体的事情により異なるものとして一義的見解が示されていない。ただ、その適用の有無の判断は、新旧両債務の同一性の存否に求め、法理論的観点からアプローチしたものである。

この問題に関する先例としては、傍論として判示されたものが見られるだけである。すなわち、まず割賦あっせん業者との関係での不法行為責任に関して、釧路地裁平成五年(第一〇五号事件)は割賦販売法三〇条の三の制限は「立替金残債務を原債務として準消費貸借契約が結ばれた場合にも同様に当てはまるもの」で、再契約で利息年一割五分、遅延損害金年三割とする約定は割賦販売法三〇条の三の制限に違反する(釧路地判平成五・五・二五(第二事件一〇五号)判時一四七七号一一八頁)として積極に解することを明らかにしている。また、司法書士及び国に対する不法行為責任との関係でも、釧路地裁平成五年(第一〇五号事件)及び釧路地裁平成五年(第九七号事件)判決(釧路地判平成五・五・二五(第一事件九七号)判時一四七七号一一八頁)は「本件公正証書の作成当時、準消費貸借契約が結ばれれば年六パーセントの規制は及ばなくなると考えた旨証言する。仮にこの証言を採用しても、公証人が本件公正証書を作成した当時かような考え方が相当の根拠をもって主張されていたことを認めるに足りる証拠はないから、この点の誤信をもって割賦販売法違反の点につき過失なしと解することはできない」と判示して、積極に解することを前提にしている。さらに釧路地裁平成五年(第九七号事件)判決の控訴審である札幌高裁第四部判決(札幌高判平成六・五・三一判時一五六二号六三頁)は「割賦販売法三〇条の三の規制を受ける立替金が含まれているかを確認することにより、割賦販売法に違反する公正証書を作成されることを避けることができた……過失を免れない」として積極に解することを前提とする見解を支持している。これらに対して、釧路地裁平成五年(第一〇五号事件)判決の控訴審である札幌高裁第二部判決(札幌高判平成六・五・一〇判時一五六二号六八頁）は前述した裁判官協議会や実務の処理を引き合いに出して「本件公正証書が作成された昭和六〇年当時、本問について肯定説、否定説が全国の簡易裁判所で対立し、実務上の取り扱いも分かれていたことを推認させるものがある」とすれば消極説に従った司法書士に過失はないと判示し、積極、消極のいずれによるかは明らかにしていない。なお札幌高裁第四部判決の上告審である最高裁平成九年判決（最判平成九・九・四判時一六一七号七七頁）は公正証書作成のための委任状の記載から「本件準消費貸借の旧債務の中に割賦販売法三〇条の三の規定の適用を受ける立替払契約に基づく債務が含まれているという具体的な疑いを生じるとまではいえないから、法定利率を超える割合による遅延損害金等の定めが記載されているからといって本件準消費貸借契約が同条に違反する具体的な疑いが生じたということもできない」として公証人の過失を否定している。この最高裁判決が、傍論として、再契約に割賦販売法三〇条の三の規定の適用を積極に解した上でのものなのか、消極に解した上でのものなのか、あるいは積極、消極のいずれをも前提としていないものなのかは明確ではない。しかし、判旨の論理構造から推測する限りでは、準消費貸借の旧債務の中に割賦販売法三〇条の三の規定の適用を受ける立替払契約に基づく債務が含まれるときは、準消費貸借契約が同条に違反することになるが、そのような債務が含まれているか否かは委任状の記載から明らかでないとするものと解するのが素直であると思われることから、積極説を前提とするものといえよう。このように、従来の判例としては消極に解するものが見当たらず、積極に解するものが多いようであるが、その理論的根拠はほとんど明らかにされていない。

三　このような理論状況の中で本判決は、再契約への割賦販売法三〇条の三の適用の有無につき正面から、その理由を示して判示したものであり、下級審判決ではあるが、先例として、今後の裁判に及ぼす影響は大きいものと思われる。そこで、その理論展開につき若干の検討を加えることにする。

(1)　本判決と従来の見解　本判決は、結論としては、積極に解するものであり、これまでの判例の傾向と共通している。しかし、消極説にも理解を示した上で、割賦販売法三〇条の三の潜脱を認めるべきではないとの価値判断の結果として積極に解したものである。このことは、前述した裁判官協議会の思考と近似するものであり、札幌高裁第二部判決（前掲、札幌高判平成六・五・一〇）の立場に近いものであるといえる。なお、積極見解展開のための価値判断については緻密に検討が行われているが、理論的論拠づけが十分ではないのではないかと思われる。

⑵　再契約の法的性質　本判決は、まず再契約は準消費貸借契約であると解している。このことにより理論的にも積極に解し得る余地を広げている。再契約は新たな消費貸借契約であり、このことにより立替払契約は更改により消滅したとして、新消費貸借契約による新債務と立替払契約による旧債務には同一性がなく、後者の旧債務につけられていた利息等の制限は承継されるものではないとの主張を否定することが可能となるからである。たしかに、本件事案についてみると、更改により新たな消費貸借契約を成立させるために必要な金銭の授受ないしそれと同視できるような要物性が充たされているとはいえないことから、本判決の見解は妥当といえる。そして、もし、再契約に際して、当事者間で新たな消費貸借契約であることを確認し合ったとしても、立替払契約に基づく債務を目的とするものである限りにおいては、準消費貸借としての性質は否定すべきではない。それは、未払売買代金債務につき利息等の約束を行い期限の猶予を与える場合に、単なる期限の猶予の約束であり準消費貸借ではないことを確認して利息制限法の適用を回避することを認めないのと同様である。

⑶　積極見解と再契約の合理性との価値判断　本判決は、ついで当事者間の自由な合意に委ねてもよいとの見解を一応肯定し、購入者が合理的な判断をすることによって決定すべき性質の問題であるとし、さらに再契約の合理性も承認しながら、割賦販売法三〇条の三による消費者保護の趣旨及び消費者の意識を勘案した結果として積極に解するものとしている。このことにより、消極に解する場合も消費者の保護としては利息制限法や貸金業規制法により保護される可能性があるわけであるが、再契約については割賦販売法による保護が妥当との価値判断をしたものである。

そこで、再契約の合理性についてみると、被告主張にみられるように①再契約では本件立替払契約の残債務から期限未到来分の手数料を七八分法により控除した金額を元本としていること、②再契約では、購入者の弁済能力を考慮して分割弁済の期限の利益が付与されていること、③再契約における利息及び損害金は貸金業規制法又は利息制限法の適用を受け購入者が保護されることを挙げることができる。本判決も①に関しては購入者の負担を過大なものにしないための合理的配慮がみられること、②に関しては購入者側に相当な利益があるとして評価している。ところで、①に関連しては、割賦販売法三〇条の三は期限の利益喪失に伴う残債務の一括請求に際して、未経過手数料の控除を認めていないことは不合理であると指摘されていた（千葉・前掲一八〇頁）ところであるが、本件再契約では、その点を考慮したものと推測される。このことを加味してみると、もし再契約が行われないままの場合には、購入者は未経過手数料をも含めた残債務を直ちに一括弁済しなければならないのに対して、再契約が行われることによる①や②の利益を受け得ることになり、再契約には合理性があるとみることもできる。しかし、一面では、残債務の返済に苦悩する購入者に、このような合理性と引換えに再契約を承認させることによって、事実上は、年六パーセントを超える高利率による強制貸付が行われたのと同様の結果が生ずることになり、割賦購入あっせん業者による残債務回収手段としては極めて都合のよい手法ということになる。このことはやはり、再契約は購入者の利益というよりは、割賦販売法三〇条の三を潜脱する手法として割賦購入あっせん業者の利益に用いられるものと評されるものであり、購入者保護に欠ける結果となり、購入者側に立ってみると真の意味で合理性があるかどうかは疑わしいものと思われる。もっとも、積極説によることになると①や②を前提とした再契約を行わないで、ただ残債務の一括弁済を求めるだけに留まることも考えられる。この点では、積極説にも、購入者にとって実際上の不利益を生じさせる一面がないではない。しかし、購入者に生ずるこのような実際上の不利益は、法的には割賦販売法で予定されている以上のものではないことから、このことを理由として消極に解すべきではないであろう

(4)　準消費貸借における新旧債務の同一性論との関係　ところで、積極に解するとして、つぎに問題になるのは、本件再契約が準消費貸借契約であるとして、この契約による新債務に、なぜ立替払契約による旧債務に付されていた制限が及ぶことになるのかを法理論的に根拠づけることが解釈論として必要になる。本判決は、原則は当事者の自由な合意

にゆだねるべきであるが、購入者が合理的判断ができない状態での再契約では、同規定の適用が及ぶと解するのが相当であるとの論理を展開している。このような論理展開は、法理論的根拠づけとの関係でどのような意味を持っているのか明確ではない。前述の日本公証人連合会法規委員会の見解は、新債務と旧債務間に同一性があるかないかで判断され、ある場合は積極に無い場合は消極に解すべきであるが、その同一性の有無は当事者の意思を基準とするとしている。また、準消費貸借における債務の同一性については、判例理論としては、同一性の有無は、当事者の意思によって決められるが、当事者の意思は、原則として債務の同一性を維持するにあると解していると指摘されている（平田・注釈民法二七頁、大判昭和四・五・四新聞三〇〇四号一二頁、最判昭和五〇・七・一七民集二九巻六号一一一九頁など）。本判決もこれらの見解をベースとしたものであるのかどうか、その法理論的根拠づけに欠けるものであり、やや理論的説得力に欠けるところがある。ところで、準消費貸借における債務の同一性に関する一般論を展開する余裕はないが、一応、判例理論に従うとしても、当事者の意思の判断にあたっては、単に同一性を否定することにつき合意がなさていることが明確であったとしても、そのような同一性否定につき合意することに合理的理由を見出すことができない場合には、同一性を維持したものと解すべきではないかと思われる。本件事案のような場合は、まさにその事例といえよう。そうでなければ、上述(3)で指摘したような問題を生じさせる可能性があるからである。

四　割賦販売法では割賦購入あっせんと同様の経済的機能を有する単なる金銭貸付との比較が充分にはなされていないことにつき指摘されている（千葉・前掲一八〇頁）ところである。本件もそのことの結果として生じた問題とみることもできる。その解決としては、結論的には本判決が妥当ではないかと思われるが、今後その理論的根拠づけを明確にするのでなければ価値判断の応酬にとどまる危険があるものと思われる。

13　加入契約者以外の者によるダイヤルＱ２利用と加入者の通話料支払義務

〔最三小判平成一三年三月二七日、民集五五巻二号四三四頁、判時一七六〇号一九頁、判タ一〇七二号一〇一頁、金法一六二八号五〇頁〕

一　事　案

加入電話契約者であるＹの中学三年生男子の子が、平成三年一月から二月にかけて、Ｙの自宅に設置されている本件加入電話をＹの承諾なしに利用して、Ｑ２情報サービスを受けていた。そこで、Ｘ（日本電信電話会社）は、その利用に係わる通話料（約一〇万円）をＹに請求した。しかし、Ｙの従前の電話料金は、おおむね毎月一万円以内に収まっていたことから、Ｙは、その支払を拒否した。このことから、Ｘは、Ｙに対し、本件通話料を含む加入電話に係わる平成二年一二月分ないし同年五月分の各電話料金合計一四万二八九一円と年一四・五％の割合による約定遅延損害金の支払を求めた。Ｘの上記電話料金請求のうち本件通話料以外の部分については第一審判決で認容されＹは控訴しなかったので、原審では本件通話料についてのみ争われ、原審は、ＸがＹに対し、本件約款一一八条に基づいて本件通話料の支払を請求することは、信義則に反し許されないと判示した。

二　判旨

一「加入電話契約者は、加入電話契約者以外の者が当該加入電話から行なった通話に係わる通話料についても、特段の事情のない限り、Ｘに対し、支払義務を負う。このことは、本件約款一一八条一項の定めるところであり、この定めは、大規模な組織機構を前提として一般大衆に電気通信役務を提供する公共的事業においては、その義務の運営上やむを得ない措置であって、通話料徴収費用を最小限に抑え、低廉かつ合理的な料金で電気通信役務の提供を可能にするという点からは、一般利用者にも益するものということができる。」

二　ダイヤルＱ２情報サービスは「日常生活上の意思伝達手段という従来の通話とは異なり、その利用に係る通話料の高額化に容易に結び付く危険を内包していたものであったから、公益的事業者であるＸとしては、一般家庭に広く普及していた加入電話から一般的に利用可能な形でダイヤルＱ２事業を開始するに当たっては、同サービスの内容やその危険性等につき具体的かつ十分に周知を図るとともに、その危険の現実化をできる限り防止するために可能な対策を講じておくべき責務があったというべきである。本件についてこれを見ると、上記危険性等の周知及びこれに対する対策の実施がいまだ十分とはいえない状況にあった平成三年当時、加入電話契約者であるＹが同サービスの内容及び危険性等につき具体的な認識を有しない状態の下で、Ｙの未成年の子による同サービスの多数回・長時間に及ぶ無断利用がされたために本件通話料が高額化したというのであって、この事態は、Ｘが上記責務を十分に果たさなかったことによって生じたものということができる。こうした点にかんがみれば、Ｙが料金高額化の事実及びその原因を認識してこれに対する措置を講ずることが可能となるまでの間に発生した通話料についてまで、本件一一八条一項の規定が存在することの一事をもってＹにその全部を負担させるべきであるとすることは、信義則ないし衡平の観念に照らして直ちに是認し難いというべきである。そして、その限度は、加入電話の使用とその管理については加入電話契約者においてこれを決し得る立場にあることなどの事情に加え、前記の事実関係を考慮するとき、本件通話料の金額の五割をもって相当とし、Xがそれを超える部分につきYに対してその支払を請求することは許されないと解するのが相当である。」

三　先例・学説

いわゆるダイヤルQ2訴訟は、平成二年ないし三年頃に集中して展開された。そこでは、①加入電話契約者はQ2情報サービスの利用に伴う情報料を情報料回収代行を行っている電気通信事業者に支払う義務があるかどうか、②加入電話契約者は情報料を電気通信事業者に支払った後に電気通信事業者に返還を求めることができるか、③加入電話契約者は加入電話契約者以外の者が承諾なしに利用したダイヤルQ2通話料の支払義務を負うかどうかが争われた。そこで、①に関しては、下級審判例でも加入電話契約者以外の者がダイヤルQ2情報サービスを利用した場合に、加入電話契約者は特段の事情がない限り情報提供者に対する情報料の支払義務を負わないとしていたが、本件判決と同じ法廷が同日に行った判決でも、これを追認した（最判［平成一一（受）七六六号］平成一三・三・二七判時一七六〇号八二頁裁判集民事二〇一号六六七頁）。また、②に関しては、従来高裁レベルで判断が分かれていたのに対して、上記判決で加入電話契約者の電気通信事業者に対する不当利得返還請求を肯認した（前掲、最判［平成一一（受）七六六号］平成一三・三・二七）。

本判決は、③のダイヤルQ2通話料支払義務に関するものである。この問題は、加入電話契約者以外の者による通話料支払義務については、当時の電話サービス契約約款一一八条（現行一〇二条）に「契約者回線から行なった通話（その契約者回線の契約者以外の者が行なった通話も含みます。）については、その契約回線の契約者」に電話料金の支払義務のあることが定められていたが、ダイヤルQ2通話料についてもこの約款が適用されるか焦点となっている。

下級審判例（判例の詳細については、新美育文「家族または第三者のダイヤルQ2利用と加入電話契約者の責任（上・中・下）」NBL五六二号二一頁以下、五六三号五六頁以下、五六六号五〇頁以下参照〈一九九五年〉、尾島茂樹「他人によるダイヤルＱ２利用に伴う加入電話契約者に対する通話料請求の可否に関する総合判例研究」金沢法学四〇巻二号一五五頁以下参照〈一九九八年〉）は、初期の段階では、ダイヤルＱ２通話料の支払義務を肯定した（①大阪簡判平成五・二・二四判時一四六三号一一六頁、判タ八一一号二五一頁、②大阪地判平成六・七・二五判タ八五三号二九八頁〔①判例の控訴審〕）。その後、これを否定する判例が相次いだ（③大阪地判平成五・三・二三判時一四六三号一一六頁、判タ八二〇号一〇八頁、金判九二〇号四四頁、④福岡地小倉支判平成五・九・二八判時一五〇四号一一六頁、判タ八三二号六五頁、⑤広島地尾道支判平成六・一・二一判タ八四三号二四八頁〔本判決の第一審〕、⑥大阪高判平成六・七・二五判タ八六〇号八八頁〔③判例の控訴審〕、⑦神戸地判平成七・三・二八判時一五五〇号七八頁、判タ八八七号二三二頁、⑧広島高判平成七・五・二四判タ八九二号二四一頁〔本件判決の原審〕、⑨札幌地判平成七・一二・二一判タ九〇九号九五頁など）。これら否定判例は、ダイヤルＱ２通話料支払義務については約款一一八条そのものが適用されないとして加入電話契約者の支払を否定するもの（④⑤⑨）、約款一一八条はダイヤルＱ２通話料支払義務に関しては信義則上適用できないとするもの（⑥⑦）、約款一一八条の適用を一応認めながら信義則上ダイヤルＱ２通話料を請求できないとするもの（③⑧⑩）に分かれ、その実質的理由として、有料情報サービス（単なる付帯事業）と一般通話（本来の電気通信事業）との利用形態の違い、無価値な情報を法外な価額で提供することによる電気通信事業法の目的の背馳、ダイヤルＱ２に内包するリスクの周知不徹底、ダイヤルＱ２情報に関する説明不足、通話料と情報料が密接な関係にあること、ダイヤルＱ２通話料が容易に高額に及ぶこと、加入電話契約者の通常の意思などが挙げられている。学説も、従来、約款の拘束力以前の問題として、有料情報サービスは一般通話と異なる新たな電話回線の利用形態であること、有料情報サービスに一般電話回線を利用した営業方法そのものが問題であること、ダイヤルＱ２利用による通話料の異質性などを指摘して、約款一一八条の適用はないとする見解（河上正二「判例研究」ジュリ一〇三六号一〇四頁〈一九九三年〉、松本恒雄「ダイヤルＱ２と電話サービス契約約款」法セ四六四号八六頁〈一九九三年〉、近藤充代「判例評論」判評四一二号一九八頁〈一九九三年〉、植木哲「判例研究」リマークス九号一〇頁〈一九九三年〉など）や、約款一一八条の適用は否定できないとしながらも信義則により請求を否定する見解（岡崎俊一「ダイヤルＱ

2サービスに係わる法的問題とその応用」千葉大法学論叢一〇巻二号八五頁〈一九九五年〉）など消極見解が支配的であった（新美・前掲(下)五二頁参照、尾島・前掲一六八頁参照）。

ところが、平成八年以降、高裁を中心に、約款一一八条を適用することは信義則に反するとまではいえないとしてダイヤルQ2通話料の支払義務を肯定するものが相次いで出された（⑪福岡高判平成八・五・一四判時一五九八号一〇七頁［④判決の控訴審］、⑫平成九・一・二八判タ九四四号二七〇頁、⑬大阪高判平成九・一〇・二九判時一六五二号八一頁、判タ九八二号二七〇頁［⑦判決の控訴審］、⑭札幌高判平成一〇・九・一〇判時一六六六号六七頁［⑨判決の控訴審］）。そして、最高裁第二小法廷判決が、理由には言及していないが、「ダイヤルQ2による有料情報サービス利用に係わる通話料の支払義務を負うとして被上告人の本件請求を認容した原審の判決は、正当として是認できる」として、このような流れを追認している（⑮最判平成一二・一二・一五未登載）。その後、学説にも、ダイヤルQ2通話料支払義務を肯定する積極見解が散見されるようになった。消極見解の論拠としていた電話通信事業者と情報提供者の共同事業性を否定し他人利用の不確実性が最大の問題であるとしながら消極的ではあるが肯定する見解（山田卓生「ダイヤルQ2の利用料金の支払義務をめぐって――下級審判決の検討――」判タ八七〇号九頁以下〈一九九五年〉）や、ダイヤルQ2通話料と一般通話料とが異なるとの消極見解を批判し、また電気通信事業法との関係においても違法はないとして積極的に肯定する見解（新美・前掲(下)五一頁以下）、これに加えて国際電話の他人使用の肯定判例と比較して肯定する見解（尾島・前掲一七〇頁）などがみられるようになった（もっとも、本判決後も、ダイヤルQ2は約款の拘束力の基盤は失われており、NTTとIPの共同事業性から情報料債務を否定する一方で、これと切り離してNTT通話料債務を認めるのは妥当でないとして依然として消極見解に立つ学説はみられる（田高寛貴「第三者のダイヤルQ2利用に係わる通話料の電話加入者の支払義務」法セミ五六一号一一二頁〈二〇〇一年〉）。

四　評　論

一　ダイヤルＱ２通話料支払義務について

ダイヤルＱ２通話料支払義務について、本判決は、平成八年以降の高裁判決の見解を支持するものであり、学説の支配的見解であった消極見解によらないで、近時、散見されるようになった積極見解を受け入れたものであることは明らかである。その理由とする判旨の当否については、ダイヤルＱ２訴訟は平成二年から平成三年にかけての有料情報サービス制度の状況を背景とするものであって、その後の改善策により事情が異なり過去のものとなりつつある（尾島茂樹「加入契約者以外の者のダイヤルＱ２利用に係わる通話料請求と信義則」法学教室一五〇頁〈二〇〇一年〉）ことから本稿で検討するほどの価値はないであろう。

ただ、これまでの肯定判例および積極見解は、いずれもダイヤルＱ２通話料全額につき肯定するのに対し、本判決は五割を超える部分については支払請求は信義則ないし衡平の観念に照らして許されないとし、信義則等により制限されるものとしている点で異なる。このことは、前述の最高裁第二小法廷判決（⑮判決）とも異なる。さらには本判決と同一の第三小法廷で同日に行われた判決（⑯最判［平八（オ）九二九号］平成一三・三・二七判時一七六〇号八九頁）では全額につき「信義則上許されないと解すべき事情があるとはいえない」と判示しているのとも異なる。このことから、信義則ないし衡平の観念の解釈適用に際し最高裁法廷間で見解が分かれているとの指摘がみられる（尾島・前掲（法学教室）一五〇頁）。しかし、本判決は、約款一一八条の文言上はダイヤルＱ２通話料の支払義務を負うとした上で、その契約上の権利及び義務の内容については信義誠実の原則に照らして考察すべきであり、「当該契約のよって立つ事実関係が変化し、そのために契約当事者の当初の予想と著しく異なる結果を招来することになるときは、その程度に応じて、契約当事者の権利及び義務の内容、範囲にいかなる影響を及ぼすかについて、慎重に検討する必要がある」との論理構成によって立っている。そこで、最判の全額肯定判例（⑯判決）は、住み込み従業員の無断使用のケースでは従業員に対する求償の可能性に注目しているようである。これに対して、本件判決は加入電話契約者の子（中学二年男子）の自宅での無断使用ケースであり、その通話料負担を他に転化できないという事情を考慮したものといえる。また最高裁平成一二年判決（⑮判決）は学生向け賃貸マンション経営会社のケースであることから取立可能性のある点に注目したものであると判断基準は共通しているといえる。そこで、このような基準からすると札幌高判（⑭判決）は加入電話契約者が賃借しているマンションに設置した電話を次男（専門学校生）が使用したケースであり求償可能性からすると一部制限されることになるものと思われるが、独立使用の許可という点に注目すると加入電話契約者の自己使用に近似し全部請求肯定になるという微妙なケースということになろう。

また、本判決は、加入電話契約者自身によるダイヤルQ2通話料やインターネット利用の際にQ2情報サービスに接続した場合の通話料については射程外ということになろう（本件判決コメント判時一七六〇号二一頁）。

二 信義則による約款の効力の一部制限について

本判決において、最も注目されるのは、約款の効力を肯定しながら信義則ないし衡平の観念から約款に基づく請求を一部制限したことである。これまでは、約款に基づく請求を否定する論理としては、信義則に基づいて、約款の適用を否定するか、約款自体の効力を否定するか、例文解釈という論理が使われてきた。ダイヤルQ2訴訟でも前述の否定判例や消極見解は、このような論理によっていたわけである。このような論理によるときは、約款に基づく請求についてオールオアナッシングの帰結が得られるにすぎないことになる。

しかし、本判決は、事案を、電気通信事業者によるダイヤルQ2の危険性について十分に周知すべき措置と危険の現実化の防止対策の責務についての懈怠と加入電話契約者の加入電話の使用管理懈怠との調整という観点に立って処理するために、オールオアナッシング的帰結しか導きだすことのできない論理に依拠することはできないことになる。このことから、本判決では、信義誠実の原則に照らして契約のよって立つ事実関係が変化したことに応じて契約上の権利義務の内容や、範囲を決めるべきであるとの理論を用いている。

ところで、本判決における事案処理の観点については、新美教授が積極見解に立ちながらも、電話サービスはすでに利用されており、その対価の支払義務は少なくとも加入電話契約者が負わなければならないが、電気通信事業者はそのような加入電話契約者の負担する対価支払義務についてどの程度責任を負うべきかという観点から問題の解答をみつけるのが適切な問題解決の方向であるとの指摘（新美・前掲(下)五八頁）と共通する。本件事案において、かかる観点に立っての処理は妥当と評することができよう。ただ、その際に、どのような法理を用いるかである。本判決は、事情変更の原則による契約内容の改定という論理に依拠しながら、直接、事情変更の原則によることなく、事情変更の原則の基礎となる信義則から直接導き出そうとしたものといえる。これに対して、奥田裁判官の補足意見（千種裁判官の補足意見も同旨）は、事情の著しい変更により当該契約関係にどのような影響を受けるかについて明文の規定を欠く場合には、契約関係全体を支配する信義則にのっとって最も衡平妥当な合理的な解釈を導き出さなければならないとした上で、電気通信事業者の義務懈怠を勘案して債権の発生が一定限度に縮減されると解し、このような解釈の法的根拠は過失相殺の規定の根底にある利益衡量に求めている。かかる見解は、単純に信義則によるだけではなく、義務懈怠に注目して減額するのが衡平とする過失相殺的法理に軸足を置いたものである。そこで、このような過失相殺的法理に軸足を置いた法理は法廷意見とされていないと評する見解もある（尾島・前掲一五〇頁）が、判決では「信義則」とともに「ないし衡平の観念に照らし」是認し難いとしていることから、必ずしも法廷意見ではないと言い切ることはできないであろう。

そこで、電気通信事業者の責務懈怠を理由としてのダイヤルＱ２通話料の縮減の法理として、いずれの法理が妥当かである。過失相殺的法理に基づく衡平原理によることは、契約法理と不法行為法理の渾一化傾向と軌を一にするところがある。おそらく、新美教授の発想も、そのようなものではないかと推察される。しかし契約責任の場面においてはともかく、契約上の義務の程度、内容を決めるのに出発的としては全部の義務があるとしながら義務懈怠を理由に縮減するという法理は適切ではないのではなかろうか。契約上の義務の程度、内容として縮減された範囲においてしか負担していないと構成するのか妥当といえよう。そこで、このような考えに立つときは、著しい事情の変更があり、契約当事者の一方からそのような事情の変更についての告知が行われていないときには、他方の契約当事者を、その契約内容通りに拘束することはできず、その告知懈怠の程度、範囲において拘束を受けることはないとして、契約上の義務の内容を縮減するのが妥当ではないかと思われる。このことから、事情変更の原則での契約内容の変更とは、類似する面はないではないが、単なる事情の変更を原因とするだけではなく、契約当事者の一方の告知懈怠、すなわち告知懈怠に対応する部分についての拘束力不発生という意味で異なる法理によるものと解すべきである。このことによって、事情変更の原則により一旦発生した拘束力の内容を裁判官によって変更することを許容すべきかという問題との関係での課題は克服できるものと思われる。すなわち、この場合は、本件事案に照らしてみるとその約款の拘束力の及ぶ範囲はどの範囲であるかという契約解釈の問題として位置づけることができるからである。

14 弁護士会からの照会に対する金融機関の回答

はじめに

弁護士会から営業店（金融機関）に顧客との取引関係に係わる照会があった場合、営業店はどのように対応すればよいか戸惑うこともあろう。回答を拒絶あるいは無視することが許されるのかどうか、回答をした場合の顧客との関係における法的責任はどうなるのであろうか、回答をするとしても顧客の同意を得るか、通知をする必要があるのかどうか、など悩ましいところである。

法的な見地からみても、弁護士会からの照会は弁護士法二三条の二による照会権に基づくものであり、金融機関としては秘密主義と抵触し、また営業機密の開示にもつながることであり、顧客との関係では金融機関の守秘義務に反しないのかどうか、さらには近時、立法化が予定されている個人情報保護基本法によって事業者に義務づけられるであろう個人情報保護義務との関係はどうなるのか、などを視野に入れながら検討しなければならないという厄介な問題でもあるのである。

以上のような問題状況に加え、金融取引の機械化、省力化に伴う大量反復処理の必要から、個別取引の親密度や照会内容による回答の是非を判断するよりも、対応の画一化、マニュアル化により、原則として顧客の承諾の有無で対応を決めるものとしているのが通常ではないかと思われる。(1)しかし、照会は、照会対象の顧客の協力が得られないために行われるわけであるから、これでは照会制度の意義が減却されよう。このような状況の下で、最近、広島高等裁判所は、弁護士会から金融機関に対する照会として、預金元帳の写しの送付要求がなされたのに対して、営業店の担当者が、顧客の承諾を得ないで預金の取引明細表と取引時の伝票の写しを送付したことにつき違法性も過失もないとして、顧客からの損害賠償請求を否認した。(2)本件訴訟は、上告中のようであり、最高裁見解の待たれるところであるが、本稿は、このような照会制度に対する積極的評価をした判例を契機として、金融機関の立場として、顧客承諾の原則から一歩、踏み出すことができないものなのかどうか、金融機関としてのやや消極的な姿勢から積極的姿勢に転ずる余地はないのかどうか、さらには営業店の担当者の判断に委ねる余地はないのかどうかの視点から、再考しようとするものである。

(1)　三上徹「公的調査における銀行の協力義務」金法一四七二号一〇頁。
(2)　広島高判平成一二・五・二五判時一七二六号一一六頁。

一　照会権・守秘義務・顧客情報保護

この問題は、顧客の取引情報をめぐっての形式的には弁護士会と金融機関の間の問題である。このことからこれまでは、例えば、照会の司法的利益と秘密保持義務との比較衡量の問題として捉え、(3)やや言いがかり、感情的な意見も含めて両者の立場から議論され、いずれも一理ある主張であって決着の付きにくい状況にあったように思われる。(4)しかし、本質は、照会制度と照会対象顧客の個人情報保護との調和の問題として捉えるべきではないかと思われる。

弁護士会の照会制度(5)は、弁護士法二三条の二に基づくものである。この規定は、弁護士の使命は基本的人権を擁護し、社会正義を実現することにある。そのために、公務所その他公私の団体が保管している情報資料を収集する権利があたえられなければならないとの考えに基づいたものである。このため、弁護士会の照会権は基本的人権を擁護し、社会正

義を実現するための手段として認められた公共性を帯びた権利とみることについては、今日、一応に承認されている。(6)

このような弁護士会の照会権に対応して、照会先の金融機関には、報告義務があるかどうかである。報告義務を積極的に定めた規定はない。このことから、法律上の報告義務はないとする見解がある。(7)しかし、捜査機関は、犯罪捜査については、公務所又は公私の団体に報告を求めることができるとした、弁護士法二三条の二と同趣旨の刑事訴訟法一九七条二項の解釈として、報告義務を負わせたものと解するのが通説であることからすると、(8)司法機関として捜査機関と弁護士会を区別する理由のないことから同様に解することもできるし、照会権を認めながら照会先の報告義務を肯定しないというのでは権利としての意味がないことなど(9)を根拠に報告義務を認めるのが一般的である。判例もまた、報告義務を認める方向にある。(10)もっとも、このような報告義務の違反については罰則規定がない。また、履行強制の手段もない。(11)

ただ、金融機関が報告に応じなかったことが、照会権の侵害として不法行為を構成するかについては見解が分かれている。判例は、これを否定している。(12)これに対して、その可能性について法的検討を加えるべきであるとか、(13)損害賠償義務を肯定しないとすると実質的拘束力がなく、法的義務とはいえないとして否定見解に疑問を呈する見解がある。(14)この報告義務は、単なる協力義務とみれば別であるが、前述のように照会権に対応した照会先の法的義務であるとすると、このような報告義務を懈怠したことにより違法性があると解するのが不法行為法理における通常の解釈ではないかと思われる。これに対しては、報告義務がないとする立場でも「支障がない限り回答すべき」とし、義務があるとの立場でも一定の場合には義務が免除されるとするのでは「義務がありやなしやのみを議論してもあまり実はなさそうである」、どういった場合に支障がないのかという問題点に帰着するとする意見もある。(15)しかし、法的義務があるか否かは法的サンクションが認められるか否かの前提としては重要である。ただ、報告義務が法的義務であるとしても、回答しなければ常に違法となるかどうかは別の問題である。報告義務に従わなくてもよいだけの法的理由のある場合は、違法性は阻却されることになろう。この意味では、金融機関の回答拒否ないし無視についての「正当な理由」の有無の判断の問題に帰着するということになろう。もっとも、この判断にあたっては、照会内容が妥当なものでないとか、目的外使用の恐れのあることが明らかであるかなど、照会権の濫用に当たるような照会については、そのことを理由として回答を拒否できることはいうまでもない。このような場合は、照会権に基づく照会とはいえず、当然に拒否できるからである。

金融機関の回答拒絶ないし無視についての「正当な理由」としては、金融機関に認められる権利に基づく場合と、顧客の取引情報についての守秘義務に基づく場合が考えられる。前者については、一つは銀行経営における秘密主義である。スイスなどでは、このことにおよんで多大な経営上のメリットを得ているとのことであるが、これは国家政策の問題であって、現在のわが国では、このことを理由としての回答の拒否ないし無視は正当とはいえないであろう。二つは営業秘密である。これは法的に保護されるべき利益であることはいうまでもない。照会の内容にもよると思われるが、一般的にみて、照会対象顧客の取引情報を回答することが、営業秘密として守らなければならない場合は稀ではないだろうか。この意味では、前者の金融機関の権利に基づく回答拒否が正当の理由に該当することは少ないのではないだろうか。問題は後者の守秘義務に基づく場合である。金融機関は、取引先等との取引に関連して知りえた秘密をみだりに第三者に洩らしてはならないとされている。このような守秘義務については、直接の明文規定はない。また法的義務づけの根拠についても見解が分かれている。しかしながら、顧客に対して負担する法的義務であるとするのが通説である。(16)そうだとすると、このような顧客に対する法的義務を根拠として、第三者である弁護士会からの当該顧客の取引上の秘密の提供をどのような場合に拒むことができるかの問題(17)ということになる。それを決するのは、金融機関は顧客の秘密を、顧客との関係においてどこまで保護しなければならないかである。これは金融機関と顧客との関係によって決せられるものであって、金融機関と弁護士会との関係によって決せられるものではないことに注目すべきである。すなわち、金融機関が弁護士会の照会に対して顧客の取引上の秘密を回答すると顧客との関係で守秘義務違反として法的責任が問われる場合には、その回答拒絶ないし無視は正当な理由に基づくものということになるが、顧客との関係において法的責任を問われる場合ではないのに回答を拒絶し無視することには正当の理由はないということになるわけである。金融機関が照会に応じて秘密を提供したとしても、その照会と回答の内容からみて、顧客が金融機関に対して守秘義務を求めることができるか否かの判断によることになる。この場合、金融機関は、顧客との関係における当事者として、守秘義務の範囲内にあるのか否かの判断をしなければならないことになるのである。そして、守秘義務の範囲外であるとされる場合には、照会によって顧客に不利益が生じたとしても、顧客に対する法的責任は免責されることになろう。なおさらに、金融機関の照会に対する対応の仕方によっては、弁護士会の照会目的の妨害になる場合が生ずることにならないかの問題もある。金融機関は、顧客の了承を原則としているようであるが、顧客に照会のあった事実を通知することによって、例えば債権保全のための照会などでも、預金が払い戻されて、照会が無意味になってしまうことが考えられる。このようなことは結果として、照会権を侵害することになるわけであって、それによる損害については不法行為として賠償責任が生ずると解することもできよう。金融機関としては、顧客と第三者との間の紛争に巻き込まれたくないとの感があるものと思われるが、そのような紛争の当事者となるような顧客と取引関係に入った金融機関としては、主体的に対応すべき法的地位の立場にあるものといえよう。

金融機関が照会に対して回答することが守秘義務の範囲か否かは、究極的には、顧客の取引上の秘密は、公共の利益のための開示要求に対し、その開示を拒否できるかどうかの問題に帰することになる。顧客にとっては、取引を通じて金融機関の知るところとなる情報、自分の経済状態やその他のプライバシーを他人に知られたくないというのは当然の権利である。近い将来において制定が予定されている個人情報保護基本法(18)は、端的に個人情報として保護することを予定している。そして、個人情報取扱事業者に関してではあるが、本人の同意、生命・身体・財産の保護のために緊急に必要がある場合など所定の場合以外は、個人データを第三者に提供してはならないとしている。そして、例外とされる所定の場合には、弁護士会からの照会は含まれていない。このような本法の趣旨を徹底すると、金融機関についても顧客の個人情報を提供することは妥当でないということになる。ただ、本法の基本原則では、公益上必要な活動を制限するものではないとしていることから、顧客の取引上の個人情報の保護の利益と照会の公益的利益との関係において判断することが許されることになろう。守秘義務とこのような個人情報保護義務とは、どのように関係するものであるかについては、今後、検討の余地があるものと思われるが、基本的には守秘義務の範囲か否かの判断についても、同様の定理により行ってよいものと思われる。

(3) 昭和五八年七月一五日理事会承認「弁護士法二三条の二に関する意見書」自由と正義三四巻一〇号一一八頁。
(4) 座談会「弁護士会からの照会と金融機関の対応」金法一〇六四号一八頁以下、座談会「銀行取引一一八回」金法九一〇号三二頁以下など。
(5) 東京弁護士会総務委員会編・弁護士会照会制度一頁以下、昭和五八年七月一五日理事会承認・前掲一一五頁、飯畑正男「照会制度の構造と機能」金法一〇六四号七頁など。
(6) 金融機関関係者には、「罰則の有無だけで区別するならば、たとえ弁護士法に基づく照会と私人の照会に区別はない」とする意見（三上・前掲八頁）があるが、それは公共性のあるものではないとする趣旨が含まれるとすれば、ごく少数の見解といえよう。
(7) 三上・注11（金法一四八二号）参照。
(8) 滝川・平場・中武・刑訴コンメンタール二六一頁、高田卓爾・刑事訴訟法三六三頁など。
(9) 上野隆司「弁護士会からの預金照会と守秘義務」金法一二二九号三一頁。
(10) 岐阜地判昭和四六・一二・二〇判時六六四号七五頁、前掲広島高判平成一二・五・二五。
(11) 三上・前掲九頁、上野・前掲三一頁など。
(12) 前掲、岐阜地判昭和四六・一二・二〇。
(13) 前掲、意見書一一六頁。
(14) 上野・前掲三一頁。
(15) 三上・前掲九頁。
(16) 柿崎栄治「銀行の秘密保持義務」金法六八九号三四頁、大西武士「銀行秘密義務と実務上の問題点」金法四六一号一九頁、河本一郎「銀行の秘密保持義務」銀行取引法講座（上）一二九頁以下、木内宜彦「銀行の秘密保持義務」金法一〇六四号一三頁など参照。
(17) 同旨、木内・前掲一〇六七号一二頁。
(18) 個人情報保護法制化専門委員会「個人情報保護基本法制に関する大綱」ジュリ一一九〇号一〇五頁以下。

二　照会事例に対する具体的検討

弁護士会の照会に対する金融機関の対応としては、基本的には、顧客の取引上の個人情報の保護の利益と照会の公益的利益との比較衡量によるべきであり、前者の利益が上回る場合は守秘義務を守るために回答を拒否ないし無視しても違法性が阻却され法的責任を問われることはないし、後者の利益が上回る場合には回答をしても守秘義務に違反するものでも、個人情報保護義務に反することにはならないし、それによる顧客の不利益についても免責されるとの見地に立ってみると、具体的な照会内容[19]との関係において個別に判断をしなければばらないことになろう。そして、一律に顧客の承諾を求めるとの原則も再考しなければならないことになろう。

(1)　弁護士への依頼者本人の取引情報に係わる照会の場合　このような場合は、個人情報の自己開示要求に対応するものである。原則としては、照会対象顧客の確認をまつまでもなく回答してよい場合といえる。

①依頼者名義の預金内容に関する弁護士会照会　通常は、依頼者本人が金融機関に対して直接、残高証明書等の交付を求めるなどして預金内容を把握している。ただ、稀には、遺言書の作成などのために、遠隔地の金融機関にある依頼者の預金内容を把握するとか、多数の金融機関（本・支店）について一括処理するなどのために、弁護士会からの照会が行われているようである。この場合は、実質的には、顧客による自己情報の開示に当たるわけであるから、当該顧客の確認を得ないで回答しても、守秘義務違反の問題は生じない。もっとも、営業店としては、このような照会は、真実、照会対象顧客の依頼に基づくものであるか否を確認できないことから、一抹の不安が残ろう。そのため、依頼者作成の弁護士への委任状の写しを要求することによって確認することが考えられる[20]。しかしこれでは当該顧客に確認を得るのと何ら変わりはない。このことからすると、営業店が、これらの確認をすることなく回答したとしても、依頼の事実がないことを知っていたなどの特段の事情がない限り、守秘義務違反などの責任を負うことはないと解すべきであろう。

そして、弁護士が依頼もなく、あるいは受理事件の処理のためでもなく、他の目的を持った照会申出であったにも拘らず弁護士会が照会をしてきた場合には、申出弁護士は当然として、依頼の有無や使途を確認することなく照会をした弁護士会にも責任の生ずる場合があると解すべきであろう。

②依頼者振出の手形の不渡・取引停止に関する弁護士会照会　依頼者についての破産申立に際し、手形不渡の有無、取引停止処分などを疎明するなどのために照会するものである。この場合も、自己取引情報の開示と同様であるから、⑴①と同様に解してよであろう。

⑵　前述の⑴の場合であるが他者の利益に影響することが予想される場合　この場合は、個人情報の自己開示ではあるが、その開示が他者の利益侵害が生ずる可能性がある。そこで、自己開示請求であることを前提とした上で、他者の利益侵害と照会目的との比較衡量により判断することになろう。

③破産管財人による破産者の預金内容の弁護士会照会　破産管財人は、破産者が非協力的で財産隠しなどをしている恐れのある場合は、預金内容を照会する場合がある。この場合、破産管財人を破産者の破産財団の管理を行う者であるとの見地からみると、破産者による自己取引情報の開示を求めているにすぎないことになる。この意味では、前述⑴の場合と同様に考えられる。他方、破産債権者のためであるとすると、他者である破産者の取引情報の開示を求めていることになる。そうだとすると、後述⑶場合に準じて考えなければならいであろう。すなわち、破産者の預金内容が開示されることと、破産管財人による公正な破産手続の遂行との比較衡量によることになるが、破産手続では破産者が自らの財産の全てを明らかにする立場にあることから、預金内容が開示されても破産者のプライバシーや個人情報保護の侵害にはならないであろう。このことから、金融機関としても、破産者に確認することなく回答できるということになる。

④共同相続人の一部からの被相続人名義の預金内容の弁護士会照会　被相続人名義の預金は、共同相続人の共有に属する。その共同相続人の一部からの被相続人の預金内容の照会は、自己の共有に属する預金内容の開示を求めるものであって、前述⑴の場合と同様に考えられる。ただ、これが開示されると相続に関する紛争の相手方である他の相続人に

合であるとすると、回答の有無によって他方の相続人に加担することになりかねない。営業店としては慎重にならざるを得ない。しかし、この場合には、自己情報の開示による第三者の利益の侵害ということにはなるが、相続財産の隠匿が法的に許されるものでない以上、第三者の利益すなわち他の相続人の利益を害することになっても金融機関としては責任はないであろう。それよりも、回答しないことによって、相続財産を秘匿している相続人に加担する結果となる方が問題ではないかと思われる。この意味で、当該顧客の確認は必要でないし、相続人全員の承諾書の添付を求めるまでもないであろう。ただ、この場合、依頼者である共同相続人の一部の者の名と預金者である被相続人名とが異なっていることから、依頼者が相続人であるか否かを確認して置くことは必要である。

⑤配偶者や未成年の子の預金内容の弁護士会照会　離婚に伴う財産分与の対象財産確認のために照会される場合が多い。民法は、夫婦別産制を原則としているが、実際には夫婦が婚姻中に得た財産は夫婦共有財産になっている場合が多い。そこで、それが他方配偶者名義の預金であっても、離婚時には財産分与の対象となる。このことからすると、自己情報の開示を求めるものではあるが、他方配偶者の利害に影響が生ずる。しかし、適正な財産分与のためには全ての対象財産の確認が必要であり、他方配偶者名義の預金の存在を秘密にする正当な理由は存在しない。未成年の子の預金内容については、出損者が親であることが多いし、親権者としての管理処分権限も存在している。このことから、自己開示的な面があるとともに、未成年者の利害を害する恐れもある。しかし、公正な財産分与の実現という公共的な利益と未成年者の個人取引情報の保護とを比較衡量するとき、自己開示的要素のあることを考慮すれば、前者を尊重すべきであろう。(21) このことから、いずれの場合も、営業店としては、他方配偶者や未成年者に確認することなく回答しても、責任はないと解されよう。ただ、照会に係わる預金が、他方配偶者の固有財産であるとか、未成年者の独自の財産であることが明らかである場合には、確認なくして回答すべきではない。いずれであるか明らかでないときは、実際上の原則状況を勘案して、確認なく回答しても過失はないといえよう。

⑶　弁護士への依頼者本人以外の者についての取引情報に係わる照会の場合　この場合は、第三者の個人情報の提供を求めることになる。個人情報保護基本立法にあたっては第三者提供を原則として制限する方向にある。このため、営業店が第三者の取引情報を回答し開示することによる第三者の利益侵害と照会目的との比較衡量はより慎重でなければならないことになる。

⑥一般債権者や後順位担保権者からの動産競売申立てのための先順位担保権者である金融機関に対する債権現在高についての弁護士会照会　先順位担保権の被担保債権額は不動産登記簿により知ることができる。ただ、実際に、先順位担保権により優先弁済されるのは現在債権であり、それによって将来の配当額を予想し、あるいは無剰余の可否を予測して、不動産競売申立ての適否を判断するための照会である。この場合は、債務者または物上保証人の利害と照会先である金融機関自身の利害に関係する。前者に関しては、個人情報の第三者提供の性質を持つ。しかし、第三者提供のすべてが、個人情報保護侵害に当たるわけではなく、公益上必要な場合には、違法性はないと解される。そこでこの場合についてみると、債務者ないし物上保証人の負っている目的不動産に対する掴取力あるいは責任の範囲を明らかにするものであるにすぎないことから、それを開示することは当然であり、営業店が債務者ないし物上保証人に確認することなく回答しても責任はないと解される。後者に関しては、金融機関の企業秘密ないし秘密主義と関係するが、競売手続が開始されると金融機関は債権届出をすることになることから、事前に照会に応じても不都合はないであろう。(22) なお、回答が競売申立以外に流用された場合にも、金融機関は債務者ないし物上保証人との関係では責任を負うことはなく、申出弁護士あるいは照会をした弁護士会が責任を負うものと解される。また、目的外流用により金融機関が損害を受けた時も、申出弁護士あるいは照会をした弁護士会に責任を追及できるものと考えてよいであろう。

⑦依頼者から相手方の口座へ振込したことの証明を相手方の金融機関に求める弁護士会照会　依頼者には領収書がなく、振込報告書を紛失したためクレジットやサラ金業者などに返済をした事実を立証できないために、この事実を立証するための照会である。この場合は、形式的には自分が振り込んだ旨の開示として自己情報開示のように見えるが、本

質的にはクレジットやサラ金業者などの取引情報の開示を求めるもので、営業店としては、第三者による個人情報提供と同様に考えるべきである。このような照会に対する回答は、クレジットやサラ金業者などに不利になる情報の開示ということになるが、真実の解明による公正な司法的判断資料の提供という公益的利益の方が優先するものとして、個人情報保護の侵害にならないと解される。このため、クレジットやサラ金業者などの確認を得ることなく回答しても責任は生じないことになる。

⑧債権者による(仮)差押えの前提としての債務者の預金内容についての弁護士会照会　この場合、債務者の預金内容の第三者による開示と(仮)差押えのための必要性との比較衡量ということになる。この場合、預金の(仮)差押申請には、預金の種類、金額を具体的に表示して申請書に記載する必要がないとされていること[23]からすると、不必要な照会ということになる。弁護士会としては、その照会が必要か否か、他に手段がないのかどうかを十分に検討した上で照会すべきであり、このような照会により債務者に不利益の生じた場合は責任があるものと解される。営業店としても、このような不必要な照会に応じたときは、個人情報保護の侵害あるいは守秘義務違反として責任の生ずる場合のあることを留意すべきである。そのため、営業店は、照会先顧客に確認することが望まれるし、確認することによって差押えができない結果になったとしても、照会権を逸脱した照会であって、照会先に対して責任はないと解される。

⑷　別件訴訟での立証のための関係者の預金元帳の写しの送付要求―広島高裁判例の事例[24]　別件訴訟の相手方会社が計画倒産した会社を支配していたことを裏付けるための、相手方会社事務所長が倒産会社から新築資金一二〇〇万円を受領したことを証明するのに、照会として相手方会社事務所長の預金元帳の写しの送付を要求した。これに対して、営業店の預金担当支店長代理が取引明細書の写しに伝票類の写しを付して送付したとしても、違法性および過失はないとしている。

まず一般論としては弁護士会「照会制度の目的に即して必要性と合理性が認められる限り、相手方である銀行はその報告をすべきであり、また、当該報告をしたことについて不法行為の責めを負うことを免れる」と解する。その上で、照会文書には破産会社を支配していた事実の立証と具体的な記載があり、相手方会社事務所長が銀行に預金口座を開設しているとした資料とも一致し、書面記載を考慮して照会の必要性、合理性があると判断したのは相当であることから違法性はないとする。その前提としている預金担当支店長代理の対応に関しては、①弁護士会照会は公的性格を有すること、②送付書面から別訴裁判との関係で必要が生じ、悪用されないこと、③具体的資料を示し、やみくもに照会したものでないこと、④預金開設以来入金が一件、出金が二件で一件当たりの金額が大きく、通常の預金取引と違うと思われ、問題があるのではないかと疑問を持ったこと、⑤事前に連絡したり承諾を求めるのを差し控えた方がよいと判断したこと、⑥本部や支店長に協議を求めることなく自己判断で照会に応じたこと、を挙げている。これらの全てを満たす必要があるかどうか疑問であるが（特に④）、営業店の対応として参考になろう。

(19)　検討の対象とする具体的な照会内容については、日弁連司法制度調査会第三部会で、金融機関団体との懇談の議題として抽出された事例（清水規廣「弁護士会照会制度の意義と実状」金法一四八二号二二頁以下）を中心にしている。
(20)　清水・前掲二三頁。
(21)　同旨、清水・前掲二三頁。
(22)　清水・前掲二四頁。
(23)　上野・前掲三三頁。
(24)　前掲、広島高判平成一二・五・二五。

おわりに

本稿は、金融機関と顧客との取引上の情報の扱いに限定して検討をした。金融機関は取引を通じて顧客のさまざまな個人情報を入手することが考えられるが、取引情報以外の提供については、本稿はふれていない。とくに、犯罪歴や病歴などの情報は、原則的には回答すべきでないであろう。なおまた、弁護士会照会に対する取引上の情報についての回答に際しては、必要性と合理性を判断することが必要である。ただ、この判断は、照会文書から客観的に行うだけでよい。そして、客観的にみて必要性と合理性があると考えられる場合は、顧客に確認することなく回答しても、不法行為責任などは問われることはないであろう。この意味では、主体的に、かつ積極的に対応することが望まれるのである。

15　預金者の共同相続人の一人からの銀行に対する預金取引履歴の開示請求

〔東京地裁平成一五・八・二九民二四部判決、判例時報一八四三号八五頁〕

一　事　案

訴外Aは平成一二年一〇月六日に死亡し、その相続人として訴外Aの妻B、長男X、二男C、長女Dがいる。Aは、一切の財産をBに相続させる旨を遺言していた。そこで、Xは、遺留分減殺請求をすると共に、Aと取引のあった銀行に対し、A名義の預金に関する取引の明細（以下「取引履歴」という）の開示を求めた。これに対して、Y銀行のみが共同相続人全員の請求でなければ応じられないとして拒否した。

そこで、Xは、遺留分減殺請求をしたことにより相続人と同様の立場で本件開示請求をすることができると主張したのに対して、Y銀行には預金者に対し預金に関する取引履歴の開示義務のないこと、本件開示請求に応じることはY銀行の守秘義務に反するなどとして争った。

二　判　旨

一「預金者は銀行に対し預金に関する取引履歴の開示請求権を有するか」。「今日における預金契約は、単なる民法上の消費寄託契約であるにとどまらず、各種公共料金や定期的な支払金の自動引落し、クレジット・カードの決済、送金、振替等の各種サービスの複合した契約であり、それぞれに銀行に対する手数料がかかることがあって、その取引履歴は、預金者においてすべて即時に当然に把握し得るものとはいえないし、把握し得ないではないものであっても、明確に認識しないまま多数の取引が自動的に又は他者の行為によって行われていくことも少なくない。」「この取引履歴は、通常は、預金通帳、取引明細表等に記入することによって預金者に通知されることになっているが、これが銀行の任意のサービスであって契約上の義務でないと解することはできないことは、通帳不発行口以外は通帳を発行し、通帳不発行口においては取引明細を取引明細票に記載して交付する旨の定めがあるYの総合口座取引規定や普通預金規定に照らし、明らかである。銀行が預金に関する取引履歴を預金者に通知することは、上記のような預金契約における銀行の債務の内容を成していると解すべきである。」「銀行が取引履歴を記録してこれを開示することは困難を強いるものではないことなどをも考慮すると、預金者は銀行に対し合算して記帳された取引の明細を開示するよう請求することができ、銀行はこれに応ずべき契約上の義務を負うものというべきである。」「この義務は、明示の条項はないものの、前記のような預金契約の内容に照らし、預金契約に当然に付随する契約上の義務であると解される。」

二　「共同相続人の一人は被相続人の預金に関する取引履歴の開示請求権を取得するか」。「預金債権のような金銭債権については、共同相続により各相続人が持分的権利を取得することに伴い、分割債権の原則（民法四二七条）に従い、各相続人が相続分に応じた割合で金銭債権を分割取得し、直ちに単独でこれを行使することができるものと解される。」。したがって「当該相続分の限度においてではあるが、各相続人は、預金債権の包括承継人であり、被相続人の有していた契約上の地位を一般的に承継取得したものというべきである。」。そうすると「各相続人の有する預金に関する取引履歴は、被相続人の有していた預金に関する取引履歴そのものであるから、結局、各相続人は、銀行に対し、被相続人名義の預金につき取引履歴の開示を求める請求権を有するということができる。」。

三　「本件開示請求に応ずることは、銀行の守秘義務に違反するか。」「以上に述べたところによれば、Xは、相続人の一人として、又遺留分減殺請求をした者として、訴外AのYに対する預金の取引履歴の開示を請求することができ、Yはこれに応ずる義務があるのであるから、Yがこれに応じて訴外Aのした取引履歴を開示したからといって、Yが秘守義務に違反することになるものではない。」

三　評　釈

一　本件判決と弁護士法二三条の二の照会との関係　本件事案は、共同相続人の一人から金融機関に、当該金融機関と被相続人の預金等に係わる取引履歴の開示を、弁護士会を通じて多数の金融機関に行われたのに対し、そのうちの一つの金融機関が預金に関する取引履歴の開示請求権のないこと及び金融機関の守秘義務などを理由に開示しなかったことに端を発するものである。共同相続人間で、遺言の効力や相続財産の範囲等が争いになる場合、被相続人の預金を把握することが必須になるが、預金通帳等を所持している共同相続人がこれを開示しなかったり、共同相続人全員の同意のもとでの金融機関に対する取引履歴の開示請求に協力しない共同相続人がいるような場合、それが困難になる。このような場合、弁護士法二三条の二の照会制度など（他に、調査嘱託（民訴法一八六条）、文書提出命令（民訴法二二〇条）が考えられる。）が利用される。本件事案でも共同相続人の一人からの遺留分減殺請求に伴って、その遺産の範囲を知るためになされた弁護士法二三条の二に基づく預金等取引開示の照会である。

ところで、この弁護士会の照会制度は、[1]「基本的人権を擁護し、社会正義を実現するための手段として認められた公共性を帯びた」制度ともいわれているが、[2]照会先の金融機関に開示報告義務があるかどうかについては見解が分かれている。照会に対する報告義務を積極的に定めた規定がないなどから法律上の報告義務はないとする見解、[3]弁護士法二三条の二と同趣旨の刑事訴訟法一九七条二項の解釈として報告義務を負わせたものと解釈されていることや、[4]弁護士会の照会権を認めながら照会先の報告義務を肯定しないのでは権利としての意味がないことなどを理由に積極に解する見解[5]

などがある。判例にも、報告義務を認める方向のものもみられる[6]。もっとも、仮に報告義務があるとしても履行強制の手段がない[7]。このため、いずれにしても金融機関が任意に応じなければ実効性がない。そこで考えられるのは、金融機関に報告義務があるとした場合で、これに応じないときは照会権の侵害として不法行為責任を求めることが考えられる。これについても見解が分かれるが、判例は否定的である[8]。弁護士会の照会権については、このような状況にあるためか、本件事案は、このレベルでの判断は行われていない[9]。

本件判決では、私法上の権利として預金取引等の開示請求権があるか、また金融機関の守秘義務との関係でどうなるかに限定されている。とくに、後者との関係で、本件事案のような共同相続人の一人からの開示請求に応ずることによって、相続に関する紛争の相手方である他の相続人による相続財産の隠匿等が明らかになり、その者に不利益が生ずることも考えられる。金融機関としては、このような相続紛争において火中の栗を拾いたくはないと考えるのも今後の取引継続を考えればやむからぬことであるろうし、もし仮に共同相続人の一人で開示請求権を行使することができないにもかかわらず開示することにより他の共同相続人に損害を与えた場合、不法行為上の責任が問われる恐れもないわけではない。弁護士会の照会に応じたことにより違法性が阻却されるかについての確立した判例のないことからすると、金融機関としては慎重にならざるを得ないという面も理解できよう。本件判決は、このような利害の関係に、一つの指針を与えるものでもある。

二　預金者の銀行に対する預金取引等開示請求権の有無　預金者は、銀行に対し、私法上の権利として、預金取引等の開示請求権があるかについては、預金者による自己情報の開示に当たるわけであるから、金融機関の守秘義務違反の問題は生じない[10]。純粋の私法上ないし契約上の義務の問題として考えてよいであろう。

このことに関しては、学説では余り議論は見られない[11]が、判例の見解が分かれている。東京地判平成一四年判決[12]は、預金契約に関する諸規定には開示義務の規定がないこと、預金契約は消費寄託契約であるところ消費寄託契約につき開示義務を定めた規定がないこと、銀行法その他法令には開示義務を定めた規定がないこと、及び預金口座は、金員の預け入れ以外に公共料金その他各種取引の振替送金、給料振込など多種多様な用途に用いられ、金融機関がこれらに対し手数料収入を得ているという実情があるとの主張から、「なにゆえ預金口座の取引経過明細の開示請求権という法的権利の発生が導かれるのか、その趣旨は明らかでないことなどから開示請求権が肯定されるという実態も認めることができない」として消極に解している。本件Yにおいても同旨の主張が行われている。これに対して本件判決は、判旨のような理由で積極に解した。

まずこの点に関してみるに、預金等取引の預金者との関係において、銀行に当該取引についての開示義務を認める法的論拠が存在しないとする東京地判平成一四年判決は、如何にも形式論理的かつ硬直的な思考によるものと思われる。このためか、東京地判平成一四年判決のコメントとして「あえてその開示を否定するほどのこともないとも言い得るように思われる。」「本判決は、この問題に関する一つの先例になり得るものであるが、本判決だけでは預金取引実務を円滑に運用することは困難であるとも予測することができよう。」と指摘されている[(13)]。東京地判平成一四年判決に対するこのようなコメントは当を得たものと評することができよう。

確かに、預金の法的性質を消費寄託と解することについては判例、通説共に認めるところである。このことにのみ注目するときは、委任における受任者の報告義務(民法六四五条)のような規定がないことから民法規定によって根拠づけることはできないし、銀行法など他の法令にも根拠規定のないことは確かである。しかし、今日の契約法理において、単なる法令上の規定に基づく義務や約定による義務に限定されることなく、契約当事者間における契約正義の観点から導き出される義務も契約上の法的義務として承認する傾向にある。契約締結時点における説明義務や契約締結後における報告義務などが重要視されてきているのもその現れである。そこで預金取引のみに限定してみても、預金の法的性質は消費寄託契約であるとしても、そのことによって銀行は預金の範囲において預金者の財産を管理しているものとみることができよう。預金取引には、このような側面のあることに注目するとき、その預金の範囲における財産の管理状況を逐次あるいは包括的に報告し、あるいは開示を求められればこれに応ずる法的義務があると解することが契約当事者間の意図に適うものではないだろうか。このことから、預金取引を目的とする契約であるということだけでも銀行は預金者に預金取引を開示する義務があると解すべきであろう。それは預金契約に伴う本来的義務ともいうべき義務といえよう。

それに加えて、今日における総合口座のような方式の預金取引では、単なる金員の預け入れ以外に公共料金その他各種取引の振替送金、給料振込など多種多様な取引が含まれている。このような場合の預金契約を単なる消費寄託として性格づけることができるのか疑問である。金員の預け入れ以外の取引についてみると委任ないし準委任としての要素が含まれていることからすると、分析論的にその部分だけを取ってみても民法六四五条の報告義務があると解すべきであろう。東京地判平成一四年判決は、この点を全く視野に入れることなく消極に解したもので、その解釈に大きな疑問が残る。ところで、本件判決は、今日における預金契約は「単なる民法上の消費寄託契約であるにとどまらず、各種公共料金や定期的な支払金の自動引落し、クレジットカードの決済、送金、振替等の各種サービスの複合した契約」であるとして捉え、積極に関する論拠としている。そこでは、分析論的にではなく包括的複合的に契約を捉えようとする視点がみられ、今日の契約法理の方向性からみて妥当といえよう。それはまさに預金契約は預金の範囲における預金者の財産管理を目的とした契約であるとの思考によるものと推測される。このことから預金取引等開示義務は「預金契約に当然に付随する契約上の義務」と位置づけたのであろう。ただ、本判決での「当然に付随する」義務の意味が不明確であることから断定はできないが、開示義務を預金契約の単なる付随義務と解しているのであるとすればやや疑問である。預金者の財産管理を目的とする契約にあっては、その財産の管理の状態について預金者が常に開示を求め、説明を求めることのできるのは当然ということになり、それは預金契約から生ずる本来的義務として位置づけられるべきものではないかと思われる。

三　預金者の共同相続人の開示請求権の有無　預金者に預金取引等開示請求権があるとき、共同相続の場合にはどのように取り扱われるかである。本件判決は、金銭債権についての共同相続の場合の処理と同様の法理によるものとの思考に基づいている。このことから、遺産共有説に立って「分割債権の原則（民法四二七条）に従い、各相続人が相続分に応じた割合で金銭債権を分割取得し、直ちに単独でこれを行使することができる」と判示している。このため、遺産の法的性質に関しての遺産全体合有説や個別遺産合有説などの見解に立つ限りにおいては、本件判決のように帰結することにはならないことになろう（しかし、本評釈においては、このような遺産の法的性質論争は留保し、ここでは遺産共有説に立ったとした場合について評釈を加えることにする）。

まず、共同相続の処理において被相続人の有していた取引履歴等開示請求権は金銭債権と同視できるかである。本件判決は、相続人の一人が「本件預金債権の一二分の一を相続開始時にさかのぼって取得したものであって、これをYに対し直ちに単独で行使することができるというべきである。したがって、Xは、Yに対し、本件預金の取引履歴の開示を請求することができる」と判示している。しかし、取引履歴等開示請求権は相続持分に応じた金銭債権の行使ではなく取引履歴等の開示である。このような取引履歴等を相続持分の割合に応じて開示するよう求めることは可能であろうか。またそれが可能であるとしても、そのような相続持分部分の開示では、本件事案のように遺産に属する預金全体を把握したいという目的を達成することができないであろう。そのためには、取引履歴等全体の開示が必要になるわけであるが、相続持分権者の一人がこれを求めることが認められるかという問題が生じよう。このことからすると金銭債権と同視し、直ちに共同相続人の一人による取引履歴等開示請求が認められるとする本件判決には疑問が残る。そこで考えられるのは取引履歴等開示請求権は不可分債権であるとみて民法四二八条により各相続人は総相続人のために取引履歴等の全部の開示を請求できるものと解することも考えられる。しかし、他の相続人が取引履歴等の開示に同意していないにも係わらず不可分債権であるというだけで一人による開示請求を認めるのは説得力に欠けることになろう。このことから、今日における預金取引に係わる契約は、前述のように包括的にみると預金に係わる範囲での財産管理を目的とするものであることに注目して、取引履歴等開示は、その財産管理の保存行為に等しいものと解して民法二五二条但書の趣旨を根拠に相続人の一人による取引履歴等開示請求権の行使も認められ、このことの結果として総相続人のための履行請求としての効力が生ずることになる（民法四一八条）ものと構成するのが妥当ではないかと思われる。

なお、このように共同相続人の一人による取引履歴等開示請求権の行使が許容されるとして、本件事案のような遺留分権利者である者からの開示請求権の行使も認められるかである。本件判決は「遺留分減殺請求をした者は、遺留分に応じて相続財産を相続開始時にさかのぼって包括的に承継取得するところ、その結果、遺産分割までの暫定的な法状態ではあるものの、個々の相続財産についても、持分的権利を取得するものと解される」として、これを肯定している。遺留分減殺請求の効果に係わるものでもあるが、通説、判例の見解に従ったものであり妥当と思われる。

四　共同相続人の一人による開示請求と銀行の守秘義務　前述のように共同相続人の一人による取引履歴等開示請求権の行使が肯認しれるとしても、銀行がかかる開示請求に応じることにより他の共同相続人の相続持分に係わる預金取引等も開示されることになる。そのことによって、銀行を起点としてみれば共同相続人間であるとはいえ他の共同相続人に関する情報を開示請求した相続人に知らせることになり、このようなことを他の共同相続人の同意なしに行っても銀行の守秘義務に違背することにならないのかどうか問題になる。本件判決は、「相続人の一人として、又は遺留分減殺請求をした者として」取引履歴の開示を請求でき、銀行はこれに応ずる義務があることのみを理由として守秘義務に違反するものではないとしている。

しかし、銀行は取引先等との取引に関連して知りえた秘密をみだりに第三者に洩らしてはならない。この守秘義務は直接の明文規定はないし、法的義務づけの根拠についても見解が分かれているが、銀行の取引先に対して負担する法的義務であるとするのが通説である。(14) また、個人情報保護の観点からは個人情報取扱事業者は所定の場合以外は、個人データを第三者に提供してはならないとするのが原則である。このような要請との関係においてみるとき、本件判決のような理由だけで十分であるか否かである。

このこととの関係で本件判決を推論すると、共同相続人の一人（遺留分減殺請求者）が共同相続財産に属する預金に係わる取引履歴等の開示を求めるのは、その者が遺産を相続した者による請求であって、それは自らに包括承継した取引履歴等の開示であるから、他人の取引履歴等の開示には当たらないとの判断が前提になっているのではないかと思われる。しかし、その結果、他の共同相続人に係わる取引履歴等が開示されることになり、そのような開示を望まない他人の取引履歴等の開示という状態が生ずることになるのであるから、それでも許容され、守秘義務に違反するものではないことにつき論証する必要があるものと思われる。すなわち、本件事案のような場合、共同相続人の一人による開示請求は、他の共同相続人が包括承継した取引履歴等の開示をも求めるものであり、銀行がこれに応じたとしても守秘義務に違反するものではないことを論証する必要があるものといえる。

ところで、銀行の守秘義務にしろ個人情報保護にしろ、公共の利益のための開示ないし公益上必要な情報の公開との関係においての制限を受けることは一般に承認されているところである[15]。このことからすると本件事案においても、民法の秩序づけにしたがって共同相続関係を処理するための開示も、これらに準じるものである点に注目すると、守秘義務あるいは個人情報保護に違背することにならないものと解されよう。またもし、それが許容されないとすると相続財産紛争の相手方が預金の内容を公開しないことによって相続財産を隠匿していることに事実上加担することにもなる。相続財産の隠匿が法的にも許されるものでない以上は、銀行としても取引履歴等を開示したとしても守秘義務に違背することはないということになろう。

(1)　東京弁護士会総務委員会編「弁護士会照会制度」一頁以下、飯畑正雄「照会制度の構造と機能」金法一〇六四号七頁など参照。
(2)　三上徹「公的調査における銀行の協力義務」金法一四八二号一〇頁。
(3)　三上・前掲九頁。
(4)　高田卓彌・刑事訴訟法三六三条。
(5)　上野隆司「弁護士会からの預金照会と守秘義務」金法一二二九号三一頁。
(6)　岐阜地判昭和四六・一二・二〇判時六六四号七五頁、広島高判平成一二・五・二五判時一七二六号一一六頁。
(7)　三上・前掲九頁、上野・前掲三一頁。

(8) 前掲、岐阜地判四六・一二・二〇。
(9) 詳細は、拙稿「弁護士会からの照会に対する金融機関の回答（上）銀行実務二〇〇一年四月号七五頁以下、（下）銀行実務二〇〇一年五月号七五頁以下参照。
(10) 拙稿・前掲（下）七五頁。
(11) 拙稿・前掲（下）七五頁。
(12) 東京地判平成一四・八・三〇金法一六七八号六五頁。
(13) コメント・金法一六七八号六六頁。
(14) 柿崎栄治「銀行の秘密保持義務」金法六八九号三四頁、大西武士「銀行秘密義務と実務上の問題点」金法四六一号一九頁、河本一郎「銀行の秘密保持義務」銀行取引法講座（上）二九頁以下、木内宜彦「銀行の秘密保持義務」金法一〇六四号一三頁など。
(15) 拙稿・前掲（上）七八頁以下。

Ⅱ　学校事故法

16 在学契約関係の法的性質について

はじめに

今回は、在学契約関係の法的性質についてお話をというご依頼がありましたので、それならば、在学関係と契約理論という論文を書いておりますので、このレベルの内容の話であればお引き受けしましょうと引き受けたわけでございます。ところで、皆さん方は、学費返還訴訟に絡んで何か有益であろうかと、こういう期待を持っておられるのではないか、あるいはそれについて直接、何か示唆が得られるのではないかと期待を持っておられるのではないかと思います。しかし、本日はこの訴訟に関しては直接知識を持ち合わせていないということを前提としてお話を申し上げるわけでありますから、どれだけ直接お役に立つかどうかは解りません。

ただ、そうは申し上げても今回一連の訴訟の問題点については、在学関係ないし、在学契約関係との関係においてのみ若干視野に入れているという状況であります。

例えば司法上の契約法理の適用される関係にあるものであるのかどうかという問題があるかと思います。それからもう一つ民法上の取引契約法理により規律される関係にあるのかどうかという問題になろうかと思います。

そして、その法的性質から見て消費者契約、いわゆる消費者取引のためのグローバル・スタンダードに合致した民事ルールを定めるとしたら、この消費者契約法の消費者契約に服すべき契約であるのであろうかという契約の側面から見ていこう。だから消費者契約法の方から私は何も見ておりませんので、その点片面から見ているだけとも言えるのかなと、これだけの話であります。

消費者契約法そのものから見てこれと付き合わせてみて、そのようなことが言えるかどうかというようなことは皆さん方でご検討も頂ければと思います。ただ結論的に私は、各種学校であるとか、講習会は、学校教育とは全く異なるものであるということ、そういう意味においては、基本的には消費者契約法の適用される場面ではないということを基調としています。しかし、そういうようなことが現在において通用するかどうか、これは解りません。

一　私立大学における学校と学生との在学関係の法律関係

そこで以上のようなことを前提としまして、最初に私立大学における学校と学生との在学関係の法律関係は一体どういうふうにみればよいのか、こういうことについてどういう見解があるのかを先ずお話し申し上げたいと思います。

一つは、特別権力関係説と言われているもので、こういうような考え方がかつてはあったといった方が正確かも知れません。いやまだあるんだとこういう学者もいるかも知れません。特に、国公立を中心として唱えられているわけでありますけれども、そこでは国公立学校というのは、人的、物的な諸施設を含む総合的営造物としての教育施設である。この教育施設の継続的利用関係、これも前提としてこの教育施設の目的達成に必要な範囲で、学生を包括的に支配し、学生は包括的に服従するという関係、これは特別権力関係にあるのだという考えであります。これでは、私学の場合にはそうはいえないのでないかということでありますが、ただ数多くありませんが戦後まもなくの判例では私学についても、この国公立との関係について、やはり同様に考えるべきである、という見解もでております。

しかし、この特別権力関係であるということについては、国公立に関しても一九六〇年代以降においては非常に批判が多くあって、このごろは行政法学界での通説的地位を失ったと私は評価しております。

それから、下級審判例においてもこのような考え方、国公立についても、私立学校についても、このような考え方をとることについて否定するというような見解が見られるわけであります。ただ、先程申し上げましたように、東京地裁昭和三〇年七月一八日判決は、私立学校の在学関係についても、国公立学校との整合性から、特別権力関係と見るべきであるとの見解がみられないわけではありません。しかし今日は、おそらく裁判所の考えもこの考えには立たないのではないであろうかと思います。

ただ因みに、もし裁判所がこの考えに立ってくれますと、これは契約関係ではありませんから、消費者契約という概念の中に入って来ない。立ってくれればその方がありがたいということになるのかも知りません。この考えは恐らく今日は支持されないであろうと思います。

そこで出て来るのが契約関係であるという考え方であります。学校と学生と対等な権利主体関係、こういうふうに先ず位置づけようというのです。そして、学生と学校の自由意思に基づいて、在学関係というのは形成されるべきものである。そして、学生の自由な意思決定に基づいて学校の自治機関に拘束されながら教育に参加する、というような関係がある。このような関係を一般に教育の私事性、こういう主張が東大の堀尾教授によって提案されましたけれども、教育というのは私事的なものなんだという考えを前提として、これを根拠付けるために在学関係について、今のような主張がなされるわけであります。

けれども、そういうようなことを前提として学校という特殊、部分社会における法規範の適用関係を、法的に根拠付けるためには、契約の理論を根底にせざるを得ないという立場に立っているのが、この契約関係説の基本的な考え方です。

このような説については学説の状況、あるいは判例の状況は一体どうであろうかということでありますが、私立学校については、通説と言ってもよいだろう思います。公立学校についてそこまで言えるかということについて、先程の特別権力関係説との対立が存在をしているということであります。

ただそういう中で、判例はどうであろうかということでありますが、例えば編入学拒否に関わる訴訟で、東京地裁昭和四六年五月一〇日の判決、これも在学契約であるという、いわゆる契約であると見ておりますし、それから授業料滞納学生の復学に関わっての訴訟についても、大阪地裁昭和四〇年一〇月二二日判決が同じような考えに立っております。それから授業料滞納除籍処分について争われた事案でも、東京地裁昭和四七年一二月一四日はこのような考えに立っております。ただ最後の東京地裁昭和四七年判決は、なかなかおもしろいことを言っていまして、契約関係ではある、しかし、この契約というのは、単なる経済的価値の移動を目的とする取引契約とは異なる、といって公言をしているわけであります。このあたりやはり在学契約の特質というものを的確に捉えているのかなと思っております。

それから、判例上の見解と言いますか、どういうふうに名付けてよいか解りませんが、法的性質を明らかにしないという判例があるのです。これが東京地裁昭和三八年一一月二〇日の政治活動家を処分したというようなことに関するものが大学と学生間の法律関係の性質につき、いずれの見解をとるにせよ、契約関係であれ、特別権力関係であろうが、その他の見解であろうがいずれの見解をとるにせよ、大学が学生の集団に対し教育を行う施設であり、学生が入学を求める行為は多様な教育施設に包括的に自己の教育を託し、学生としての身分を取得することを目的とする行為であるということの本質は変わりないと言っているのです。

それから更にご承知だとは思いますが、最高裁昭和五二年三月一五日判決、これは単位認定に関わって争われた判決であります。この最高裁判決を見ますと、これも法的性質を明確にしないまま大学は国公立であると、私立であると問わず学生の教育と、学術の研究とを目的とする教育研究施設であって、その設置目的を達成するために必要な事項については、法令に格別の規制が無い場合でも学則等によりこれを規定し、実施することのできる自立的、包括的な権能を有し、一般市民社会とは異なる特殊な部分社会を形成している、こういうような捉え方をしているわけです。そういうことから見ますと、これらの判例、最高裁判例は、その後二つぐらいあります。関連するような判例がありますが、基本的にはこの考えに立っている、ただ在学関係を一体どう見るかについて、契約と見ているのか、あるいは特別権力関係と見ているのか、これも全く明らかにしていないのです。しかし、この特殊部分社会を形成しているのだという、いわゆる一般市民社会とは異なる特殊な部分社会を形成している、こういうような要素があるという点については、今回の問題との関わりにおいて注目されるところです。

その他内容的に不明確ですからよく解りませんが、ドイツの教育法学者のヘッケルは、学生と生徒との間の法律関係の総体を学校関係という具合にとらえて説明している。これも契約であるとか、学校関係という新しい関係を前提として、その関係を捉えていこうというような見解が見られます。ヘッケルの詳しい内容につきましては、お配りをした資料に結城、あるいは市川というお二人の方がそれぞれに紹介をしておられますので、関心があればそれを見ていただければと思います。

いずれにしてもこの在学関係についてはやはり契約関係と見ざるを得ないのかと、あるいは裁判所においても、そういうような方向性によって、これが今後とらえられていくということであろうというのが私の意見であります。それならば、この在学契約であると見たとして、この契約の性質は一体どういうものなのかということが問題になってきます。

二　私立大学における在学契約の法的性質

そこで私立大学における在学契約における法的性質について、どのような議論が行われているかということであります。この点については、大きく分けると三つぐらいのグループに分かれます。まず一つのグループは、私法上の契約である。それからもう一つは、教育法上の特殊契約と見るグループであります。それから三つ目はその他のグループで、様々なものが交じっています。そこでこれらについて、ごく簡単にみますと、一つは単純な私法上の在学契約であるとこういう見方である。私法上の在学契約関係とみて、この契約による承諾の効果として、学生、大学共に学則などの規則に拘束される、と言うわけです。それからもう一つは、私法的学生身分取得契約であるという。これは国公、私立の区別なく、学生は自由意思で特殊の社会団体である特定の学校に加入し、その際、一定の私契約義務と教育上必要な特殊な団体的規制、学則などに従うことを承認し、学校で教育を受ける利益を享受する関係、即ち学生たる身分の取得関係で私法的秩序に属し、特殊な私契約的法理によって規律されるとの見解があります。

それからもう一つは、学則等に拘束されるかというようなことに注目をして、附合契約という考えがあります。それからもう一つ、在学関係には様々な要素が混ざっているようなことから、包括的な契約であるという見解であります。それらは、基本的には民法の有償双務契約と、基本的には変わりはないという見解があります。その中で、この私法上の契約であると言いながら、ここに教育的配慮を加えてこようというような考えがある。これを一般に教育契約説、あるいは教育契約関係説というように名付けたわけでありますけれども、ここでは私立大学の在学契約関係は、単なる経済的価値の移転を目的とする取引契約と異なる教育的配慮を必要とする契約である。あるいは憲法二六条の国民の教育を受ける権利を充足させるために大学が学問の場を提供し、学生が一定の対価を払ってこれを教授することを内容とする契約であり、かつ長期に渡る信頼関係を基礎にした継続的債権契約、こういう考え方、あるいは国公私立共通の基本的性質を持つ教育契約関係で、学校は学生に対し学校関係の特殊な、限度において包括的な支配を持ち、学生はそれに服従をする義務があり、学生が受講する権利、単位を要求する権利、卒業を請求する権利というような最も基本的な権利をそれぞれ独立して有するとこういうような、教育契約関係といわれている考え方があります。

しかし、この教育契約説は、第二グループとどこが違うか。第二グループの方も後で紹介しますが、この教育の特殊性に注目をして、それを前提としながら契約関係であると言っているわけですけれども、ただ第一グループの方の教育契約説は、私法上の契約であることを前提として、そして教育契約であると言っている。ところが第二グループの方は、教育法上の特殊な契約だと言っているわけです。教育法上の特殊契約という、だから一般私法たる民法との関係においては特別法とでも見るのか、あるいはその系列ではない主張をしておられるのは、兼子先生ですが、兼子教授は教育法というのは社会法であると見ておられるのです。そう見ると、ここでの教育法上の契約は、社会法上の契約、労働法や独禁法と同じような中に入る契約ということになるのかも知れませんが、そういうことを前提としながら、第二グループの方は具体的に、教育法的身分取得契約であるという主張をしておられます。

それから第三グループの方は、私法上の契約なのか、教育法上の特殊契約なのかということについては何も意見を述べないで、在学関係は身分取得関係であるというような主張をしています。このような考え方は、先程紹介したところの最高裁判決、これを教育、契約法理の中に接合させようということであろうかと思います。そういう意味で私法上の契約か、教育上の特殊契約か、あるいは第三の領域に属する契約なのか、このあたりがかなり検討を加えていかねばならない事柄であろうというふうに思っております。

そこで諸見解を前提として、私はここでどういう主張をしているかということであります。私は基本的には教育施設の利用関係としては、これは貸借の要素をもっているであろう。それから、教育実施役務提供ないし、それに関わる事務処理としては、無形の仕事の請負の要素を持っているのではないか。ここでは委任の要素も考えられないわけではないです。請負の要素に注目しますと、結果が問題になりますから、しかし結果と言っても建物を建てるような結果ではなくて、教育という無形の仕事、この結果を出せばよいのだと、これだけの話であって卒業させることを請負っているわけではないという意味において、あまりこの委任だということになりますと、教育さえしておればよいと、後は責任はないということになりますから、ちょっとそこまでは言えないのではないか。やはり請負的要素の結果を、どういう教育をしたかです。しかしそれによって学生が、資格がとれたかどうか、ここまでは請け負っているわけではない。こういう請負的要素があるのではないか。

それからもう一つ重要なのは、最高裁判決もいっていますように、特殊部分的学校社会への加入、それに対応するところの学生たる身分、地位の取得という要素も加わっている。基本的には三つの要素が加わっているわけでありますから、私法上の契約では見られない要素です。これを包括したところの、私法上の契約であろうという意味においては、民法の一三種類の典型契約がありますけれども、このいずれに属するというわけにもいかない。それから後でも問題にしますけれども、財産契約ともとらえられない。では身分契約かというと、身分契約であるけれども、いわゆる民法が予定している婚姻や、縁組のような身分契約ともとらえられない要素をもった契約です。

これは民法は直接的には予定をしていないという契約であるがやはり、私法に服するべき契約であるというような考えをここで主張しております。

三　在学契約の基本的要素

このようなことを前提として、在学契約の基本的要素、これを少し分解してみようということであります。これを分解していきますと、一つは教育研究に必要な物的施設の利用関係としての要素です。これは多分の性質を持っている貸借契約。しかし貸借契約であるという性質は本質的なものではない。これは副次的なものであるに過ぎない。これは本質的なものになりますと、いわゆる消費者契約に直結する可能性がないわけではないだろうと思います。それから、もう一つはこの人的施設をも含めた、総合的な教育施設の利用関係、いわゆる学生の教育と学術の研究とを目的とする教育研究施設です。これは先程の最高裁昭和五二年判決でその要素があるとも言っておりますけれども、利用と言いますか、あるいは提供というか、その要素もあるだろう。しかし、こういう要素だけであるということになりますと、これも施設の利用、あるいは提供の対価として学費があるということになり、どうも消費者契約法の範疇に入らないわけではないのかなと思います。しかし、これだけではこの在学契約の要素の全体をとらえてはいないという感じを私は持っております。

それから、もう一つは教育実施役務提供という要素はあるだろう。このことは東京高裁昭和五二年一〇月六日判決、これは学生募集の定点に関わっての判決で、学校は継続的教育役務の提供の義務を負うと言っておりますから、そういう要素はある。ただここで問題になるのは、役務提供をするということの性質は、結果債務なのか、手段債務なのかという法律上の問題があるわけです。いわゆる単なる手段債務であると見ますと、委任ないし準委任というところに近づきますし、結果債務だということになると、請負ということに近づくわけです。こういう見地から見て、どう見るのかということでありますが、私は先程も申し上げましたように、適切な仕事の完了を内容とする、無形の仕事についての請負契約であるという、ここで適切な仕事の完了と言っているのは、適切な教育、ある一定レベルの教育を行うということを請け負っている。しかしその結果受講生がどういう効果を上げるか、ここまでは請け負ってはいないと見てはどうであろうかと。もしそういうようなことであると、無形の商品としての教育サービス提供という、財産法的な商品交換的要素を持ったものではないということが言えるのではないだろうか。そういう意味において各種学校であるとか、あるいは教育に関わる講習会であるとか、語学学校であるとか、それとは同じ教育役務を提供するわけでありますけれども、その提供する教育役務の内容がやはり違っている。それは財産的な商品交換的な要素を持った義務提供ではないと見るべきではないであろうかと思うのです。特に大学の研究教育という公共的性格で、これにかんがみて学校教育法等によって、組織であるとか、運営について種々の法的規制を受けているわけであって、これを前提とした上で、教育実施役務の提供が行われているということでありますから、ここには経済的な対価関係が、前提として教育役務商品を組み立てているわけでは無いという要素を持った、商品と言えば商品提供ですが、これだけではないのです。一番重要なのは四番目の特殊部分社会への加入と、学生の身分地位の取得というか、在学契約の基本的要素として重要ではないだろうか。これは学則等により規定される。そして、学校自身がそれを実施することのできる、自立的、包括的な権能を有していて、そして一般市民社会とは異なる部分社会を形成しているという特殊部分社会の中に加入をして来るという、これが正に在学契約の真髄をなすものではないかということです。このことは何も私がいうだけではなしに、先程紹介しました最高裁昭和五二年三月判決が、そういうことを言っております。そういうことになりますと、この在学契約によって学生がどういう権利を取得するのか、単なる財産権の取得ではないということです。身分的権利の取得という内容を持った契約ではないだろうか、そしてこういう権利は当然のこととして一身専属権であるという性格がでてくるのかなということであります。本音を申し上げますと、私は色々と勝手なことを言っておりますけれども、学校と学生の間の関係、これは在学関係について先程の最高裁昭和五二年判決、これが一番的確にとらえていると思っているのです。そういう関係を法的に拘束するのには、一体何を根拠にするかということについて最高裁判決は言ってくれてない。おそらく最高裁判決は言わなくとも、後の判断はできた。そこで私はそういうような関係を法的に拘束しているのは、契約である、そういう意味においてはその契約は私法上の契約と本質的には変わりはない。しかし、契約の内容が今言ったような特殊な内容を持った契約であると言っているだけの話でありまして、何も私が特別に編み出したものでもないのです。そういうことから、これはいわゆる契約関係説に非常に多数の見解と言われるのが、附合契約との関係いわゆる学生は学則等の校則に拘束される、こういうことをどう説明するかということについて、これは附合契約であるという説明が多いです。附合契約である、だから学則による拘束を受けるという考えが多数を占めていたわけですが、私はそういう附合契約説で学則等によるところの拘束というようなものを導き出すのは、在学契約においては適切ではない。何故であるかと言いますと、附合契約で拘束をして行く場合には、学則等を約款と同じように見るわけですけれども、確かに、その様な学則の存在を知らなくてもこの附合契約理論によれば、それらは全て契約内容になっていきます。契約内容になれば、この契約の拘束力によって拘束されるわけですから契約内容になったということによって拘束されます。しかし契約内容になるのかということなのです。学則は契約内容か、在学契約の内容か、在学契約によって学則に従わなければならないという拘束は出てきますが、それは契約内容になるというのか。そこで私は先程から言っておりますように、学校という特殊部分社会の規律に従うというのは、これが在学契約の本質ですから、この規律に従う契約の拘束力として、学則等による拘束がでてくるのであって、学則等が契約の内容になるわけではないと思っております。しかしここは一番重要ではないかと私は思うわけです。それが、今回問題になっておりますような、納付金を一切返還しないというような条項がどのように位置付けられるのか、いやそれはやはり契約、契約内容という内容になるのですか、この辺りは私は一番初めに申し上げましたように検証しておりません。学則と同じだということになります。拘束の仕方が違って来るわけです。このことから消費者契約法には従わないということになりそうではないかと思っております。そういうことになりますと先程簡単に申し上げましたけれども、学則等に拘束される根拠をやはり明らかにしておかなければならないというので、私見としては、本来学校は学則等を制定し具体的指示命令を発して、学校慣習に基づいて、いわゆる学校自治規範に基づいて学生を規律できる、一般市民社会とは異なった特殊部分社会であって、学生は学校との在学契約に基づいて、かかる社会の一員としての身分、地位を取得することの結果として、この学校自治規範によって規律されるものである。このように構成すれば学則に従わなければならないという理屈がでてくるのかなということであります。そういう意味で、繰り返しになりますけれども学則等の自治規範は、個別的に契約の条項、あるいは約款となるのではない。学校という特殊部分社会、身分取得を包含する契約の拘束力として拘束されるものであるというふうにとらえることによって、最高裁五三年判決が示した学校と学生との間における関係、在学契約関係の中に位置づけていくというようなことができるのではないだろうかと思っております。そこでこれも同じことを別の観点から申し上げます。在学関係の特質というとどういうことになるだろうかと、あまり在学契約にとらわれないで見てみるとどういうことになるだろうか。

四　在学関係の特質

一つは教育及び教育の施設としての大学の内部規律を維持し、教育目的を達成するために自律作用を持っている、あるいは自立的、包括的な権能を有しているということですから、仮に退学処分というようなものを見ると、教育施設としての学校の内部規律を維持し、教育目的を達成させるために認められた懲戒作用であるというようなことが言えるのかなと。言ってみれば、学校は自律的、包括的な機能を持っているんだということについては、先程の最高裁判決や他の、最高裁昭和四九年七月一九日判決も、あるいは昭和二九年七月三〇日判決も全部そういう要素、特質を持っているということを指摘しております。

次に二番目には、在学関係のうち、一般市民社会と直接関係を有しない内部的な問題については、司法審査の対象にならない部分があるという要素を持っている。大学のような特殊な部分社会である、大学における法律上の係争の全てが当然に、裁判所の司法審査の対象になるものではなく、一般市民社会、一般市民法秩序と直接の関係を有しない内部的な問題は、司法審査の対象から除かれるという要素を持っているのですから、在学関係の全部が司法審査の対象になるわけではないというようなことを、これも最高裁五二年三月判決が明言しているところである。

三番目には、先程も紹介しましたように、経済的価値の移転を目的とする取引契約とは異なるということを明言しているのです。東京地裁昭和四七年一二月一四日判決でありますけれども、大学教育は高度の学問研究と人格的高揚を目的としてなされるものであって、私立大学の学校と学生間の在学契約関係は、単なる経済的価値の移転を目的とする取引契約とは異なるという、もしこの線が出てきますと、消費者契約法が出来る前の考えでありますが、やはりこれは在学契約の本質をとらえているのだと私は思うのです。

それから四番目は、高度な教育的配慮の必要なことは自明の理であると言っています。これは東京地裁昭和四七年判決でありますけども、学費滞納により教育を受ける機会を剥奪するというような除籍処分の手続過程においては、高度の教育的配慮を行うと言っているので、単にこういう学費を何ヶ月間納めなかったというだけで、除籍処分をやることは、いかんと。これは先程のように、経済的な対価関係にあるわけではないと言っているのと正に裏返しです。これを逆の面からみますと、例えば授業料滞納でもって除籍退学をさせた。しかし授業料は納められるようになったというと、これは復学を認める処置をとっているのです。このような処置というのは、経済的対価関係にあるというだけでは説明できないわけであって、だからこの東京地裁の四七年判決が言ったような在学契約が持っているところの、特質に基づいて、処理が位置付けられてくるのであろうということに繋がるわけなのかなと考えております。

それから五番目に、私立学校の自立的運営の強調、私立学校はその特性に基づいて、自主性を重んぜられ、公の性質を持った施設として必要な法的規制を受ける他は、その建学的な精神に則って自立的運営に委ねられる。私立学校法第一条です。従って学校法人が、設置した学校を経営するにあたっては、その公共性から要請される法的制約の範囲内において、自主的に教育方針を決定し、経営政策を確定し、それを遂行して行くことは当然である。東京地裁昭和五〇年七月判決の学生募集停止事件であります。停止したからと言って、良いと言っているのです。あるいは東京高裁昭和五二年一〇月六日判決も、自立的かつ自主的に自らの教育運営を行うことが出来るのであって、そこに私立学校の特殊性があると言っております。ですから、学校としての自立性に加えて、私立学校の場合には、それに上乗せしたとして運営の前提としたところの自立性です。これもあるんだという特質を、見出すことができるのではないでしょうか。

それから六番目は、私立学校も、公共的使命と責務を有する教育施設であるということです。学校教育法はこの学校の持つ公共的性質にかんがみて、その組織、運営について種々の法的規制を施し、学校教育法第四条は、学校の設置のみならず、その廃止をも監督庁の認可を受ける事項と定めている。同条は行政監督の方法について、学校運営について一定の拘束を課そうとするものであるということ、私立学校における公共的使命と責務というようなことから、この種々の行政監督が加わっているということですということを、いうまでもないことでありますけれども、強調している。これはどういうことであるのか、同じ教育サービスを提供する、教育役務を提供するんだというような場合に、語学学校のような場合の教育と大学における教育、この大学における教育は監督をうけているというような商品ですから、単なる経済ベースでセッティングした商品ではない、という特殊性を強調するためには、このような特性のあることを、やはり見逃してはならないということです。

そしてこれは私の意見として、在学契約関係の本当の基本的な特徴はどこにあるんだろうかということです。これについては先程から何度も言っておりますけれども、二つあるだろうと、一つは教育施設利用であるとか、教育実施役務提供を内容とするものである。しかしそれらは財産的権利の取得を内容とする取引契約ではない、その部分についてもそのような取引契約ではない範疇に入る部分ではない。それともう一つの要素は、何度も主張しておりますが、学校という特殊部分社会の身分取得を内容とする身分的契約に類似する、という二つの要素、これを兼ね備えているという、ここに在学契約の最たる特徴があるのではないかということです。このことが消費者契約の範疇に入るかといわれることについてはそれぞれにご検討いただければということであります。おそらくこのような在学契約の特徴は、最高裁の在学関係に関わる一連のこの考え方です。私見から言って、こういう主張は、ある意味では有力に主張していくことができるのではないかという感じを持たないわけではありません。

五　学費等の関係

次に学費等との関係、これを一体どう見るかということであります。この点についても若干私は何箇所かに書いておりまして、その書いてあることだけを紹介させていただきます。お配りをした論文にありますように、教育私法論というので、教育に関わる論集を集めた論文集ですが、その論文集の中に教育法と私法というような論文も掲載されていて、そのところに、学費関係について若干触れております。そしてここではこの時点では実は学費について、公序良俗違反であると言って返還請求訴訟があったり、あるいは不当利得であると言って、訴訟ができるのではないかというような提言をしている人がいたことから、これに対して少し対応しておこうというつもりで書いたものです。今回のような消費者契約法を盾にとってきたという場合には、どう対応するか。これはこの時点における視野には入っておりません。この頃は消費者契約法はありませんでした。そこでそういう限定つきで見ていきますと、この学費等があるかどうかこれは別にして、私学の場合は学費を取るという有償であることには変わりはないわけです。問題は何に対する対価か、これが問題になるのではないかということです。これも別の角度から言っているだけの話ですが。単なる教育施設の利用、あるいは教育実施役務提供の対価と、こういうふうに見ると、どうも各種学校や学習塾や講習会等の教育サービス提供産業です。無形の教育という無形の商品に対する対価です、これとどうも異なることはなさそうだとこういうことになります。総括すると、この対価に関わっての問題は財産法上の法理によって処理するとされるということに繋がっていきそうです。しかし、そういうものではないのではないかという、基本的には先程申し上げましたように、在学契約の中の特殊部分社会への加入と言われる、こういう学校と部分社会に加入した学生としての身分、地位を取得するための出捐というもので、単なる役務提供の対価、施設利用の対価というような、単純なものではないのではないかと見ております。

ただ、この基本的な考え方については、お配りしております資料のところに挙げているわけですが、基本的な考え方を前提として、教育法と私法のところで学費についてもっと具体的に展開をしています。そのような考えを前提として入学の納付金返還というようなことに関わって、その時点での考え方という、いわゆる返還しない旨の定めがある。これが不当利得返還請求との関係においてどういうふうに展開したかということを紹介させていただきたいと思います。

この不当利得返還請求の根拠づけとしては、基本的に二つの根拠づけがこれまで主張されてきた。ご承知のように東京地裁昭和四六年四月二一日判決での公序良俗違反でないという主張を見ますと、学校は第二希望の学校には入学しないことを知っていながら、学費等として受領していると、それは信義則違反であるとか、あるいは解除条件が生ずるので無効だと言っているのです。だから不当利得だと言って返せと。それからもう一つは、この浪人生活の危険を利用して入学手続きを強制している、これは第九六条の強迫に類するような行為だから無効だとこういうのでしょう。それから不合理な時期に入学手続時期を定めることは、信義則違反である、だから第九〇条違反で無効というのです。それから入学金を除く他の納付金は在学生と新入生とで扱いを異にしている。これは憲法第一四条違反で、その結果公序良俗で無効になるとこういう主張をしております。ここに紹介されていますように、東京地裁はこれらがいずれも理由なしと決定しているということです。

もう一つの主張は、入学納付金というのは実質的に就学、あるいは学校施設の対価であると、だから入学しないのであるから、返還しろということなのでしょうか。それに加えてこれは教育法的な見地から、かつ現行の高額納付金の不返還は学習権、あるいは学校選択の自由を著しく侵害をする。だから相当額の入学取消手数料を超える部分については、学校は不当利得として返還しろと言っているのです。しかしこれに対しては、何故入学取消手数料なるものが法的にでてくるのかと、こんな批判をしているのが新美教授です。

これらに対して不当利得返還をも否定をする見解、東京地裁昭和四六年二月二一日判決で、入学案内に明示された不返還は信義誠実の原則に反せず、私大の学習条件整備との関係において不当利得にならないとしています。

それからもう一つは、公序良俗違反でもないというのが大阪簡裁昭和三八年八月五日判決です。これも同じようなことで、違約金としての全額徴収も大規模私大にあっては公序良俗違反ではないと言っている。小規模私大ならどうか解りませんけれども、これは別にして、こういうような考えについては学説の中で浜教授は賛成だという判例批評を書いておられる状況であります。

それからもう一つは、この入学時におけるところの入学納付金というのは、解約手付金ではないかという。入学手続きをしたからと言って、学生はその大学に入学しないというような自由もある。これは解約の自由であるということであります。この自由を留保する、こういう意味を持っているのが納付金であるとみようということで、その結果として学生は、この納付金を放棄する、手付を放棄することによって、この無条件で解除できますという要素を持っている。その代わりに大学側は返還義務は負わないというような民法理論の中でもって、これを位置づけようという考え方があります。ちなみにこの考え方は逆に言えば、大学側は返還すれば入学させないことができるかという問題がでてきますけれども、これは、解約の場合、相手方が義務を履行してしまいますと、その手付流し、手付倍戻しによっては解約できない。だから義務を履行した側がこの放棄をするのです。大学側はまだ義務を履行していないというようなことになれば、大学側からは倍戻しによっては解除できない、しかし納付した側からは、これは放棄することによって解約できるという、この理屈を考えればよいいんだということです。これも一つの考え方であります。

それから、ご承知のように教育法学者としての大家である兼子教授は、自主的改正意見というのを出しておられます。教育法という大著の中で、公教育機関たる私大の入学契約のあり方については、現代公教育法における学習権保障の原理が尊重されなければならないが、小山弁護士が主張されたような学習権保証の公教育法原理から、入学納付金の返還義務、あるいは返還請求権というようなものは、一義的に導かれるほど明確な教育法理は形成されていない。ただ今日、対処としては公教育法原理を踏まえた各学校の自主的な学則改正によるのが望ましいというふうに、法的には返せとは言えませんが、自主的に返還をするというような改正を取っていきなさいという示唆をしておられるわけです。これらの諸見解に対して私はどういうふうに、この時考えたのかということです。先程紹介をした論文のところで、学費は教育施設利用や教育実施役務提供と直接的に対価関係に立たないということ。それから、学校という部分社会の身分、地位取得のための出捐であるというふうに見ますと、入学手続きの完了で学校という部分社会への加入と、学生身分、地位の取得が生じているのであるから、出捐目的は達成されているというふうに見ます。

そして教育を実施する必要な人的、物的施設の諸準備を整えるためにも、返還を求めることには合理性はないということ、それから入学手続き完了しながら納付した入学、納付金額をも予算として人的、物的施設の諸準備が整えられるというようなこと、それを追加して主張しているのは、人的、物的施設等の諸準備に留まらず、人的、物的施設等を含めた学校部分社会運営と準備というようなことを前提として入学者数を考えて、この準備をしているという点を、注目しなければならないのではないだろうかということ、それから、学費滞納除籍処分にあたっては、教育的配慮が求められる、あるいは在学契約により学生身分、地位を取得した学生が、その身分を喪失しても復学を請求する権利は留保されている、こういうふうに判例が考えていますから、地位にあるものと解されるのも財産法的法理によるのは妥当でないことを意味するのではないだろうかと、こういうことから、大学教育研究という公共的使命と責務に基づき、その組織、運営につき種々の法的規制を受けながら提供されるもの、すなわち教育であることから見ると、入学者に対応したものであることが前提になっているはずであるという意味において、一方的にこの入学をしないというような処置というのは、これは権利としては、権利放棄は自由でありますから認められるとしても、それによって返還の義務あるいは不当利得というようなものは生じないいんだということを述べております。

以上のようなことでありますけれども、最後にこれは始めに戻りますけれども、私が今ここでお話をしたことは、在学契約の法的性質は、民法上の契約法理との関係を中心に、検討をしただけでありまして、そういう特殊性を持っているというようなことを申し上げたわけであって、消費者契約法における消費者契約という概念との関係において、ここではなんら検討をしておりません。そういう意味において、これは一つの課題でもあろうかと思いますが、消費者契約と言っている契約は、そういうような経済的財産的価値の移転ということを前提とした契約を意味しているのかどうかという、これが大きな分かれ目になろうかと思います。それから特殊身分社会の身分取得というような内容の契約も想定しているかというようなことも問題になろうかと思います。

それからもう一つは、学費返還請求についても民法上の不当利得、あるいは信義則違反、あるいは公序良俗違反との関係においてどう解するかということについて言及したまでありまして、消費者契約法の適用との関係、特に第一〇条との関係については言及しておりません。ただ、消費者契約法第一〇条は一般的に否定をして、そして、信義則に反する場合は無効だと言っているわけで、信義則に反すると言っているのは一体何を規準にしているのかということについては、従来の民法の理論において、信義則に反するとされたようなものを想定しているという説明がなされていたと思います。とするならばこれまでのような判例の傾向から行きますと、第一〇条でいっている時点で適用される公序良俗違反と言われている内容は、そんな特殊なものであるわけはないのではないかという感じがしないわけではありません。

それからもう一つ、学生側の事情やあるいは対応との関係です。これについても今回の話ではなにも検討をしておりませんんで、在学契約とはどうなのかと言っているだけであります。例えば不当利得返還請求をする場合には、学生側がクリーンハンドの原則にかなっていなかったというと、これは不当利得返還請求を認めないと、不法原因給付であるとこんなことにも繋がっていく可能性もないわけではありません。

もう一つは消費者契約法の適用と、消費者の利益を一方的に害して信義に反するということを言っているわけですから、一方的に害するというようなことになると、学生側の対応はどうであるかということとの関係付けというようなものも考えなければならないのかなと思います。この点についても私はここでは言及をしていないというようなことを前提として何らかの参考にしていただければと思います。どうも有り難うございました。

17　大学学納金等返還請求事件京都地裁判決について

［京都地裁平成一五年七月一六日判決　判時一八二五号四六頁］

一　事実の概要

本件の事実を要約すると、以下のようである。X_1らは、学校法人Y_1らが設置する大学の入学試験に合格し、入学金、授業料等学納金を納付した。しかし、入学式に欠席したため約定により在学契約が解約され、あるいは入学を辞退したため在学契約が解約された。そこで、X_1らは、Y_1らに対して納付した入学金、授業料等学納金の返還を請求した。これに対して、Y_1らは学納金は入学資格を取得、保持するための対価であり、学納金不返還特約のあることを理由に拒否した。X_1らは、学納金不返還特約は消費者契約法九条一号、一〇条に違反し無効であること、さらに公序良俗にも違反し無効であることを主張して争った。

二　判　旨

1　学納金返還義務の有無

(1)　在学契約の性質及び成立　「在学契約は、学生が大学等を設置する学校法人に対して、大学等の目的に応じた講義、実習、実験等の狭義の教育活動を自己に行い、関連する様々な役務の提供という事務を委託する準委任契約の性質のほか、学生が大学等の施設を利用することができるという施設利用契約の性質などを有する無名契約であって、学則中の大学等と学生との関係に関する部分、入学手続要項に記載された内容は、一種の約款としてその在学契約の内容の一部となっているものと解するのが相当である。」「係る在学契約は、入学試験に合格をした入学希望者が、大学等の所定の入学手続を履践することが在学契約の申込みに当たり、大学等が、異議の留保することなくこれを受領することが黙示の承諾の意思表示に当たりこれによって在学契約は成立する。」「その在学契約も、その年の四月一日を始期とする。」

⑵　学納金の性質　「在学契約は、準委任契約、施設利用契約等の性質を併せ持つ有償双務契約であるから、学生が大学等に支払う金銭は、特段の事情がない限り、その名目にかかわらず、広い意味では、すべて大学等が提供する狭義の教育活動、その他の役務、施設利用の対価と解するのが相当である。」「もっとも、『入学金』を代表とする入学時のみに支払を求められる費目は、大学等の提供する諸種の便益を受ける学生としての地位を取得するについて、一括して支払われるべき金銭であって、入学に伴って必要な大学等の手続及び準備のための諸経費に要する手数料としての性格を併せ有するものであり、その他の学納金は各学年における狭義の教育活動、その他の役務、施設の利用の対価と解するのが相当である。」

⑶　「在学契約の解約」と「学納金の返還」　「在学契約は、学生が大学等から継続的に教育指導その他の役務の提供を受け、大学等の施設を利用し得ることを主な内容とする契約であるから、学生が、当該大学等の学生たる地位を消滅させ、当該大学等における役務の提供を受けず、施設を利用しない旨の意思を明らかにした場合には、教育上もその意思が最大限尊重されるべきであって、学生ないし入学希望者は、在学契約をいつでも将来に向かって解約することができ（民法六五一条参照）、その場合、有効な特約の存しない限り、在学契約の解約に基づき、前払費用及び前払報酬としての性質を有する既払い学納金のうち、既履行部分の報酬及び費用に相当するものを控除した金額の返還を請求するこ

とができると解すべきである。」

2　学納金不返還特約の効力

⑴　消費者契約法の適用の有無　X_1らは同法にいう消費者であり（同法二条一項）、Y_1らは同法にいう事業者に当たる（同法二条二項）から、「在学契約は、消費者契約であり、労働契約には当たらないから、同四条以下の消費者契約の申込み又はその承諾の意思表示の取消し及び消費者契約の各項の無効に関する規定が、上記在学契約に適用されることは明らかである。」「在学契約が公法的規制を受けていること、私立の大学等が社会において重要な役割を果たしていることも、消費者契約法が在学契約に適用されないとする根拠となると解することはできない。」

⑵　学納金不返還特約と消費者契約法九条一号　「在学契約を締結した者が、入学以前あるいは入学の直後までに在学契約を解約することとは、大学等の不利な時期に解約をするものであり、原則として大学等に対して損害を賠償する義務を負う（民法六五六条、六五一条二項参照）ところ、学納金不返還特約は、係る場合に学納金を返還しないことを定めたものであるから、Y_1らが入学辞退者に対して有する損害賠償請求権に係る金額を既払いの学納金の額と予定する特約と解されるから、消費者契約法九条一号にいう『当該消費者契約の解除に伴う損害賠償の額を予定し、又は違約金を定めた条項』に該当するというべきである。」

「在学契約の解消により大学等が被る平均的損害」「の金額は、事業者が主張立証責任を負うと解すべきである。」「在学契約が解約された場合の平均的損害の額は、四年間又は二年間の在学期間中に納入する総学納金相当額である旨を主張する」が、追加合格や補欠募集により不足分をある程度補うことが考えられること、在学期間を通して必要な事務経費及び教育役務提供に必要な費用を減額するとも考えられるところ、「これらによる損害回避の可能性がないこと、あるいは、学生数の減少に伴って経費の減額が生じないことについて何らの具体的な立証をしない」「当裁判所がこれによって区別された平均的損害の主張を促しても、係る平均的損害について主張も立証もしない。」そうすると「結果的に平均的損害はないものとして扱うほかなく、その結果、学納金不返還特約は、……その全体が無効であることになる。」

「複数の大学等の入学試験を受験し、複数の大学等の入学試験に合格する者も相当数存在することは公知の事実であるところ、入学手続をして在学契約を締結したものの、その後、入学を辞退したものが既納の学納金のうち平均的損害額を超える部分の返還を受けられるとすると、入学手続を完了した者のうち現実に入学をする者がどれだけいるのかの予測が当初は困難になること、その結果、収容定員を確保することができなかったり、逆に実際に入学した者が収容定員を大幅に超過したりすることが生じるおそれがないとはいえないし、収容定数の不足を解消するため追加合格や補欠募集を行うと、入学者の質を一定に保てないというY_1らの懸念も理解できなくはない。」「しかし、Y_1らにおいて、その平均的損害の額を明らかにすることによっても、前記のような事態を避けることは可能とも考えられるから、上記のようなY_1らの主張を考慮しても、前記の判断に変わりはない。」

三　解　説

1　序

大学学納金等返還訴訟は、昨年九月現在、六六大学を被告として全国的に展開されている。また、和解も七大学に及んでいる。その主な論点を要約するとつぎのようである。学生側（原告）は、①在学契約は準委任契約であり、②学則を根拠とする学生募集要項上の「不返還特約」は公序良俗に反する暴利行為で無効であり（民法九〇条）、かつ③消費者契約法九条による違約金・損害賠償額の予定の定めについては、平均的損害額を超える部分については無効とされているところからすみやかに返還すべきであるなどと主張する。これに対して、大学側（被告）は、①在学契約は、準委任契約ならば大学も一方的に解除できるはずであるが、学生を退学させるには学校教育法に規定される内容に限定されていること、②公序良俗違反にならないとする判例（東京地判平成四六・四・二二判時六四二号四二頁）があること、③消費者契約法の適用対象外であることなどを主張して反論している。

ところで、かかる一連の大学学納金等返還訴訟提起前の入学納入金返還に関する諸見解は以下のようであった。（ⅰ）「返還しない旨の定め」は無効であり不当利得にあたるとする見解（前掲、東京地判昭和四六・四・二二の訴状）、（ⅱ）一部返還を肯定する見解（尾山宏「入学金返還請求をめぐる法律問題」現代の学校二号六五頁以下）、（ⅲ）不当利得に当たらないとする見解（前掲、東京地判四六・四・二二）、（ⅳ）公序良俗違反否定見解（大阪簡判昭和三八・八・五判時三五二号七二頁、同旨、浜秀和「私立学校入学金の返還請求」教育判例百選（第二版）一六二頁）、（ⅴ）入学納入金は解約手付金たる性質をもち、その放棄により無理由で在学契約を解除できると解する見解（伊藤進編著契約法二六二頁（新美育文））、（ⅵ）入学納付金は、それを予算として学校側の人的物的施設の準備が行われているのであるから、不返還特約は信義則に違反しないと同時に、右特約がなくとも返還される必要がないとの見解（伊藤進編著・契約法二六一頁（伊藤））、（ⅶ）学納金の納入によって入学手続が完了し、学校という部分社会への加入と学生身分地位の取得が生じているのであるから出損による目的は達成されていると解する見解（伊藤進「教育法と私法」教育私法論一八頁）、（ⅷ）自主的改正を求める見解（兼子仁・教育法二一八頁）などがみられた。これをみると一連の訴訟提起前においては、民法上の問題として捉えて返還を認めないのが判例、通説であったといえる。

これに対して、公表されている一連の学納金等返還訴訟判決の状況は、以下のようである。消費者契約法施行前の事案では、入学金返還と入学金以外の学納金返還とに分けて判断している。前者については学生としての地位の取得の対価であり一種の権利金であるとか、大学が既に履行した手続や準備のための諸経費に要する手数料等であって、入学を辞退したからといって返還すべき義務を負う性質のものではないとする。後者については教育役務提供事務を委託している点を本質とする準委任ないし準委任類似の無名契約に基づく前払費用ないし前払報酬であって、入学辞退により本質的な給付である教育役務の提供を全く受けていないにもかかわらず返還を求めることができないことは明らかに合理性を欠き、返還義務がある。しかし、学納金不返還特約には合理的な理由があり公序良俗に違反するものではないから、この特約に基づき返還請求は理由がないとする（大阪地判平成一五・九・一九判時一八三八号一〇四頁、大阪地判平成一五・一〇・九（平成一四年(ワ)九六〇九号下級裁主要判決情報）。このことから、従来の通説同様に、学納金等の返還につき消極に解している。

消費者契約法施行後の事案でも、入学金返還と入学金以外の学納金返還とを分けている。前者については、ほぼ施行前事案の判旨と同様に返還義務を負うものではないと解している。これに対し、後者については、学納金不返還特約は民法九〇条や消費者契約法一〇条に違反するものではないが、その特約の内容は解除に伴う「損害賠償の予定ないし違約金」条項に該当し、消費者契約法九条一号の定める平均的損害の範囲を超える部分については無効と解されるが、入学辞退に伴う平均的損害の範囲についての立証がないか、あるいは学納金全額がその範囲を超えるものではないとは認められないことを理由として、入学金以外の学納金の返還を肯認している（大阪地判平成一五・一〇・六判時一八三八号一〇四頁、東京地判平成一五・一〇・二三（平成一四年(ワ)二〇六四二号、一三六七九号、二四二四五号下級裁主要判決情報、大阪地判平成一五・一〇・一六（平成一四(ワ)六三七七号下級裁主要判決情報）。

以上の判例の状況から、本件判決は、消費者契約法施行後の事案についての判決と基本的には共通するものである。本件判決を素材として、学納金等返還につき若干の解説を加えることにする。

2　在学契約の性質及び成立

学納金等返還の当否を考えるにあたっては、大学と学生との在学関係をどのように捉えるかが重要になる。この在学関係の法的性質については、見解の分かれるところである（拙稿・前掲書四六頁以下参照）。ただ、私立大学と学生との在学関係については、在学契約とみるのが一般的である。ただ、かかる在学契約の法的性質については見解が分かれている（詳細は、拙稿・前掲書五三頁以下）。大別すると私法上の契約とみる立場、教育法上の特殊契約とみる立場に分かれている。本件判決を始め一連の学納金返還訴訟判決では、私立大学と学生の在学関係は契約であり、かつ私法上の契約と解することで一致している。

ただ、かかる契約の法的性質については、若干の相違がみられる。本件判決は、大学による教育等の役務の提供と教育施設の利用を内容とする準委任類似無名契約と解している（同旨、大阪地判平成一五・一〇・六判時一八三八号一〇四頁、大阪地判平成一五・一〇・九（平成一四(ワ)九六〇九号下級裁主要判決情報、大阪地判平成一五・一〇・一六（平成一四(ワ)六三七七号下級裁主要判決情報）。これに対して、教育役務等の提供と教育施設の利用の他に学生身分の取得、卒業認定、学位授与をも内容とする双務有償契約であるとする見解（京都地判平成一五・一一・二七（平成一四(ワ)一八一五号、二六六一号、九九〇号下級裁主要判決情報）、「在学契約は、人的、物的教育施設の利用関係及び教育遂行関係並びに学生たる地位の取得関係など複合的な要素を包摂しているばかりでなく、教育法の原理及び理念による規律を受けることが当然に予定されているという意味において、取引法原理に適合しない側面を有しているので、同じ非法律行為の事務の委任を目的とする準委任契約には該当しないといわざるを得ず、かつ、その事務の本質的な特徴にかんがみれば、同契約に類似した無名契約ということはできず、教育法の原理及び理念により規律されることが予定された継続的な有償双務契約としての性質を有する私法上の無名契約」と解する教育的身分取得契約説（前掲、東京地判平成一五・一〇・二三）などがみられる。

ところで、私立大学と学生との在学契約の基本的要素についてみると、①大学の継続的教育役務提供義務（東京高判昭和五二・一〇・六判時八七〇号三五頁）、②学生の教育と学術の研究とを目的とする教育研究施設（最判昭和五二・三・一五民集三一巻二号二三四頁）の利用関係、③教育及び研究の施設としての大学の内部規律を維持し、教育目的を達成するための自律作用（最判昭和四九・七・一九民集二八巻五号七九〇頁）のために、「学則等によりこれを規定し、実施することのできる自律的、包括的な権利を有し、一般市民社会とは異なる特殊な部分社会を形成」している大学（最判昭和五二・三・一五民集三一巻二号二三四頁）に加入しその身分地位の取得、④公共的使命と責務及び高度な教育的配慮を必要とし経済的価値の移転を目的とする取引契約とは異なることなどがみられる。これらのことからすると、在学契約の法的性質は、教育施設の利用関係の要素、教育実施役務提供ないし事務処理としては無形の仕事の要素と、研究及び教育の施設である大学という特殊部分的学校社会への加入・身分地位取得という要素を包括したもので、これまでの私法上の契約ではみられなかった要素を包括したとたろの私法上の無名契約と解する（拙稿・前掲書六二頁）のが妥当ということになる。それは前述した教育的身分取得契約説と同旨ということになる。

3　学納金の性質と返還義務

ついで、学納金の性質については、本件判決は、その名目にかかわらず「すべて大学等が提供する狭義の教育活動、その他の役務、施設利用」すなわち準委任契約、施設利用契約等の性質を併せ持つ有償双務契約の対価であると解している。そして、このことを前提とした上で、入学金は「入学に伴って必要な大学等の手続及び準備のための諸経費に要する手数料」としての性格を有し、学生が入学手続をし学生としての身分を取得した以上は大学は入学金に対応する契約上の義務を履行したことになり、学生の入学辞退によっても返還を求めることはできないとする。また、入学金については入学手続上の諸費用に充てられるほか、在学契約上の地位の取得いわゆる「滑り止め」として大学に入学し得る地位の取得の対価であるから、入学辞退によって返還請求できないと解する判例もみられる（前掲、大阪地判平成一五・一〇・一六、前掲、東京地判平成一〇・一〇・一三）。いずれにしても、入学金に関してみれば、その返還請求を認めないとするのが判例であり、妥当な見解といえる。

入学金以外の授業料等学納金については、本件判決は準委任類似無名契約の立場から、教育役務、施設利用の対価の前払費用及び前払報酬としての性質を有し、学生の入学辞退により学生たる身分が消滅し、役務の提供を受けず、施設を利用しないことになるのであるから、これらの返還を請求できるとする。すなわち、準委任処理費用ないし報酬の前払金の返還と同視するものである。さらに、教育的身分取得契約説の立場に立ちながら、大学が提供する人的・物的教育施設の利用及び教育的役務の享受の対価であり、かつ立替払的費用であるとした上で、大学側からの一方的な解除を許さないことに注目すると準委任に類似したものとして処理することはできない。学納金不返還の合意は、学生の任意解約権を行使したことによって大学に生ずる損害を塡補するための一定額の負担の合意と解すべきであるとし、この合意の有効性を問題とする判例もある（前掲、東京地判平成一〇・一〇・一二）。しかし、授業料等学納金を、語学学校のように、教育実施役務提供のみと直接的に対価関係に立つとする、これら判例の見解には疑問が生ずる。在学契約の法的性質を教育的身分取得契約であると解するときは、入学金以外の学納金は学生が教育と研究の施設としての特殊部分社会的性質を有する大学に在籍することに対する対価ということになる。そうだとすると、学納金の返還は単なる教育役務の提供及び施設利用のための費用及び報酬の返還と解することはできない。すなわち、在学契約目的不達成に伴う不当利得返還請求と異なるものであるし、民法六五一条二項の適用ないし類推適用の問題として捉えることも妥当でない。また、損害の塡補的性格を有するものでもない。損害の塡補とすれば、どのような損害の塡補になるのか明らかでない。それは、納入した学納金に対応して、本来ならば教育と研究の施設である大学という特殊部分社会に継続して在籍できた部分の返還を意味するものと解される。すなわち、学生たる地位身分を継続することの対価の返還を意味するものであり、学納金不返還の特約はこのような対価を返還しないことの約定ということになる。

ところで、このような学納金不返還特約の効力については、その有効性がまず問題になる。本件判決は、このことについては言及していないが、それが有効であることを前提として消費者契約法九条の問題として処理している。しかしこのことに関しては、学納金は教育役務の対価であるとしながらも、大学は随時入学可能な語学学校とは異なること、浪人生活による経済的精神的負担を極力回避したいという心理に基づくものであることを理由（前掲、大阪地判平成一五・一〇・九）として、あるいは在学契約を教育的身分取得契約としながら、大学における教育は集団的かつ統一的に行われる特質があり、そのために必要な人的・物的教育施設も一体的に用意しなければならないこと、これらの教育事業を円滑に実施するには予算を組んで学納金等の諸収入について予測を立て必要な人的・物的教育施設を用意しなければならないこと、一部の学生が途中で退学しても人的・物的教育施設を縮小したり予算上の支出計画を変更することが困難であること、退学によって生じた欠員を編入学により直ちに補充し塡補することは困難なことなどから、学納金をそのまま取得し補塡に充当することは不合理でないこと、一方、このような特約は学生の窮迫、軽率、無経験などに乗じたものでもないことを理由として、公序良俗（民法九〇条）に違背するものではないとする判例などがみられる（前掲、東京地判平成一五・一〇・二三）。しかし、学納金は大学の人的・物的教育施設の準備に止まるものではない。それは、学生の教育と学術の研究とを目的とする大学という特殊な部分社会の形成と維持のために、かかる部分社会に加入する学生から徴収するものであるから、かかる特殊部分社会の一員となることが予定されていた学生が辞退したからといって、それに伴って返還されるべき性質のものではないのである。

4　学納金不返還特約と消費者契約法

本件判決は、学納金不返還特約は、消費者契約法九条一号の「損害賠償の額を予定し、又は違約金を定めた条項」に該当するとする。一連の判決も同様に解している。

そこでまず、在学契約自体、消費者契約法の適用になる消費者契約といえるか問題となる。いずれの判例も、学生は消費者契約法二条一項に規定する消費者であり、大学は同条二項に規定する「事業者」であるとして、これを肯定する。しかし、その両者間で締結される契約は、前述したように「経済的価値の移転を目的とする取引契約」とはいえない特質を有していることからすると、消費者契約法の経済的取引関係にある者について市場原理メカニズムの確保という基本的趣旨との関係で若干の疑問が残る。

そこで、この点の検討は後日に留保することにすると、まず消費者契約法一〇条が問題になる。本件判決は、このことについては言及していない。しかし、前述のように学納金は、学生の教育と学術の研究とを目的とする大学という特殊な部分社会の形成と維持のために、かかる部分社会に加入する学生から徴収するものであることからすると、それを返還しない特約は信義則に反するものといえない（同旨、前掲、大阪地判平成一五・一〇・九）であろう。

5　消費者契約法九条一号の平均的損害

そこで、学納金不返還特約に消費者契約法が適用されるものであることを前提とすると消費者契約法九条一号の平均的損害との関係に問題が集約されることになる。本件判決は、平均的損害の立証は大学側にあるにも係わらず、その「主張を促しても、係る平均的損害について主張も立証もない」ことから、学納金不返還特約は全体として無効であるとしている。また、大学が、入学予定者数、入学者数の当初予測、入学辞退者数、入学者の受入れに支出した費用、入学予定者の欠員の補充可能性などを具体的に立証しない限り、平均的損害が生じると認めることはできないとする判例もある（前掲、東京地判平成一五・一〇・二三）。このようにいずれの学納金返還訴訟においても、大学が、平均的損害を立証できなかったことの結果として、学納金全額の返還が認められているのである。

ところで、学生の入学辞退に伴う平均的損害を立証することが、それほど困難なことであろうか。また認められる可能性のないものであろうか。

確かに、在学契約を教育役務の提供と教育施設の利用を目的とする準委任類似の無名契約であり、学納金は、その対価であるにすぎないと解する限りにおいては、困難である。現に、入学辞退による定員割れの可能性に伴う損害の主張に対しては、「入学辞退により定員割れが生じ得ることを踏まえたうえであらかじめ合格者の調整を図るべきであり、定員割れのリスクは大学において甘受すべきである」と指摘する判例（大阪地判平成一五・一〇・六判時一八三八号一〇四頁）のような見方をすると何を主張しても無理であろう。しかし本件判決も指摘しているように、①学生数の減少に伴っては経費の減額が生じないことについての具体的な立証、②入学者の補充の可能性の有無、③追加合格や補欠募集を行うことにより入学者の質が一定に保てないこと、さらには④語学学校と異なり学術水準を維持し研究成果を発揮するには入学者数のみならず入学者の学力水準及び多様性を確保することが重要であること（前掲、大阪地判平成一五・一〇・九)、⑤大学では人的・物的教育施設も一体的に用意しなければならないことから一部の学生が途中で退学しても予算上の支出計画を変更することが困難であること（前掲、東京地判平成一五・一〇・二三）などの判例の指摘などからすると、その立証はさほど困難なものではないのではないかと推測される。さらに加えて、一部判例のように在学契約を教育的身分取得契約であり学生の教育と学術の研究とを目的とする大学という特殊な部分社会の加入に係わる対価であるとの視点を強調することによって、一部学生の入学辞退によってもその教育事業経費は軽減されるものではなく、仮に入学辞退学生に学納金を返還することになれば、それは入学辞退に伴って生ずる大学の平均的損害である旨を主張立証することが可能ではないだろうか。もっとも、現実の大学の状況においては、通常、私立大学は設置基準とされる収容定員を超過して学生を受け入れていることから、入学辞退によってかかる収容定員割れの生ずる可能性のない限り学納金の返還による平均的損害が生じたとの立証は困難であるかも知れない。しかし、設置基準による収容定員が厳格に守られており、それを維持することを前提として入学者選抜が行われている場合には、入学辞退に伴う追加合格の時間的余地のない時点での辞退者との関係では、学納金の返還により前述のような平均的損害の生ずることは容易に肯認されてよいであろう。

18　いじめ自殺

一　問題の所在

「いじめ」自殺被害は、学校事故のうちでも最も深刻な問題である。教育の場においては許されないことであり、子どもの人権の問題でもあって、社会的にも深刻である。そして、「いじめ」自殺被害に対する学校の賠償責任を考えるにあたっては、とくに、自殺は被害生徒の意思的行動であり自招事故的要素のあることから、学校側においては自殺を予見することが困難であるということが特に問題になる。学校側としては被害生徒の自殺まで予見できなかったのであるから責任はないともいえるし、被害生徒側としては「いじめ」について認識しながら適切な措置がとられていない結果であるとして責任を負うのは当然ともいえるからである。すなわち、被害生徒の自殺に対する予見の問題を要件論や責任論においてどのような位置づけるべきかの問題である。

二　判例・学説の動向

1　いじめ被害の認定

「いじめ」については定義が確立しているわけではない(1)。この点を「いじめ」自殺事故事例に限ってみると、中野富士見中いじめ自殺事件一審判決(2)は被害生徒が中学二年生の二学期頃から加害生徒らのグループと交遊を始め、使い走りや鞄持ちなどをしていたが、一一月中頃には、被害生徒が死んだことにして「葬式ごっこ」を行い、教師四名を含む生徒らが色紙に寄せ書きをする等し、また休憩時間に顔にフェルトペンで髭のような模様を書き込まれ廊下を歩かされるなどした。その後、一二月になって被害生徒がグループから離反する傾向を示すようになると、暴行を加えたり、公園で上半身を裸にして滑り台に寝そべるなどを強要し、被害生徒が新しい友人といると、殴る蹴るの暴行を加えるなどを繰り返されてきたことから、「このままじゃ『生きジゴク』になっちゃうよ」との遺書を残して自殺した事案で、一二月頃までの実態は「悪ふざけ、いたずら、偶発的なけんか、あるいは、仲間内での暗黙の了解事項違反に対する筋をとおすための行動又はそれに近いものであっとみる方がより適切であって、それは集団による継続的、執拗、陰湿かつ残酷ないじめという色彩はほとんどなかったものということができる。」、また、いわゆる「葬式ごっこ」は「被害生徒が当時これを自分に対するいじめとして受け止めていたことを認めるに足りる証拠はなく……ひとつのエピソートであるに過ぎない」とし、「いじめ」被害であることを否定している。さらに、岡山中学校自殺事件判決(3)では、中学三年生の生徒が、一年生の頃に「エイズ」などと呼ばれり、給食の後片付けにからんで給食の残りのみかんの皮やパン等を投げつけられたり、治療費として二〇〇〇円を要求され、支払わなかったがために殴る蹴るなどの暴行のほかさらに土下座を強要されたり、告げ口をしたことの報復をほのめかし、無抵抗で殴る蹴るの暴行を加えられたことなどの事情のもとで、「殺される」「ふくろだたきにあいそうだ」と書かれた遺書を残して、学校で首吊り自殺をした事案で、「エイズ」と呼んで嫌がらせをしたことを認めるに足りる証拠はなく、中学校側で対応した結果、沈静化したことも明らかであり、さらに、「いじめ」グループが存在したが継続的かつ反復的に暴行脅迫恐喝等を伴う「いじめ」がなされていた事実をうかがわせるような証拠は全くなくとしていじめの存在を否定している。これに対して、いわきいじめ自殺事件判決(4)は、被害生徒は同級生である加害生徒らによって、中学一年生の時から子分のように扱われ、暴行や金銭強要を受け、二年生以降しだいにエスカレートし、金銭強要は頻々かつ多額になり、暴行も激しくなった。そこで、始めのうちは教師にこのような事実を訴えたが、加害生徒らは、教師の指導を受けても反省することなく、かえって被害生徒に対して報復の暴行を加える状態であったことから、それ以後は、いじめの事実について沈黙もしくは否定するようになった。それでもなお、加害生徒らから多額の金銭強要を受けたために空き教室で盗みを行い教師に発見され金銭強要を告白したため、加害生徒らに追い回されることになったことから、自殺をした事案で、被害生徒と加害生徒の関係は支配と被支配の関係がますます強められ、そのような関係の中で、暴行や金銭強要その他を受け続けていたものであって、これはまさに近時大きな社会問題化しているいわゆる「いじめ」そのものにほかならず、それも極めて程度の思い悪質なものであるとして、「いじめ」被害の問題として位置づけている。また、前述の中野富士見中いじめ自殺事件の控訴審判決(5)は、本件グループの生徒らの被害生徒に対する仕打ちのうち、使役以外の一連の出来事もいずれもいじめに該当するし、いわゆる葬式ごっこは教諭が加わっていた点で特異なものであり、その軽率な行為によって集団的いじめに加担したに等しいものというべきであり、いじめと目すべきものといわなければならないと判示している。さらに、新潟いじめ自殺事件判決(6)では、高校生が級友から繰り返し暴行を受け、金員を脅し取られ、更には級友の所持品の窃盗犯人に仕立てられたりするなどのいやがらせを受けたため登校日に校内で首を吊り自殺した事案では、「いじめ」であるか否かは直接に判示していない。

ところで、「いじめ」については、中野富士見中いじめ自殺事件第一審判決では、「現下の生徒間のいじめの問題の構造は、主として、学級を中心とした生徒集団内において、弱いものがより弱いものを標的として攻撃し、自分の存在の安定を求め、地位の安定を図ろうとしてする集団的な状況における人間関係の衝突の場で生ずる逸脱行動のひとつであって、現代社会の歪みを色濃く反映しているものとされている。また、生徒間のいじめは、その手段又は方法において、冷かし・からかい、言葉でのおどし、嘲笑・悪口、仲間外れ、集団による無視、物品又は金銭のたかり、持物を隠す、他人の前で恥辱・屈辱を与える、たたく・殴る・蹴るなどの暴力等、いじわるの域を出ないようなものから、道徳・倫理規範上の非違行為、更には、それ自体が犯罪行為を構成するようなものまで、多種多様にわたるものである」

としている。これは警察庁（一九八七年（昭和六〇）犯罪白書）や文部省が「いじめ」の特徴として指摘するところと共通するものである。すなわち、社会的問題とされている現代の「いじめ」は、支配と被支配のなかで、単独または集団で、特定人に対して、身体への暴行のほか、言動による脅し、いやがらせ、仲間はずれ、無視などの心理的圧迫を反復継続的に、執拗、陰湿、巧妙かつ残酷に行われるのが、その特徴である(7)。

「いじめ」の特徴がこのようなものであるとすると、富士見中学いじめ自殺事件では、現代における「いじめ」の特徴がはっきりとみられるのではないかと思われる(8)ことから、控訴審判決は妥当といえよう。また岡山中学いじめ自殺事件については暴行、金員強要などがあったかどうかの事実認定にかかわる問題であることから、その当否を正しく批評することはできないが、問題とされている事実が全くなかったと言うのであればともかく、そうでない限りは、「いじめ」であることを前提として考えるべき事案ではなかったかと思われる。ところで、「いじめ」自殺事例で、「いじめ」認定につき、このように慎重なのは、自殺を「いじめ」によるものであると認定することに躊躇を感ずるからであると思われる。しかし、「いじめ」があったとしても、それが自殺の原因であるか否かは因果関係に係わる問題であって、「いじめ」認定の段階で操作すべきではないであろう(9)。

2　「いじめ」自殺被害と過失

つぎに、「いじめ」自殺被害においては、教師や学校に過失があったといえるかどうか問題になる。いわきいじめ自殺事件判決では、「学校側の安全保持義務違反の有無を判断するに際しては、悪質かつ重大ないじめはそれ自体で必然的に被害生徒の心身の重大な被害をもたらし続けるものであるから、本件いじめが被害生徒の心身に重大な危害を及ぼすような悪質重大ないじめであることの認識が可能であれば足り、必ずしも被害生徒が自殺することまでの予見可能性があったことを必要としない」として過失を認定している。また、中野富士見中いじめ自殺事件控訴審判決では、教師らは、本件グループ内では被害生徒は子分的な立場にあり、他のメンバーらからいじめの対象とされるおそれのあることを予見していたこと、暴力の行使を含むいじめを受けていることを繰り返しそれぞれ目撃し、他の教師から連絡を受けるなどして認識していたばかりでなく、問題行動は次第に悪質化し暴力的色彩をますます強めて、そのため同校内は異常事態となっていたこと、いじめ問題の理解といじめに対する指導の在り方等に関する各種資料が繰り返し多数配布され被害生徒の置かれていた状況はこれらの資料等で取り扱われていたいじめと同質のものであること、また被害生徒からの助けを求める訴えに対しても、教師の側としては対応を全くしなかったといってよい状況であった結果、被害生徒がいじめに長期間にわたってさらされ続け、深刻な肉体的、精神的苦痛を被ることを防止することができなかったものであるから、教師らには過失があるというべきであると認定している。これに対して、新潟いじめ自殺事件では、自殺は人の内心に深くかかわるものであって、他人がこれを予見するということは、当該本人が遺書をのこして所在不明になるとか、異常な精神状態にある者が絶えず死を口走り自殺を試みようとするなど、自殺を裏付けるような当該本人の言動が他人に認識し得る形で現出しない限り極めて困難なことであるから、認定の一連の事実から直ちに教師が自殺を予見し、これを防止する措置がとれたと認めることは困難であり、自殺を防止できなかったことについて過失があると断定し得る証拠はないとしている。また岡山中学いじめ自殺事件判決でも自殺について責任を問うためには、学校側において、加害行為当時、被害生徒の自殺を予見することができる状況（予見可能性）が存することが必要であり、結果的にみて、被害生徒が自殺してしまったことからすると学校側は、被害生徒の真意を汲み取るに至っていなかったといえ、また、今となってみれば、「先生」宛の手記に死に関する記述や、自殺の当日、登校時間になってもぐずぐずし嘔吐の様子を見せていたことなど真意をかいま見せていたものとも評価し得るけれども、その兆候は顕在化していなかったし、全体の状況経緯などからすると、やはり、学校側に自殺の予見が可能であったとすることはできないことから、被害生徒の自殺について、学校側に義務違反の存在は認めることはできないとして過失を否定している。

これらの判例で共通しているのは、過失の認定にあたって、結果を予見し（結果予見義務）、かつ回避することができたかどうか（結果回避義務）を問題にしていることである。このことは、過失についての従来の判例、通説によるものである。ただ、過失認定のための結果予見義務の判断にあたって予見の対象につき見解が分かれている。いわきいじめ自殺事件判決は「悪質重大ないじめであることの認識が可能であれば足り、必ずしも被害生徒が自殺することまでの予見可能性」は必要ではないとし、中野富士見中いじめ自殺事件控訴審判決では、「いじめ」についての予見を問題にしているのに対して、新潟いじめ自殺事件では「自殺の予見が可能であったとすることはできない」として見解が分かれている。そこで、「いじめ」自殺被害における過失に認定にあたって、予見の対象は、「いじめ」自体についてでよいか、「いじめ」による被害としての自殺についてまで予見していなければならないのか問題になる。

なお、学説においても、自殺そのものが予見の対象であるとするならば、ほとんどの場合に過失が否定されるとか[10]、本人が自殺することを表明しない限り予見可能性があったとはいえないことになりかねないことから、いじめ社会の実態とずれてしまうのではないかとの批判[11]、悪質かつ重大ないじめにより被害生徒が自殺に至る可能性のあることは一般に指摘されているところであることから、このため「いじめ」について予見可能性があるだけでよいと解すべきではないかとの見解が多くみられる[12]。

ところで、過失認定の前提となる予見可能性については、「行為当時、行為者が現に認識していた事実および通常人（職業・立場等を基礎として類型的通常人）が認識可能であった事実を基礎として、社会生活一般的に要求される基準（結果回避義務）を定立するに際し、その回避すべき対象としてどのような内容の損害結果（危険）を通常人が一般的に予見・想定できるかということで」客観的・類型化されたものであり、相当因果関係判断のための加害者の主観的・具体的予見可能性と区別する必要があるとする指摘[13]がみられる。不法行為における過失については、客観化、定型化された抽象的過失でよいとする通説[14]からすると、妥当な指摘といえる。そこで、このことを前提として、いわきいじめ自殺事件判決については、学校側の「悪質重大ないじめ」であることの認識さえあれば、通常人にとって予見可能な「被害生徒の心身に対する重大な被害」の発生を防止するための結果回避義務が生じ、学校側に被害生徒の自殺についての具体的予見可能性がなくても、右結果回避義務に違反すること自体で直ちに過失の成立を認めたものであると解説されている。[15] それでは、「いじめ」自殺事故で、「回避すべき対象となる損害結果（危険）」は「いじめ」自体なのか、自殺なのかである。「いじめ」自殺被害は「いじめ」という加害行為が継続的、反復的になされた結果の積み重ねとして顕在化するものであり、「自殺は『いじめ』被害の一内容」[16] にすぎないとみることができることから、「いじめ」自体を回避の対象とみるべきであり、この「いじめ」について、予見、想定できていたかを判断するだけでよい。もっとも、「いじめ」自殺被害は、学校教育に内在する危険の顕在化としての教育内在型事故と解することはできないが、教育活動と密接な関係において生ずる教育外在型事故としての特色をもつものであることから、[17] 教育専門家としての立場にある者が予見、想定できたか否かを基準とすべきである。

3　「いじめ」自殺被害と因果関係

自殺は、直接的には被害生徒の意思的行動によるものであることから、学校側の過失と「いじめ」による自殺との間の因果関係が特に問題になる。いわきいじめ自殺事件では、自殺直前の経緯からすれば「学校側の過失と被害生徒の自殺との間に相当因果関係があるものということができる」としている。中野富士見中いじめ自殺事件第一審判決では、教師には、「身体への重要な危険又は社会通念上許容できないような深刻な精神的・肉体的苦痛を招来することが具体的に予見できた」としながらも、自殺に関しては「いかに一中学生の自殺であるとはいえ、それが一個の人間の意図的行為であることには変わりはなく、その最後の一瞬におけるまでその者の意思に依存するものである。そして、人がいかなる要因によって自殺への準備状態を形成し、それとの相関的な関わりにおいて何を直接的な契機として自殺を決行するに至るかの心理的・精神医学的な機序は、外部的にはおよそ不可視であって、明白に自殺念慮を表白していたなど特段の事情がない限り、事前に蓋然性のあるものとしてこれを予知することはおよそ不可能である」として、因果関係を否定している。ところが、中野富士見中いじめ自殺控訴審判決では「被害生徒の自殺の動機を直接知ることはできないが、認定したような事実や遺言の内容からすれば、いじめが自殺の原因であることは明らかというべきであり、被害生徒が自殺に至ったについては学校側の対応の不十分、家庭環境の不安定、控訴人らの保護能力の薄弱等の問題点も指摘できるにせよ、少なくともいじめが自殺の主たる原因であることは疑いを入れない」として因果関係を認めている。他方、本件いじめと一郎の自殺との間に因果関係があることは前記のとおりであるが、自殺についても損害賠償責任があるとするには、学校の教員らにおいて、いじめにより自殺するに至るということについて、その当時、予見し、又は予見することを得べかりし状況があることを要するというべきである（最高裁昭和五二年一〇月二五日第三小法廷判決・判例タイムズ三五五号二六〇頁参照）。しかし、いじめを受けた者がそのために自殺するということが通常の事であるとはいい難いところであるし、被害生徒の言動や素振りからは自殺の可能性をうかがわせるような特段の印象を受けておらず、他に教師らに自殺についての予見可能性があったと認めるに足りる証拠はないことから、いじめの結果自殺するに至ったことについての損害賠償の責任は負担しないというべきである。」と判示している。

ところで、これら判例による因果関係ないし相当因果関係については、不法行為の成立要件としての学校の過失と自殺との因果関係と、自殺も賠償の範囲に含まれるかを判断するための因果関係とに区別して検討すべきである。その典型は、富士見中いじめ自殺控訴審判決に見られる。すなわち前者の判示部分は成立要件としての因果関係を認めたものであり、後者の判示部分は賠償の範囲にかかわるものである。

そこで、成立要件としての因果関係についてみると、「いじめ」につき予見可能性があったにもかかわらず、「いじめ」回避措置が取られなかったことが過失であるとすると、自殺の原因が「いじめ」であったのかどうかという客観的事実の有無によって判断すべきことになる。その際、自殺自体は被害生徒の意思的行為ではあったとしても、そのような意思的行為を結果する原因が「いじめ」にあったのであれば、因果関係を認めて、不法行為の成立を認めるべきである。そして、「いじめ」の特徴が前述のようなものであるとすると、「いじめ」が自殺の原因となる可能性が極めて大きいことから、「いじめ」の存在が認定される限りにおいては、他に明確な自殺原因が存在しない限り、成立要件としての因果関係は認定されよう。他の原因が複合している場合であっても、「いじめ」が一因をなす限りにおいては、成立要件としての因果関係は認定してよいであろう。学校や教師の自殺についての予見可能性は問題にすべきではないのである。単なる事実的因果関係があれば足りるのである。

自殺も賠償の範囲に含まれるかの問題は、相当因果関係ないし保護範囲の問題である。有力学説は、過失不法行為では、過失の内容となった注意義務の射程が及ぶ範囲の損害が保護範囲になるものとして賠償の対象とすべきであるとする（義務射程説）[18]。もしこのような見解に立ってみると、「いじめ」自殺事故では、前述のように、その注意義務の射程は「いじめ」自体とみるのが妥当であることから、「いじめ」損害が賠償の対象ということになる。しかし「いじめ」損害とは具体的には、どのような損害なのか。「いじめ」によるものには単なる嫌悪感、身体的損傷、精神的苦痛、自殺など様々であることから、決することは困難である。このことから、過失の内容となる注意義務の射程として自殺まで及ぶがどうかの問題に立ち返らなければならない。それは過失判断が同時に賠償範囲確定の判断であることを意味することになるし[19]、「いじめ」自殺事故において自殺を回避の対象となる損害とみることの妥当でないことは前述したところである。

これに対して、判例および通説は、相当因果関係説に立っている。前述の各判例も、基本的にこのような見解を前提にするものであることは明らかである。すなわち、民法四一六条を類推適用して、加害行為から通常生ずる損害が原則として賠償の範囲に含まれるが、特別事情に基づく損害（特別損害）でも、行為者において予見可能性があった場合には賠償の範囲に含まれると解するのである。この見解は、過失と事実的因果関係をもって現実に発生した具体的結果（損害）が、通常人にとって意外な損害とはいえない場合には当然に賠償の範囲に含まれるが、通常人にとって意外であると考えられるような例外的なものであっても、加害行為者がそのような意外な損害を発生させるべき事情を主観的具体的に予見することが可能であったときは、加害行為者にとっては意外な損害とはいえないことから賠償の範囲に含ませるものである[20]。

そこで問題は、まず被害生徒の自殺は、学校側の「いじめ」予見義務及び回避義務違反による過失から通常生ずる損害とみるかどうかである。すなわち、学校側にとって、意外な損害であったといえるかどうかである。いわきいじめ自殺事件判決は、被害生徒の自殺は通常生ずる損害（通常損害）であると解して相当因果関係を認めているのに対して、富士見中いじめ自殺事件は、一審判決及び控訴審判決ともに、意外な損害（特別損害）であることを前提として予見可能性を問題にしている。学説の中にも、自殺は特別事情に基づく損害であり、教師等による予見が可能でない限り相当因果関係は認められないとする見解がある。[21]しかし、悪質重大な「いじめ」や、社会通念上許容できないような肉体的・精神的苦痛を招来するような「いじめ」の場合には、過失から通常生ずる損害とみるべきではないかと思われる。すなわち、このような状況の場合は、特別の事情のない限り「自殺はいじめの被害の一内容」とみることができ、通常損害といえるからである。[22]これに対して、「軽微ないじめ」が自殺の原因の一因をなしている場合には、事実的因果関係は存在するものの、その自殺は意外な損害（特別損害）であり、予見可能性の判断により決することになると解すべきである。なお、富士見中いじめ自殺控訴審判決は、最高裁昭和五二年判決[23]を引用して、自殺については予見可能性の判断の問題であるとしているが、この判決は教師の懲戒行為による自殺の事案であって、前述のような特徴をもった現代的な「いじめ」の場合と同視することは妥当ではない。

ところで、仮に、被害生徒の自殺を意外な損害（特別損害）とみた場合には、学校側の予見可能性が問題になる。この場合の予見可能性は、意外な損害である自殺についての予見可能性であり、それは学校側の主観的具体的観点から判断されることになる。そこで、富士見中いじめ自殺事件では、一審判決及び控訴審判決共に、自殺は人間の意図的行為であり、被害生徒の言動や素振りからは自殺の可能性をうかがわせるような特段の印象を受けておらず、明白に自殺念慮を表白していない限り予見は困難であるとして、相当因果関係を否定している。しかし、いじめによる自殺の問題は社会問題化し、教育界でも常識化していたことからすると、悪質重大な「いじめ」の場合には「いじめ」による自殺は定型性が認められ、[24]学校側の具体的予見可能性は不可能とはいえないのではないかと思われる。[25]

本稿では、「いじめ」自殺事故で特に問題となる学校側の被害生徒の自殺についての予見可能性の問題を中心に検討してきわけである。そこでは、過失判断の前提になる予見可能性と相当因果関係判断における予見可能性の区別が重要であることを指摘した。本稿では速水見解に依拠するものではあるが、この問題は、不法行為理論の根幹にかかわるものであり、さらなる検討を加える必要がある。とくに、学校事故では、過失については比較的容易に認められる傾向にあるが、被害生徒の死亡や自殺との因果関係が否定される場合がしばしばみられる。このことから、学校側に過失がありながら死亡や自殺については責任を問い得ないという結果が生ずることになる。それが予見可能性についての混乱のためでないのかどうか吟味する必要があろう。

三　今後の課題

ところで、「いじめ」自殺事故では、過失判断の前提になる予見可能性については、「いじめ」についての予見ということで、これを肯定する方向で克服されつつあるのではないかと思われる。そこで、今後の課題は、被害生徒の自殺を通常損害とみるか意外な損害（特別損害）とみるかである。その基準は、「悪質重大ないじめ」か「軽微ないじめ」かにあるように思われるが、その基準建てが問題になろう。そして、もし仮に、自殺を意外な損害（特別損害）とみても、予見可能性の判断においても「悪質重大ないじめ」か「軽微ないじめ」かの判断が重要ではないかと思われる。

なお、「いじめ」自殺事故と不法行為法理論の関係の詳細については、別稿[26]を参照して、本稿での補足として置きたい。

（1）「いじめ」の態様については、櫻井登美雄「学校におけるいじめと不法行為責任」現代民事裁判の課題・三七六頁、野島穹子＝畠山義一郎「人権機関による「いじめ」問題の取組結果について」ジュリスト九一二号五五頁参照。

（2）東京地判平成三・三・二七判時一三七八号二六頁。
（3）岡山地判平成六・一一・二九判時一五二九号一二五頁。
（4）福島地裁いわき支判平成二・一二・二六判タ七四六号一一六頁。
（5）東京高判平成六・五・二〇判時一四九五号四二頁。
（6）新潟地判昭和五六・一〇・二七判時一〇三一号一五八頁。
（7）潮海一雄「判例評論」判時一三九号二一頁。
（8）潮海一雄・前掲二一六頁。
（9）藤村啓「いじめとその法的問題」ジュリ八三六号四四頁以下、高橋清一「いじめによる事故と学校・親の責任」季刊教育法六二号四一頁以下。
（10）織田博子「判例評論」私法判例リマークス一九九二年上六一頁。
（11）潮海・前掲二一六頁。
（12）同旨、市川須美子「判例解説」ジュリ九八〇号五六頁、新美育文「いじめと自殺」法学教室一九三号四四頁。
（13）速水幹由「実務的視点による不法行為論試論」判タ七九一号三〇頁。
（14）加藤一郎編・注釈民法（19）二四頁〔加藤一郎〕。
（15）速水・前掲三二頁。
（16）石川恵美子＝伊藤進＝下村哲夫＝関根正昭「いじめの法的問題と学校・家庭（座談会）」ジュリ九七六号二八頁〔伊藤発言〕。
（17）同旨、織田博子「判例評論」私法判例リマークス一九九二年上六一頁。なお学校事故の類型化については、伊藤進＝織田博子「学校事故賠償責任の判例法理（31）」判例時報一三四六号一七六頁以下参照。
（18）平井宜雄・損害賠償法の理論一九頁以下参照。
（19）森島昭夫・不法行為法講義三一六頁。
（20）同旨、速水・前掲三〇頁、三四頁。
（21）櫻井登美雄「いじめと不法行為責任」裁判実務大系一六巻二二四頁、奥野久雄「学校事故に関する考察」谷口知平先生追悼論文集三巻四〇一頁。
（22）伊藤進＝織田博子「学校事故賠償責任の判例法理（44）」判例時報一三八五号一五三頁。同旨、織田・前掲六二頁、市川・前掲（ジュリ九八〇号）五六頁。

(23) 最判昭和五二・一〇・二五判タ三五五号二六〇頁。
(24) 新美・前掲四五頁。
(25) 同旨・速水・前掲三四頁、青野博之「判例批評」私法判例リマークス一一号八八頁。
(26) 拙稿「学校における『いじめ』被害と不法行為責任論」加藤一郎先生古稀記念二六五頁以下参照。

19 上越市立春日中学校いじめ自殺被害の検討

はじめに

本稿は、上越市立春日中学校の一年生であった生徒が、平成七年一一月二七日未明、同校生徒による「いじめを苦にした自殺である」旨の遺書を残して自殺した事件（以下、「いじめ自殺被害」と呼ぶ）につき、学校に損害賠償責任があるか否かにつき検討するものである。

一　いじめ自殺被害についての学校の損害賠償責任の法的根拠

本件いじめ自殺被害についての学校の損害賠償責任の法的根拠としては、公立学校での授業としての公権力行使に伴う過失事故として国家賠償法一条に基づく責任、あるいは学校と生徒との間に在学契約が存在するものと解するときは在学契約に伴う付随的義務としての生徒に対する安全配慮義務懈怠による債務不履行責任、さらには学校と生徒との関係を在学関係と解する場合は信義則上の安全配慮義務懈怠責任が考えられる。学校のような公立学校にあっては、上記、いずれかの法的根拠の適用されることについては、今日、学説及び判例理論として異論のないところである。

ところで、いずれの法的根拠によるにせよ被告学校に賠償責任が認められるためには、学校に、国家賠償法一条に基づく場合は安全注意義務懈怠としての過失の存在、債務不履行責任の場合は安全配慮義務懈怠あるいは在学関係上の安全配慮義務懈怠が認定されることが必要である。ただ、これらの義務懈怠の内容は、基本的には共通する。それは、学校の生徒に対する生命、身体の安全を護る注意義務のあることを前提として、学校がかかる安全注意義務を怠ったことを意味するものである。このことから、これらの義務懈怠を包摂して「安全注意義務懈怠」として捉え、本件いじめ自殺被害に際し被告学校に「安全注意義務懈怠」があったといえるか否かにつき検討する。

二　学校の安全注意義務

1　学校教育活動及びこれと密接不離な生活関係における安全注意義務

学校は、教育活動及びこれと密接不離な生活関係において生徒の生命、身体上の安全を護るための安全注意義務を負っていることについては、学説、判例理論共に異論はない。このような学校の安全注意義務は、生徒が安全に教育を受けるための必須の要請であって、憲法で保障されている生徒の教育を受ける権利の保障にもつながるものであり最高度の義務である。その安全注意義務は、教育活動という「危険に携わる専門職者」としての高度なものである。すなわち、学校教育活動に携わる学校や教諭は、学校教育の専門家であり、発達成長途上にある生徒を指導することを職責とする者として、教育活動における構造的危険の内包を自覚し、高度な注意をもって、その危険を予見し回避に努めなければならないのである（日本弁護士連合会「学校災害補償に関する中間意見」一〇頁以下）。

2　いじめ自殺被害おける安全注意義務

本件いじめ自殺被害は、加害生徒のいじめに起因するものである。このような加害生徒のいじめによる被害から、被害生徒の生命、身体の安全を保護すべき注意義務は、前述の被告学校の安全注意義務に含まれるものである。このことについても、学説、判例において異論のないところである。

それと共に、いじめは、被害生徒に精神的打撃を与え人格的損壊をもたらす極めて重篤な加害であり、人権侵害の最たるものであることに鑑みるとき、いじめから、生徒の生命、身体の安全を護るための注意義務は極めて高度なものでなければならないのである。

三　いじめ自殺被害に際しての学校の安全注意義務懈怠

1　いじめ自殺被害における学校の賠償責任の有無を判断する前提としての法的構成

損害賠償法理（不法行為責任及び債務不履行責任）は、成立要件と損害論に分かれる。本件いじめ自殺被害の場合、成立要件では学校に安全注意義務懈怠があったか否かが中心になる。そして、安全注意義務懈怠の有無を判断するにあたっては被害の発生を予見しあるいは予見が可能であったかどうかの予見義務懈怠の有無と、そのことを前提としての被害防止措置義務懈怠（結果回避義務）の有無の認定を必要とすると解するのが通説、判例である。これを本件についてみると、いじめ自殺防止措置（結果回避措置）の採られていないことについては争いがないから、焦点は、加害生徒による被害生徒に対するいじめを予見しあるいは予見が可能（加害生徒によるいじめの予見可能性）であったか否かにつきまず判断しなければならない。このことを前提として、損害論では、その加害生徒のいじめによって生じた被害及び学校の負うべき損害賠償の範囲を判断することになる。本件では、加害生徒のいじめにより生徒に被害はなかったのか否か、生徒の被った損害のうち学校の負うべき責任の範囲は生徒の物的損害か、精神的苦痛か、あるいは生命侵害（自殺）までかを判断することになる。この判断を、通説、判例では加害行為と損害との相当因果関係の問題とされ、有力学説では保護範囲の問題とされているところである。

損害賠償法理における以上のような法的構成は、通説、判例理論として一般的に承認するところであり、言及するまでもないことであるが、原審判決では「本件中学校の教員等は、被害生徒の自殺を予見できたか（相当因果関係、争点2）検討する。」とし、成立要件としての予見義務懈怠の有無と損害論における相当因果関係の判断とを同一視するかのような見解を示しているので敢えて言及するものである。すなわち、原審判決は、自殺を特別損害と解した上で、このような特別損害については民法四一六条二項により予見可能性がなければならないとして相当因果関係の問題としながら、他方では自殺の予見可能性を認めることができないことを理由に損害賠償責任を否定するという成立要件の問題に転化しているように解されるからである。なお一方で、「自殺はもとより、身心に対する重大な侵害であるいじめについて予見可能性を認めることはできない。」とも認定しているのは、成立要件としての予見可能性の認定にかかわるものと推測されないでもないが、これを争点2とされる相当因果関係の判断で行っているのも、論理的な混乱が見られる。そしてもし、このような同一視の論理によるものであるとすると、原審はこれまでの判例理論に著しく反するものであり、先例変更の適否を問わなければならない。さらには、生徒の自殺を特別損害と解し、かかる特別損害についての予見可能性のなかったことをもって、学校にはいじめ被害の賠償責任はないと判断したことは、かかる同一視による混乱の結果であり、先例の判例理論に従わない独自の法的構成によるものとの批判は免れない。

2　いじめ自殺被害における学校の予見義務の内容

いじめ自殺被害において、学校の被害生徒に対する安全注意義務懈怠の有無を判断するにあたって、通説、判例理論によれば、まず学校には加害生徒の行為により被害生徒がいじめ自殺被害を被ることについての予見が可能であることでなければならない。その際、学校は、何を予見しなければならないのかが問題になる。

かつては自殺被害一般については、自殺は、自招加害であり、被害者自身の精神的作用によってもたらされる被害であることに注目して、自殺そのものを予見することは不可能であることから、自殺念慮やその兆候を予見することが可能であったか否かが問題にされてきた。そして、自殺念慮やその兆候の予見が可能であったにもかかわらず予見せず、適切な自殺回避措置を採らなかった場合には安全注意義務懈怠（過失）があるとして損害賠償責任の成立を認めてきたのである。原審も、やや不明確なところがあるが、このような見解に依拠するもののようである。

しかし、近時の判例理論では、自殺被害について、このような自殺被害一般に対する見解が一部修正されてきている。交通事故被害者の自殺被害の事案では、最高裁判決は、交通事故被害者が「災害神経症状態に陥り、更にその状態から抜け出せないままうつ病になり、その改善をみないまま自殺に至ったこと」「うつ病にり患した者の自殺率は全人口の自殺率と比較してはるかに高いなど原審の適法に確定した事実関係を総合すると、本件事故と自殺との間に相当因果関係がある」とした（最判平成五年九月九日判例時報一四七七号四二頁）。本判決では、自殺に至る不法行為の成立要件を論ずる必要のないことから、相当因果関係の問題として捉えているにすぎないが、ここで重要な変革は、加害者に、自殺の予見、自殺念慮の予見あるいはうつ病り患の予見を問題にすることなく、自殺被害につき賠償責任の認められることを明らかにしたことである。さらには、過労自殺事案では、最高裁判決は「一郎は、身心共に疲労困ぱいした状態になり、それが誘因となって」「うつ病によるうつ状態が深まって、衝動的、突発的に自殺するに至ったというものである。」「原審は右の経過に加えて、うつ病の発症等に関する前記の知見を考慮し、一郎の業務の遂行とそのうつ病り患による自殺との間には相当因果関係があるとした上、一郎の上司……には、一郎が恒常的に著しく長時間にわたり業務に従事していること及びその健康状態が悪化していることを認識しながら、その負担を軽減させるための措置を採らなかったことにつき過失がある」とした、「その判断は正当として是認することができる。」としている（最判平成一二年三月二四日民集五四巻三号一一五五頁）。本判決では、不法行為責任成立のための過失判断の対象としているのは、自殺の予見や自殺念慮の兆候の予見や自殺の直接の原因となったうつ状態の予見ではなく、「著しい長時間労働と健康状態の悪化（過労）」の予見とそれに基づく過労の軽減措置義務である。さらには、同じく過労自殺の事案で、札幌地裁判決は、被告会社は「太郎が工事の遅れ等により過剰な時間外勤務や休日出勤をすることを余儀なくされ身心に変調を来し自殺することがないよう注意すべき義務があったところ、これを怠り、本件工事が豪雪等の影響で遅れているのに何らの手当もしないで自体（ママ）の収拾を太郎に任せきりにした結果、右一のとおり、太郎を自殺させたものであるから、被告会社には太郎の死亡につき過失が存する。」（札幌地判平成一〇年七月一六日判例時報一六七一号一一三頁）と判示している。本判決では、「過剰勤務等による身心への変調」の予見義務及びそれに基づく防止義務違反を過失と認定し、それだけで自殺被害につき賠償責任を認めている。以上のように、先例では論理構成上、若干の差異は見られるが、交通事故自殺や過労自殺では自殺被害自体につき賠償責任を認める方向に転化してきている。そして、これらの判例で共通しているのは、交通事故や過労についての不法行為責任の成立を問題にしているのであって、自殺責任の成立を問題にはしていないということである。交通事故自殺や過労自殺では、自殺は交通事故や過労による被害の一内容にすぎないとの考えを前提とするものといえる。

以上のような近時の先例理論は、学校におけるいじめ自殺被害についても妥当する。学校におけるいじめによる被害の深刻さ重大さは社会問題化するほどに周知なものである。いじめ自殺被害についても、平成六年一一月、いじめに遭ったとの遺書を残して自殺した西尾市立東部中学生のいじめ自殺事件を踏まえて文部省（現「文部科学省」以下同じ）は専門家による「いじめ対策緊急会議」を開き、緊急アピールを発し、さらに全国の教育委員会に「いじめ問題について当面緊急に対応すべき点について」の指導通知を行い、学校への指導の徹底を図っている。また、裁判例においても、学校のいじめによる自殺被害事案は多数にのぼっている（新潟地判昭和五六年一〇月二七日判例時報一〇三一号一五八頁、福島地いわき支判平成二年一二月二六日判例時報一三七二号二七頁、東京高判平成六年五月二〇判例時報一四九五号四二頁などに始まり、最近では横浜地判平成一三年一月一五日判例集未登載、旭川地判平成一三年一月三〇日判例時報一七四九号一二一頁、千葉地判平成一三年一月二四日判例地方自治二一八号三三頁、富山地判平成一三年九月五日判例地方自治二一八号六二頁、富山地判平成一三年一二月一八日判例集未登載（甲第一〇四号証）、鹿児島地判平成一四年一月二八日判例集未登載（甲第一〇三号証）など）。このように、いじめ自殺被害事案の多さは、学校の責任の有無はともかくとしても、学校におけるいじめによる被害の一内容として被害生徒に自殺被害の生ずる確率が高いことを物語っているものといえるからである。そのなかで、福島地いわき支判は、「学校側の安全保持義務違反の有無を判断するに際しては、悪質かつ重大ないじめはそれ自体で必然的に被害生徒の身心に重大な被害をもたらし続けるものであるから、本件いじめが被害生徒の身心に重大な危険を及ぼすような悪質重大ないじめであることの認識が可能であれば足り、必ずしも被害生徒が自殺することの予見可能性があったことを要しない」として過失を認定している。学説においても、いじめにより深刻な精神的、肉体的苦痛を招来することが具体的に予見されるような場合には、自殺そのものについて予見可能性がなくとも、一般的、客観的には予見可能性があったということができる状況にあったといえるし、相当因果関係説にたっても自殺という損害は「通常損害」に入るといえるから、自殺を予見しえなくても、自殺による損害を認めるべきであるとする見解が多数みられる（石川恵美子＝伊藤進＝下村哲夫＝関根正明「いじめの法的問題と学校・家庭（座談会）」ジュリスト九七六号二八頁［伊藤発言］、市川須美子「判例解説」ジュリスト九八〇号五四頁、織田博子「判例批評」私法判例リマークス一九九二（上）六二頁、潮海一雄「学校における『いじめ』と学校側の責任」加藤一郎先生古希記念（有斐閣）一四六頁、速水幹由「実務的視点による不法行為試論」判例タイムズ七九一号三四頁）。また、「学校でいじめから逃れられないときは、被害者が自殺することは交通事故（自殺）より予見可能性が高いとさえいえよう。」と解して、いじめによる自殺の交通事故自殺よりも予見可能性の高いことを強調する見解もみられる（青野博之「判例批評」私法判例リマークス一九九五（下）八八頁）。このような諸見解からすると、「悪質かつ重大ないじめにより被害生徒が自殺に至る可能性のあることは一般に指摘されているところであることから『自殺は「いじめ」被害の一内容』にすぎないとみることができ、このため「いじめ」について予見可能性があるだけでよいと解す」る（伊藤進「学校における『いじめ』被害と不法行為責任論」加藤一郎先生古希記念（有斐閣）二七三頁）こともできる。現に、本件いじめ自殺被害で、被害生徒の遺書（甲第三号証）にみられるように、加害生徒によるいじめにより「僕の人生そのものをうばっていきました」と絶望感に陥り、「すべてあいつらがわるいんだ」と怒りをぶつけ、「あの世であいつらをうらみます。」と恨みを訴える一方で、「（友達へのいじめ）がどれほど悪い事なのか分かっていない」「僕がぎせいになります」と友達への思いやりからの自己犠牲当でない。も加わって自殺の心情に至る状況は、自殺はいじめによる特別の被害ではなく、いじめ被害の一内容として通常生ずるものであることを如実に物語っているものである。これらの結果として、いじめ自殺被害における予見の対象は、加害生徒による「いじめ」自体であって、自殺や自殺念慮の兆候、あるいは自殺の直接の契機となった事柄と解するのは妥当でない。

3　学校の予見義務の内容とされる加害生徒の「いじめ」

そこで、学校の予見義務の内容とされる「いじめ」についてみると、暴行や恐喝、金銭強奪などが中心の従来型いじめも後を絶たないが、現代型いじめは、いたずら・冷やかし・からかい・嫌がらせ・性的暴力あるいは無視というような陰湿な、心理的いじめであるのが特徴である。文部省統計「一九九九年度生徒指導上の諸問題の現状について」（問題行動白書）によれば、このような陰湿ないじめが中学生のいじめの実態の第一位を占め、中学校全体のいじめの三〇パーセントにあたるとされている（山本馨「意見書」甲第九八号証五頁）。本件いじめ自殺被害も、まさにこのような類型に属するものである。

ところで、このような陰湿ないじめは、その行為の一つ一つをとってみればたいしたことがない事件が多いが、これら一連の行為が反復され積み重なって深刻になっていくものであり、精神的に重大なダメージを与えるものであることが常識的にも想像できる。このため、訴訟においては、事件の内容解明のためには、具体的な加害発生毎に学校の予見と対応につき検討を加えなければならないといえるが、いじめ被害の予見義務ないしいじめ被害回避義務懈怠の有無の判断にあたっては、それらの個別の検討を前提とした上で、総体的見地から判断することが重要である。原審は、本件いじめ自殺被害において、加害生徒による服脱がし・墨付け・水かけ・学級会での正座罰案に賛成したことに対する罵声、女友達が見つかったことに対する茶化し・スポーツドリンク取り上げなどの行為や所持金の紛失などの事実を認定していながら、質的にいじめへと変化したのは無視からであるとするのは、本件いじめ自殺被害は上記のような陰湿ないじめによる被害であることへの理解を欠くものである。ましてや、無視以前の行為は、いたずらであるとか悪ふざけにすぎないと評したことについては、常識を疑うものである。たとえば、数回に及んだ服脱がしの状況についてみても、加害生徒自身が、Ｙの命令で、肩を手で押さえて、体操服をまくりあげたり、ズボンをパンツも一緒に下げる行為をした・押さえつけて服脱がしをした・いやそうな表情・抵抗するような動きをしたことなどを認めており、原審もそれらを認定しているにもかかわらず、悪ふざけとしてしか評していないのは、その一例である。そのことは加害生徒によっても、後日においてではあるが「Ｘ（被害生徒）君からすればいじめと取れるようなことを、僕とほかの人たちでやっていたかもしれないんだ」と開陳していることともかけ離れた認識である。それだけではなく、被害生徒の側に立ってみれば、思春期にある者にとって、押さえつけられながら、無理矢理に服を脱がされパンツも下げられるというようなことによる恥ずかしさ、恥辱感は想像に難くないところであるし、精神的にも抵抗力の強くない時期にある者としては、それが何度も繰り返されることにより、そのことだけでも自殺念慮に陥るものであり、これをいじめの一環と評するのが常識ではないであろうか。

さらには、原審は、加害生徒らによる無視と、服脱がし等の一連の行為とは質的に異なるものであるとする。確かに、被害生徒の自殺のきっかけになったのは無視が始まったことによるものであるかも知れない。しかし、無視だけで自殺念慮に陥ったといえるであろうか。原審においても、本件いじめ自殺被害の原因が無視のみによるものであることについては何ら論証されていない。むしろ、前述のようにいじめ自殺被害は、現代型の陰湿ないじめによるものであることからすると、無視以前の服脱がし等の一連のいじめ行為による精神的なダメージに無視が加わり、かつ無視以降においても執拗に行われる服脱がし等の総体的いじめが自殺の原因とみるべきである。このことからすると、学校は無視による自殺念慮を予見することは不可能であったことを理由として、損害賠償責任の成立を否定するのは妥当とはいえない。それは、現代型の陰湿ないじめによる被害についての社会的理解を欠くことの結果ともいえよう。

4　いじめ自殺被害についての学校の予見の可能性

以上の結果、いじめ自殺被害においては、学校が被害生徒の生命、身体に対する安全注意義務懈怠の有無を判断するにあたっては、被害生徒に対する加害生徒による服脱がし・墨付け・水かけ・学級会での正座罰案に賛成したことに対する罵声・女友達が見つかったことに対する茶化し・スポーツドリンク取り上げ・所持金の紛失、さらには無視に至る総体的いじめを、学校において予見することが可能であった否かが問題になる。

学校によるこのような総体的いじめについての予見にあたっては、福岡地裁判決は、「学校がいじめに対する必要な対策をとらず、その結果いじめ等を認識できなかった場合、上記対策をとっていれば、認識可能ないじめ等については、これに対する適切な対応がなされなかったとして、上記安全配慮義務に違反したものと言わざるを得ない」「いじめ等の兆候については、些細なものであっても真剣に受け止めて、情報交換を図り、いじめ等を学校全体で認識し、いじめ等を受けているとみられる生徒がある場合、その友人や保護者等関係者から事情を収集し、事実関係の把握を行なう必要があるのであって、前記いじめ等の認識の可能性は、上記観点から判断すべきである」（福岡地判平成一三年一二月一八日判例集未登載）としている。また、大阪地裁判決も、具体的な申告がなくても、「学校側は、あらゆる機会をとらえて暴力行為（いじめ）等がおこなわているかどうかについて細心の注意を払い暴力行為（いじめ）等の存在が窺われる場合には、関係生徒及び保護者らから事情聴取をするなどして、その実態を調査し、表面的な判定で一過性のものと決めつけずに、実態に応じた適切な防止措置（結果発生回避の措置）を取る義務がある」（大阪地判平成七年三月二四日判例タイムズ八九三号六九頁）とする。これらの判例は、いじめ予見のためには、いじめの申告がなくてもあらゆる機会を捉えて細心の注意を払うこと、些細ないじめ等の兆候について真剣に受け止め情報交換を行うことなどが必要であるとする。このような観点に立ってのいじめ予見の判断は、前掲の判例に限らず、学説、判例において一般的に承認されているところである。

さらには、文部省による平成六年一二月の「いじめ問題についての当面緊急に対応すべき点について（通知）」でも、いじめ問題の重大性を認識し校長を中心としての一致協力体制を確立し実践すること、生徒間の好ましい人間関係の育成に努めること、生徒生活実態のきめ細かい把握に努めること、生徒が発する危険信号を見逃さずに的確に対応すること、いじめの訴えにつき軽視することなく的確に対応することなどを指示していることから、教育専門職者としての教諭及び学校が行うべき当然の義務であり、前述のような観点に立っての予見の判断は、無理を強いるものではない。

かかる観点に立ってみるとき、学校は、被害生徒に対する加害生徒による総体的いじめにつき認識していなかったとしても、それを認識し、予見することは可能であったといえる。

原審の認定によると、被害生徒のクラスである一年五組の授業の様子について、授業開始のベルが鳴っても生徒は席につかず、授業中に物を投げたり私語をしたり、特に加害生徒らは授業中大声で叫ぶことや廊下に抜け出すこともあり、授業時に教諭のあだ名を呼んだり、揚げ足を取ったり、注意されても不満を述べ、口笛を吹くなど殊更に悪い状態であったとする。このことは「学級崩壊」ともいうべき状態であり学級主任では対応できない事態が続いていたことを意味する。このような状態から被害生徒に対するいじめを予見することはできないにしても、被害生徒のような、いわゆる良い子をターゲットとするいじめの土壌、あるいはいじめの行われる兆候は見られよう。

また、技術家庭の時間中での服脱がしや書道授業中の墨付けは教科担当教諭によって、清掃時間の服脱がしや水かけは清掃の監督担当教諭によって、部活での服脱がしやスポーツドリンク取り上げは顧問教諭によって、学級会での罵声は担任教諭によって認識していたか、認識が可能であったと見ることができる。原審もまた「教師の面前でのいじめ」については否定していない。

以上のような事実状況からすると、前述のように、いじめ問題の重大性を認識し、些細ないじめ等の兆候を真剣に受け止め、情報交換を行うなどして一致協力体制を確立し実践していたならば、被害生徒に対する加害生徒による総体的いじめについて予見することは可能であったと判断することができる。さらには、原審が唯一の予見の対象としている無視についても、文部省の指示に従って、生徒間の好ましい人間関係の育成、生徒生活実態のきめ細かい把握に努めていたならば、担任教諭による予見は不可能であったとはいえないのではないかと思われる。

5　いじめ自殺加害についての学校の安全注意義務懈怠

いじめ自殺加害においては、学校は、加害生徒による被害生徒への総体的いじめを認識し、予見することが可能であったにもかかわらず、その認識、予見のために何らの対策も採らず漫然と過ごしたものであり、予見義務懈怠があったものと判断することができる。ちなみに、学校は、被害生徒以外の数名に対する加害生徒によるいじめについても認識、予見していないという実態は、学校のいじめに対する対応の怠慢を物語るものである。

かかる予見義務懈怠の結果として、被害生徒に対するいじめ自殺被害回避の措置義務は全く採られていなかったわけである。もし、学校によって、いじめについての認識、予見する努力をしていたならば、他のいじめ被害生徒の父親の「被害生徒がなくなった後は、露骨な嫌がらせやいじめもなくなり、不登校も解消し、無事、春日中学を卒業することができました」「被害生徒の自殺という事件が起きたことの結果にすぎないような気がしています。被害生徒の自殺という事件がなかったなら、その後も嫌がらせやいじめは継続していたのではないかと思います。その意味でも、被害生徒が遺書の中で書いていた「僕が犠牲になります。」という一文が、私ども親にも重くのしかかっています。」との陳述にみられるように、被害生徒もいじめ自殺被害を被ることはなかったのであり、学校の予見義務懈怠は重大な悲劇を招いたものといえる。

この悲劇は、学校の予見義務懈怠、それに基づくいじめ自殺回避義務懈怠による被害生徒の生命、身体に対する安全注意義務懈怠によるものである。

四　学校のいじめ「自殺」被害に対する賠償責任

二において述べたように学校には、被害生徒のいじめ自殺被害につき、損害賠償責任が成立する。この結果、学校には、被害生徒がいじめにより被った精神的苦痛による損害については、当然に賠償責任がある。精神的苦痛はいじめ被害により通常生ずる損害であるからであり、このことについては異論のないところである。

そこで、学校に、被害生徒の「自殺」被害についても賠償責任があるかである。この点、最高裁判決は教師の懲戒行為による「自殺」については、当該懲戒行為により自殺を決意することを予見することは困難な状況にあったとして相当因果関係を否定している（最判昭和五二年一〇月二五日判例タイムズ三五五号二六〇頁）。かかる見解は、教師の懲戒行為による自殺という被害は通常ではないとの考えを前提とするものであろう。また、東京地裁判決は、いじめ自殺被害で「自殺を決行するに至るかの心理的・精神医学的な機序は、外部的にはおよそ不可視であって、明白に自殺念慮を表白していたなど特段の事情がない限り、事前に蓋然性のあるものとしてこれを予知することはおよそ不可能である」として因果関係を否定している（東京地判平成三年三月二七日判例時報一三七八号二六頁）。しかし、このような自殺した被害生徒の自殺意図の予見を問題にするのは妥当でない。被害生徒が自殺にいたるような状況にあることを客観的にみて予見できたか否かを問題にすべきである。また、学説には、いじめによる「自殺」を特別損害と解し、民法四一六条を類推適用し、自殺の予見可能性の有無が判断されるが、原則として予見可能性はないとする見解もある（桜井登美雄「いじめと不法行為」山口和男編・裁判実務大系一六巻二二四頁、奥野久雄「学校事故に関する考察」谷口知平先生追悼論文集三巻（有斐閣）四〇一頁）。しかし、これらの判例、学説は、主としては従来型の暴行、恐喝、金銭強奪を中心としたいじめを想定した見解である。

現代型いじめは、陰湿で、心理的ないじめであり、専ら精神的ダメージを与えるものであることから同様に解してよいかどうかの疑問が生ずる。このことから、近時の学説にあっては、前述したように「自殺はいじめの被害の一内容」であり、理論的には「通常損害」であると説明できるとする見解が多くなりつつある（伊藤進＝織田博子「学校事故損害賠償責任の判例法理（44）」判例時報一三八五号一五三頁、石川恵美子＝伊藤進＝下村哲夫＝関根正明・前掲二八頁〔伊藤発言〕、市川須美子・前掲五四頁、織田博子・前掲六二頁、潮海一雄・前掲一四六頁、速水幹由・前掲三四頁、青野博之・前掲八八頁）。このことからすると、学校による被害生徒の「自殺」被害についての予見は問題にする必要はないということになる。

かりに、いじめと自殺との相当因果関係を問題にすべきであるとしても、前述した最高裁判決による交通事故自殺や過労自殺における交通事故や過労と自殺の因果関係認定の論理以上に、現代型いじめと自殺との因果関係は肯認されるものである。これら判例は、交通事故や過労によりうつ病状態になり、うつ病にある者の自殺の確率が通常よりも高率であるという客観的事情をもって因果関係があると認定するものであるのに対して、いじめによる自殺はいじめにより直接的に精神的ダメージを被り、一般的に精神的抵抗力の脆弱な状態にある被害生徒が自殺に至る確率が高いという意味においていじめと自殺の因果関係はより直接的であると見ることができるからである。そのことを物語っているのが、前述したようにいじめ自殺被害訴訟の多さである。そして、いじめ自殺訴訟において、下級審判決では、近時、いじめを認定し「自殺」についての賠償責任を認容するものが多い（福島地いわき支判平成二年一二月二六日判例時報一三七二号二七頁、横浜地判平成一三年一月一五日判例集未登載、旭川地判平成一三年一月三〇日判例時報一七四九号一二一頁、千葉地判平成一三年一月二四日判例地方自治二一八号三三頁、福岡地判平成一三年一二月一八日判例集未登載、鹿児島地判平成一四年一月二八日判例集未登載）のは、自殺をいじめ被害の一内容と解することにより、あるいは最高裁判決にみられるような因果関係の認定理論により、「自殺」被害についても賠償責任を肯認する法理が形成されつつあるものと解することができる。

本件いじめ自殺被害についても、このような近時における学説や判例法理によるべきであり、「自殺」被害についての賠償責任を肯認するのが妥当といえる。

20　国分寺市立第五中学校体育テスト授業中死亡事故の検討

はじめに

本稿では、国分寺市立第五中学校の三年生であった「被害生徒」が、平成六年六月八日、同中学校の保健体育のテスト授業中の事故に起因して同月二九日に死亡した事故（以下、「テスト授業中事故」と呼ぶ）につき、学校に損害賠償責任があるか否かにつき検討するものである。

一　テスト授業中事故についての学校の損害賠償責任の法的根拠

テスト授業中事故についての学校の損害賠償責任の法的根拠としては、公立学校での授業としての公権力行使に伴う過失事故として国家賠償法一条に基づく責任、あるいは学校と被害生徒との間に在学契約が存在するものと解するときは在学契約に伴う付随的義務としての生徒に対する安全配慮義務懈怠による債務不履行責任、さらには学校と被害生徒との関係を在学関係と解する場合は信義則上の安全配慮義務懈怠責任が考えられる。学校のような公立学校にあっては、いずれかの法的根拠の適用されることについては、今日、学説及び判例理論として異論はない。

ところで、いずれの法的根拠によるにせよ学校に賠償責任を課するには、学校に、国家賠償法一条に基づく場合は安全注意義務懈怠としての過失の存在、債務不履行責任の場合は安全配慮義務懈怠あるいは在学関係上の安全配慮義務懈怠が認定されることが必要である。そして、これらの義務懈怠は、基本的には共通するものである。学校の生徒に対する身体生命上の安全を守る注意義務のあることを前提として、学校がかかる安全注意義務を怠ったことを意味するものである。このことから、これらの義務懈怠を包摂して「安全注意義務懈怠」として捉え、テスト授業中事故に際し学校に「安全注意義務懈怠」があったといえるか否かにつき検討する。

二　学校の安全注意義務

1　学校教育活動における安全注意義務

学校は、教育活動及びこれと密接不離の生活関係において生徒の身体、生命上の安全を守るための安全注意義務を負っていることについては、学説、判例理論共に異論はない。このような学校の安全注意義務は、生徒が安全に教育を受けるための必須の要請であって、憲法で保障されている生徒の教育を受ける権利の保障につながるものであり最高度の義務である。その安全注意義務は、教育という「危険に携わる専門職者」としての高度なものである。すなわち、学校教育に携わる学校や教諭は、学校教育の専門家として、発達成長途上にある生徒を指導することを職責とする者として、学校教育における構造的危険の内包を自覚し、高度な注意をもって危険の回避に努めなければならないのである（日本弁護士連合会「学校災害補償に関する中間意見」一〇頁以下）。このため、学校事故については、無過失損害賠償責任の必要が唱えられているほどである（伊藤進・学校事故の法律問題一一頁以下参照）。

2　テスト授業中における安全注意義務

テスト授業中事故は、学校の教育活動の中心的活動ともいうべき正課授業中の事故である。このような正課授業においては、学校に生徒の安全を保障する安全注意義務のあることは当然として、学校の中心的活動において生徒に事故が生じてはならないことであり、それは前述した生徒の教育を受ける権利の侵害にも繋がるものであることから、学校には、最高度の安全注意義務が課されているものと解すべきである。

三　テスト授業中事故に際しての学校の安全注意義務懈怠

二で述べたように、学校に、テスト授業中も生徒に対する身体、生命の安全につき注意する義務があることから、学校が、このような安全注意義務を怠ったことにより事故が生じた場合には、損害賠償責任を負うことになる。

この場合の安全注意義務懈怠とは、事故発生についての予見義務違反あるいは事故回避義務に違反したことであると解される。かかる見解は、通説であり、判例理論でもある。テスト授業中事故についてみると、テスト授業中における生徒の身体、生命に対する危険を予見すべきであったこと、かつそのような危険が顕在化して生徒の身体、生命を害さないような適切な措置を講じていなかったことである。

1　テスト授業における安全注意義務の程度内容

テスト授業における安全注意義務懈怠の存否を判断するにあたっては、まずテスト授業における安全注意義務の程度内容が問題になる。

テスト授業中事故は、正課授業でのテスト中に生じたもので授業過誤事故とみることができる。このため、テスト授業に内在する構造的危険性を認識しまたは認識すべき立場にある教育の専門職者としての校長や教諭が、専門職者としての安全義務を怠った結果としてこのような構造的危険が顕在化し、生徒の身体、生命が害された場合であるか否かを基準として判断されることになる。同じ学校事故であっても、課外活動中事故や自主授業中事故と異なった高度の安全注意義務を基準として判断すべきである。そこで、安全注意義務の程度内容については、テスト授業中事故では、授業に内在する危険につき専門職者としての注意をもって対応すべきであって、それはまさに医療過誤における医師の注意義務、弁護過誤における弁護士の注意義務と同質の高度の安全注意義務が基準となるものと解される（伊藤進＝織田博子・解説学校事故（三省堂）四九七頁参照）。このことから、授業過誤事故では、大雑把な言い方をすれば「授業のやり方が少しまずかった」という程度で、安全注意義務懈怠が認定されることになる。

さらに、テスト授業中事故では、単なる授業過誤事故と異なり、「テスト授業中」事故であったことによる内在的危険の増幅にも注目しなければならない。テスト授業では、担当教諭の授業中の注意力はテストを受けている生徒に集中し生徒全体に及ぼすことはできないという危険があり、その内在的危険の増幅することについて注目しなければならないのである。それはまた、通常の体育授業における安全注意義務よりも高度なものとなるのである。

そこで、テスト授業中事故での安全注意義務懈怠の存否についての判断にあたっては、校長、教諭の予見義務の程度内容は、校長、教諭である専門職者として、その教育活動＝テスト授業に内在する危険について一般的に予見していたかどうかが、すなわちテスト授業の危険についての一般的予見義務を尽くしていたかどうかが問題であり、被害生徒に事故が発生することについての具体的予見、すなわち特別の予見義務を問題としてはならないと解される。

また、事故回避義務の程度内容についても、以上のようなテスト授業に内在する危険についての一般的予見を前提として、事故回避のための適切な措置が採られていたか否かを基準として判断すべきである。

以上のようなテスト授業中事故における安全注意義務の程度内容を基準とするとき、原審判断基準に基本的な誤りがあったとみることができる。例えば、原審は、担当教諭による「体育の授業の秩序が日ごろから弛緩したものであったり、これを受ける生徒の注意力が散漫となっていたものと認めることはできない」こと、担当教諭は「本件授業自体においては、具体的な安全に関する注意を行なっていない。」が「最初の授業において、オリエンテーションを行い」安全について注意、指導を行い、「それを踏まえて、」授業当日にテストを受けていない生徒に対して、指示したものであるから説明義務違反の過失があったとはいえないと判示している。このような見解の当否は別にして、その判断の前提としての安全注意義務の程度内容としては、通常の体育授業での安全注意義務の程度内容を前提とするものであって、テスト授業中事故における安全注意義務の程度内容の基準としては妥当でない。また、通常の授業でも、「基本的には一箇所に立ち、生徒全体に目を配り、必要に応じて生徒の側に行き、個別的に指導や助言をしており」不自然な点もなく信用できると認定し、「本件授業中に担当教諭が単独でB組生徒を監視することが不可能であったわけではないから」として動向掌握義務違反はないとした判断も、通常の体育授業においては担当教諭が全体に注意力を及ぼしうる状態にあるのに対して、テスト授業ではテストに集中し全体には注意力が及ばないという危険の増幅を考慮することなく通常の体育授業での事故回避措置義務を基準とするものであって妥当とはいえない。

さらには、被害生徒が、担当教諭に「見付からないように跳び箱を使用して課題外の技を試していたものであり、周囲の生徒らも、普通に練習しているようにしてそれを見物していたものと推認される」と認定した上で、「本件事故は亡被害生徒が教諭の目を盗んで勝手に課題外の技を試したことに起因することからすれば、教諭に生徒に対する動向掌握義務違反の過失があったとはいえない」とする判断の前提としては、事故発生の具体的事情についての特別予見義務を判断の基準としているものであり、妥当でない。

以上のようなことから、かりに原審のように通常の体育授業における安全注意義務懈怠がなかったとしても、そのことをもってテスト授業中事故につき直ちに安全注意義務懈怠を否定することはできないことになり、安全注意義務懈怠判断につき法的に妥当とはいえないことになる。

2　テスト授業中事故における学校の授業管理上の安全注意義務懈怠

そこで、事故は、テスト授業中事故であったという点に注目してみると、まず学校に授業管理上の安全注意義務懈怠があると判断される。

イ　テスト授業に内在する危険の一般的予見義務懈怠

テスト授業では、体育授業に内在する危険に加わって、担当教諭はテストに集中し生徒全体に対して注意力を及ぼすことができないという危険の内包している。このことから、「本件授業は、A組とB組の三三人合同で授業を行い、一クラスのみが実技のテストに入り、残りの生徒約一六人に教師の目が行き届かなくなる」のではないかとの指摘は妥当である。

このことの結果としては、テストを受けていない生徒には解放感が生まれ、通常の授業におけるよりも自由に行動するということが起こりやすいことは、教諭自身も認めるところである。この点は、教育専門職者の見識といえよう。そこでは、授業管理から放任された状態で体育実技の練習という危険な授業が行われることを意味するものである。学校においては、かかるテスト授業の危険を予見して授業計画を立て、かつ管理しながら実施しなければならないわけである。

この点をテスト授業中事故においてみると、その授業計画や管理は、かかるテスト授業の危険についての一般的予見にもとづいたものであったとはいえないようである。すなわち、校長も、練習を「やっていながらテストをやらせるのも一つの方法かなと思いました」という感想を持っている程度であり、教諭もテストのときに、もう一人補助の人を付けることについて考えたことはないかとの尋問に対して「ありませんでした。」と答えていることから、かかるテスト授業の危険については予見だにもしていなかったことが窺われるのである。

ロ　テスト授業に伴う危険回避措置義務懈怠

前述のようなテスト授業に内在する危険を回避するには、授業計画ないし授業管理として、担当教諭がテストに専念しているときでも、テストを受けていない生徒が自主的に行っている体育授業に伴う危険を回避するための体制をとることが必要になる。そのためには、もう一人の補助員を配置することが適切である。このような補助員配置は、教員定数との関係で客観的に無理を強いることになるとの反論も考えられるが、本来は、それであっても学校の生徒に対する身体、生命上の安全を保障するのにはその可能性を探究しなければならないのである。ましてや、学校においてはチームティーチングで臨むことが可能であったのであるから、無理を強いるものではなく、そのことにつき検討を加えることがなく漫然と一人の担当教諭によるテスト授業という授業計画のもとで行われたものであって、危険回避義務懈怠があったといわざるを得ない。

なお、もし補助員を配置することが困難であるということであるならば、それに代わって危険回避措置を講ずるべきであった。例えば、テストを受けていない生徒につき、生徒間でグループによりお互いに安全につき注意させるという体制も採り得るわけであって、体育のテスト授業の管理体制として、そのことを担当教諭に徹底させて置くべきであったといえる。

要するに、テスト授業中事故では、基本的に、テスト授業に内在する危険についての専門職者としての一般的予見義務を怠ったことの結果として、被告学校において、何らの危険回避義務も尽くされることなく漫然とテスト授業を行っていたという安全注意義務懈怠があったということになる。

ハ　生徒の判断能力との関係での安全注意義務懈怠

テスト授業中事故の被害生徒は中学校三年生であることから、危険についての判断能力もあり、学校教育においてはなるべく自主的な活動に委ねるべきであることから、「安全について、自分で要するに判断をするという」指導で十分であったこと、また原審認定のように「本件事故は被害生徒が教諭の目を盗んで勝手に課題外の技を試したことに起因すること」から、学校には安全注意義務懈怠があったとはいえないとの反論もあり得よう。

しかし、中学生の時期の特徴としては、文部省（現・文部科学省）の中学校における「安全指導の手引」が「いわゆる幼少の時期から本格的な青年期に移行する過度期にあ」り、「認識力や理解力は高まっているから、安全のためのきまりやその防止の仕方などについては、言葉の上での了解は容易であるが」「気分の変化が大きく気まぐれな行動を時として見られることは安全指導にとって見逃せない特徴である。」と指摘している。また、教諭自身も「中学生特有の思春期、反抗期、そういうものは認識しています。」と答えている。すなわち、中学生の時期は、授業における安全についての日常的な指示は認識し理解できる能力をもってはいるが、具体的な授業場面においては指示に従うことなく危険な行動にでることのあることを前提として中学生に対する安全注意義務を考える必要がある。このことからすると、中学生であって自らに安全についての判断能力があるというだけで、何ら安全についての対応もなされていないということは安全注意義務懈怠があったということになる。

ましてや、テスト授業のように、何度も繰り返しになるが、テストを受けていない生徒については、担当教諭の注意力が及ばず、開放感から勝手な行動を採りやすいという授業では、中学生のこのような危険な特徴を誘発することになり、このことを予見し、危険回避の措置を採るべきである。このため、被害生徒が中学生であったということ、また仮に勝手な行動に出た結果であるとしても、上記のような学校の安全注意義務懈怠を免れることはできないのである。

ニ　学校の授業管理上の安全注意義務懈怠の責任者

上記のような学校の授業管理上の安全注意義務懈怠の責任は、学校組織自体にある。しかし、このような組織過失ともいうべき概念は、今日、損害賠償責任法理における帰責概念として入れられないとすると、学校組織を管理する責任者としての校長の責任として捉えることができよう。さらには教育委員会は学校の教科指導、安全配慮につき、一般的、日常的に指導監督する立場にあることからすると、このような学校組織自体の安全注意義務懈怠につき適切な指導監督を行っていなかったということで教育委員会の安全注意義務懈怠と捉えることもできる。

いずれにしても、本来は学校組織自体の安全注意義務懈怠ということになるが、学校の校長あるいは教育委員会の安全注意義務懈怠としてもみることができ、学校は賠償責任を免れ得ないものである。

3　テスト授業中事故における担当教諭の安全注意義務懈怠

イ　テスト授業実施にあたっての一般的危険予見義務懈怠

テスト授業は、体育実技テストであることから、担当教諭はテストを受けている生徒の実技評価に集中し、テストを受けていない生徒を監督し注意を払うということは困難であり、このことによってテストを受けていない生徒が開放感から自由な行動を行い危険な状態の生ずることを、教育専門職者としては予見しあるいは予見すべきであったのに、このような危険予見義務を怠って、漫然とテスト授業を実施したことは、担当教諭としての安全注意義務を怠ったといわざるをえない。

担当教諭が、本件テスト授業を実施するにあたって、通常の授業と同様の方法で漫然と実施していることは、そのことを示すものである。また、もう一人の補助者を付けること、チームティーチング体制をとることが可能であるのにその要請さえしていないことも、このような危険予見を怠った結果であるともいえる。

ロ　テスト授業における安全措置義務懈怠

テスト授業のように、担当教諭が一人でテスト授業を実施する場合は、テストを受けていない生徒に対する体育授業に内在する危険、すなわち生徒が自由に実技練習を行うにあたっての危険から生徒の身体、生命の安全を守るための措置を講じておくべきであったのに、このような安全措置を講じて実施していなかった点に安全注意義務懈怠がみられる。

そのためには、担当教諭が全体を監督し得る可能性のある通常の体育授業とは異なる危険の内包する授業であることの認識の下で、テストを受けない生徒の行動について特別に注意を与えるとか、生徒をグループ別に分けて相互に安全について注意をさせるとか、もしそれでも危険であると思われるときは望ましいことではないが生徒全員をテストの場に参加させるとかの措置を講ずるべきである。

しかし、教諭は、最初の授業において体育授業につき注意を与えただけでテスト授業の実施に際し具体的な安全に関する注意も与えていない。また、安全については生徒が自分で判断するという指導を行っており前述したような中学生の時期においては指示に従うことなく危険な行動をとることがあるという特徴への配慮を全く欠いたまま実施されていること、生徒相互の安全監視に役立つであろうグループ編成も壊れたままで実施していることなど、危険回避措置義務懈怠は明らかである。

ハ　テスト授業における安全条件整備義務懈怠

テスト授業は、通常の体育授業と同様の方法で実施されたこと自体、安全注意義務懈怠に当たることは前述したところであるが、それだけではなく、本件事故のもとになった跳び箱についてみると普段の体育授業では七段の跳び箱を使用して授業が行われていたのに、テスト授業で初めて八段にセットされたまま、指導者もなく使用させたことは、通常の体育授業以上に危険を増幅するものであり、体育館内の安全を確認し安全条件整備をしなければならない義務に違反するものといえる。

教諭は、テストを受けていない生徒の練習に際して「新しい技ではなく、既に習得している技を磨くように指示した」ようであるが、このような条件整備では、跳び箱運動に関しては、そのような指示に従って練習できる状態ではなかったということになる。このことから、かりに普段の前方倒立回転跳びを練習していたとしても危険は増幅されていることは明らかである。なおさらに、八段になり高くなっていたことが被害生徒による普段とは異なる技の試みを誘発したとも推測される。この技は、跳び箱の最上段から後方向きに空中回転しマットに腹這いで着地するものであるが、そのためには跳び箱が相当に高くないと試みようとはしないものと推測される。このことから、被害生徒の母親が「高さがないとできなかったと思います」、また、低い跳び箱だったらそういう遊びはしなかっただろうということになるわけですかとの問に対して「そういうことも考えられます」と証言しているのは母親であるからではなく、一般市民の常識ではないかと思われる。このような常識からみても、八段積みのままテスト授業を行い、テスト待ちの生徒に自由に練習をさせたということは、安全条件整備を怠ったということになろう。

ニ　テスト授業における生徒の動向掌握義務懈怠

ところで、原審判決は、教諭は単独でテストを受けていない生徒を監視することが不可能であったわけではないとしている。その通り不可能とはいえないとしても、問題は、テスト授業のように担当教諭が一人でテスト授業を実施する場合は、テストを受けていない生徒の動向を掌握することが重要であり、テスト授業において生徒の動向を掌握する処置をとっていたかどうかである。

この点、教諭は、全体を見渡せる場所に位置していたこと、授業において生徒は指示違反をしていなかったこと、被害生徒が目を盗んで勝手に課題外の技を試みたことから、動向掌握義務違反はないとするのが原審の判断である。

しかし、テスト授業という特質から、全体を見渡せる場所に位置することによって生徒全体の動向を掌握しうる可能性があっても掌握していたとはいえないし、生徒の動向を掌握するために、時々はテストを中断して生徒全体を監視指導するなどの措置をとっていた形跡も確認されていないのに動向掌握義務違反がなかったとするのは軽率である。現に、被害生徒が二回にわたって跳び箱の最上段に立つという行動をとっていることにも気付いていないこと、被害生徒の事故を発見した生徒が呼んでいるのに直ちに応ずることなく暫くして対応しているなどからすると、テストに専念していたことは明らかであり、テストを受けていない生徒の動向を掌握していたとは判断できないであろう。このことによって、まさにテスト授業に内在する危険を現出させたわけであって、その安全注意義務懈怠は免れないところである。

ホ　テスト授業における中学生期生徒の行動注意義務懈怠

原審判決は、テスト授業中事故は、被害生徒が「教諭の目を盗んで勝手に課題外の技を試したことに起因すること」に原因があるとして、教諭の安全注意義務懈怠はないとする。もし、このような具体的状況の生ずることまで予見し、その予見に基づいて被害防止措置を講じなければならないとすると、常識的にも無理を強いるということになろう。しかし、テスト授業中事故では、このような具体的危険発生についての特別予見義務を問題にすべきでないことは前述したところである。

一人の担当教諭によってテスト授業を行う場合、テストを受けていない中学生期にある生徒のとる行動による危険を一般的に予見し、その危険の回避措置がとられていたかどうかが問題となるのである。このことから、勝手な行動をとる恐れのあることや、課題外の技を試みるというような行動、担当教諭の目を盗むという行動など意外な行動をとることが予想される。このような行動は、一般市民的行動基準からすると非難されるべきものであるし、担当教諭の指示に従わなかったということから、その非は認めざるをえないでろう。しかし、テスト授業中事故は、中学生期にある生徒を教育する専門職者の指導の下での事故であることからすると、これら一般的には非難されるような行動をとる可能性のあることを予見した上で、対応するのでなければ安全注意義務を尽くしたとはいえない。このことから、かりに被害生徒が原審認定のような行動をとっていたとしても、教諭が通常の授業と同様に、漫然とテスト授業を行っていたことは、中学生期生徒の行動につき注意する義務に違反したものであり、その責任は免れないのである。

なお、ちなみに被害生徒の行なった技について「プロレス技」であり体育授業では行ってはならない技を行ったとして捉え、被害生徒の行動への非難を強めている節がみられる。しかし、そのような技は、被害生徒にとっては跳び箱を使っての運動競技の一種であるとして当該技を試みたものとみるならば、課題外の技ではあったがより高度な技の試みの行動であって、跳び箱運動の練習の一環であったと解することもできるわけで、「プロレス技」＝非難行動と判断するのは妥当とはいえないであろう。

四　先例との関係

テスト授業中事故における安全注意義務に関する判例は、余りみられない。知見する限りでは二件の判例がみられる。一件目は、小学校三年生の女子生徒が、国語のテスト中に、隣席の男子生徒に突然鉛筆で左眼をつき刺されて負傷した事件で、担当教諭が「カンニングの気配のある児童に気をとられてその間加害生徒の動静に注意しなかったことには特に責められるべき点はない」とした判例がみられる（神戸地判昭和五一・九・三〇判例時報八五六号七三頁、判例タイムズ三五二号二八三頁。なお、ちなみに当該判決では、加害生徒が普段から粗暴であることを認識しながら適切な対策を講じていなかった点には、担当教諭として安全につき万全を期すべき高度の注意義務があったとして責任を認めている）。この判決では、テスト授業中、カンニング生徒に注視すると共に、生徒全体の行動をも掌握することは不可能を強いるものであるとの価値判断が前提になっているものと推測される。

本件テスト授業中事故でも、テストに専念しながら生徒全員を掌握することを強いるかの現象がみられ、同様の価値判断に至る危惧がないわけではない。しかし、この判決では、国語のテスト授業であってテスト授業自体においては、担当教諭により生徒全員の行動を掌握しながら実施されている点で、テストに集中することによって他の生徒の行動を掌握できないという状況での授業である体育のテスト授業と基本的に異なるところがある。また、この判決では、一点集中、他生徒不掌握という状況が一時的に発生したにすぎないのに対して、本件テスト授業では、そのような状況が構造的に予想されるものであったという点においても異なる。以上のようなことから、この判決の前提とした価値判断は、本件テスト授業中事故においては援用すべきでないということになる。

二件目は、高校一年生の体育授業中に、一〇名ずつ四組に分けて一組ずつ倒立テストを行っていたとき、テスト待ちの生徒が前方空中回転運動を補助者なく練習し、回転に失敗して死亡した事案で、指導教諭には指導監督上の過失があると判示したものである（大阪地判昭和四七・八・三〇学校事故・学生処分判例集（ぎょうせい）一一八頁）。そこでは、「事故当日のそれは監督に当たるべき同人自身、練習のなされた場所から七・八メートルも離れたところに位置して倒立テストに専念、本件回転運動を練習していた者については時々顔を上げて見やる程度で格別の注意もせず、いわば、放任された状況にあったともいい得る。従って、……事故当日においては、注意義務に欠けるところがあったといわざるをえない。」こと、「次に被告は、（教諭）は多数の生徒を対象としなければならず、又倒立テスト中であったので、（被害生徒）らに注意を向けられなかったし、当日は各自の能力に応じ無理をしないように既習種目などの練習をするよう指示したから、同人の指導監督上の過失はない旨主張する。しかしながら、前記認定事実によると、……（生徒が）自己の伎倆の程度を慮ることを怠り危険をおかしても無理にでもその練習に励む傾向にあることは見易いところである。従ってこれを指導する（教諭）としては右の事理を洞察して、単に各自の能力に応じたその練習をするようにという指導をするだけでは、伎倆未熟なかかる生徒が練習することを抑制できない点を察知すべきであったといわなければならない。又生徒が多数のため、もしくは倒立テストのためその注意義務が果たし得ないのであれば、危険性の高い本件回転運動の練習をさせないでおけば、本件事故は避け得たものと考えられる」こと、を指摘して過失を認めたものである。

この判例はまさに、本件のようなテスト授業を実施するにあたっての担当教諭として**三3**で上述したような注意義務のあることを肯認するものである。もっとも、本件テスト授業中事故では、普段の技とは異なる技を試しみた点で異なるところがあるが、被害生徒は運動能力に優れていた者であることからすると、練習すべき技を特別に指定されていないことから、さらに新しい技の挑戦に駆られるのは道理であり、このことについて洞察することなく、放任状態で練習させていたことについては、被害生徒にも若干の落ち度があるとしても、この先例の安全注意義務法理に照らしてみるとき、担当教諭の安全注意義務懈怠による責任は免れるものではない。

21
東京都立大島南高校生徒水難事件の検討

はじめに

本稿は、平成七年五月一三日に発生した東京都立大島南高等学校生徒水難事故により、生徒三名死亡、一名行方不明になったこと（以下、「本件水難事故」と呼ぶ）につき、学校に損害賠償責任があるか否かにつき検討するものである。

一　水難事故についての東京都の損害賠償責任

水難事故につき、学校に安全注意義務懈怠が認められるときは、東京都は学校設置者として損害賠償責任を負うことについては異論はない。

1　水難事故と学校の安全注意義務の範囲

そこで、まず水難事故が学校側の安全注意義務の範囲内での事故であったかどうかが問題になる。水難事故は、学校の寄宿舎生であった生徒らが、同校の休業日である第二土曜日午後の自由時間における外出中に、同校外の差木地漁港付近の海で生じたものである。このことから、一見、水難事故は、同校の寄宿舎生に対する指導、監督の範囲を越えた時間と場所で生じた事故であり、学校の安全注意義務の範囲外での事故のように見受けられる。

しかしながら、水難事故は、学校の授業中の事故とみることはできないが、学校の教育活動と密接に関連する学校生活関係の外延での学校生活外延事故とみることができる。

学校は、生徒らに海洋に関する専門教育を行うことを目的とし、寄宿舎は、単に通学が困難な生徒に宿舎を提供するだけではなく、その教育効果を高めることをも目的として設置されたものとみることができる。被害生徒らの入学していた学校の海洋科は、漁船員の育成を含む水産、海洋教育を目的としており、このためには、学科について学ぶだけではなく、集団的で規律ある生活を身につけることが重要になる。学校の寄宿舎は、後者の集団的で規律ある生活の養成を担うものであった。入舎に際しては、教育上入舎させることが必要であるかどうかを勘案して校長が許可していたことや、現在では若干変更がみられるとしても「寄宿舎生活に対する指導については、数年前までは、寄宿舎を船に見立てての生徒の責任ある行動に期待する向きもあった」ことなどからも推測することができる。また、寄宿舎の管理運営に関しては、「東京都立大島南高等学校及び東京都立小笠原高等学校の寄宿舎の管理運営に関する規則」（昭和四六年三月一九日、教育委員会規則第二二号、以下「規則」という）では、寄宿舎の管理運営は学校長の職責とされ、校長が管理運営に必要な事項を定め、規則五条の三第一項では舎監長は、校長の命を受け、寄宿舎の管理運営に関する事務について校長の職務を補佐し、二項では舎監長は寄宿舎の管理、規律の保持及び生徒の教育を、三項では舎監は上司の命を受け寄宿舎の管理及び生徒の教育に従事するものとされ、単なる寄宿舎生活の管理だけではなく、「生徒の教育」にあたることが明記されている。現に、寄宿舎の管理運用に関しては全教職員による組織的遂行体制が採られ、事故当日も午前八時三〇分から午後一時までは教諭、午後一時から午後五時までは実習助手が日直勤務に当たり、舎監長に代わり、それを担当していたのである。以上のことから、生徒らの寄宿舎生活が学校の教育活動と密接に関連したものであることについては、全寮制ではなかったとしても、全校生徒一四三名中九八名が入舎している実態と併せて、これを否定することはできないであろう。

このような学校の教育活動と密接に関連する学校生活外延事故については、事故発生の時間と場所に関係なく、学校の安全注意義務の範囲に入るものと解される（伊藤進＝織田博子・解説学校事故三七七頁参照）。現に、学校の校長が、平成七年六月九日の「水難事故説明会」と平成七年六月一一日の「水難事故説明会」の二回に渡って「今回の事故は、休日の自由時間における外出中の事故でもありますが、大切な子どもさんを学校が二四時間体制でお預かりしております、学校の管理のもとであったと受けとめております。その責任を校長として感じております。」と言明しているのも、学校の安全注意義務の範囲内での事故であったとの認識に基づくものといえよう。

このことは、先例として、放課後事故につき「被告学園の教育活動に密接な関係のある生活関係の範囲内の事故として、……被告学園に安全配慮義務を負う」（東京地判平成二・六・二五判例時報一三六六号七二頁）とするものや、校外活動事故につき「特別教育活動であるとの本質を左右するものではない」（福島地判昭和四三・二・二〇判例時報九〇六号八二頁）とするものなどがある。そこで、これらから推論するとき、本件水難事故は、前記先例以上に、学校の教育活動と密接に関連する学校生活上での事故であり、学校の安全注意義務の範囲内の事故とみることができる。

2　生徒らの差木地漁港防波堤での飛び込み（いわゆる「差木地バンジージャンプ」）と学校教育活動ないし寄宿舎生活の関係

本件水難事故は、生徒らが、差木地漁港に赴き、同漁港防波堤から飛び込み（いわゆる「差木地バンジージャンプ」）、外海に出たための事故であることから、生徒らの個人的判断に基づく行動の結果として生じたものであって、学校の安全注意義務の範囲内での事故とはいえないのではないかとの疑問も生ずる。

しかし、本件水難事故は、生徒らの「個人的行動」の結果ではなく、学校の教育活動および寄宿舎生活に関連しての行動の結果として生じたものであることから、学校の安全注意義務の範囲内での事故であることには疑問はない。学校の寄宿舎生活では、寮生は、食事の時、登校の時、外出の時、入浴の時の全ての生活活動において三年生と一緒に行動しなければならないものとされている。教頭の陳述によれば、一年生は、寄宿生活に早く馴染んでもらう意味もあり、寄宿舎の棟毎にグループを作って、それを特定の三年生が面倒をみるシステム、「三年生に付く」システムが採用されていること、また舎監から「一年生は三年生について一緒に生活し、上級生の指導に従う……単独行為はできない……勝手に外出することはできない」と指示されていたとのことである。すなわち、学校の寄宿舎生活は、三年生主導による集団的生活が原則になっているものと指摘できる。また、本件水難事故当日の行動についても、差木地に行くことについては、C（三年生）とD（三年生）とが事故当日午前中に相談し、E（三年生）は誘いを受けて同行することにし、「泳ぎが得意でない」者二名と「外出禁止」者三名の五名が不参加であり、一名が任意参加したものの、これら三年生三名のグループに属する一年生一二名が参加するという、集団行動がみられる。さらには差木地漁港防波堤からの飛び込み（いわゆる「差木地バンジージャンプ」）についても、差木地漁港到着（一時三〇分）後、防波堤下段から最上段にワイヤロープで登り（一時五〇分）、一年生参加者一二名中の九名が飛び込み（二時）、全員が飛び込みを終わった時点で外海から湾への入口に三年生を先頭に一年九名が続き、二年生二名が最後尾に位置し、三年生二名が監視するという三年生主導による統制的集団行動の下で実施されている。

このような状況から推測するならば、旧陸軍の内務班におけると同様の陰湿な上下関係図式、命令服従関係に基づく集団行為である場合は当然として、かりにそのような事実が存在しない場合であっても、三年生主導による任意的統制集団行為の下で事故が生じたとみることができる。そして、学校の寄宿舎生活は、このような三年生主導の集団的行為を原則としていることからすると、それに参加することは、学校の教育活動および寄宿生活の中での行動とみることができ、学校の安全注意義務の範囲内の行動と解される。

なお、ちなみに県が、農業技術者養成のために高校卒業生を対象とする研修所の寄宿舎内での寮生間の暴力行為による死亡事故につき寮の職員には寮生に対する日常の指導、監視等を通じて、暴力行為等の危害から寮生を保護すべき相当高度の注意義務があったということができるとして、注意義務及び過失を肯認することは過酷でなく、その職務は研修所における教育活動の一環といえるとした先例（松江地判昭和五六・三・三一判例タイムズ四四九号二七三頁）からみても、舎監長あるいは日直教職員の安全注意義務の範囲内にあると解することができる。

3　水難事故と学校の安全注意義務懈怠

ついで、本件水難事故が、学校の安全注意義務の範囲内での事故であるとすると、水難事故にかかわって学校に安全注意義務懈怠があったかどうか問題になる。

(1)　学校事故における安全注意義務の程度

このような学校事故における学校ないし教諭の安全注意義務の程度・内容は、一般論としては、教育という「危険に携わる専門職者」としての高度なものであると考えられる。すなわち、学校教育に携わる学校や教諭は、学校教育の専門家として、発達成長途上にある生徒を指導することを職責とする者として、学校教育における構造的危険の内包を自覚し、高度な注意をもって危険の回避に努めなければならないのである（日本弁護士連合会「学校災害補償に関する中間意見一〇頁以下）。このため、学校事故については、無過失損害賠償責任の必要が唱えられているのである（伊藤進・学校事故の法律問題一一頁以下参照）このことは、本件水難事故が、現象的には、学校の寄宿舎生活において生じたものであるとしても、それは前述のように学校の教育活動と密接に関連する学校生活上での学校生活外延事故であることから、当然に妥当する。

(2)　学校生活外延事故における安全注意義務の内容

学校事故における学校ないし教諭の安全注意義務は、教育という危険に携わる専門職者としての高度なものであるとはいえ、その具体的内容は、学校事故類型に応じて異なる。本件水難事故は、学校生活外延事故であることから、通常は、特別事情につき予見する義務が問題とされているようであるが、このような事故類型の場合には校長など学校生活管理上の安全注意義務の問題として捉えるべきであり、その安全注意義務の内容は学校生活に伴う通常の危険についての一般的な予見義務の問題として捉えるべきである（拙稿・前掲書四九八頁）。

ましてや、本件水難事故の場合には、学校事故類型としては外形的には学校生活外延事故に該当するとしても、前述のように学校の学校教育活動のうちの集団的で規律ある生活の養成として、教育活動それ自体とみるべき関係において生じたものであり、それは学校行事中事故や課外クラブ活動中事故のような教育活動内在型事故にも比すべきものであることからすると、学校の安全注意義務懈怠については被害生徒らの学校生活としての寄宿舎生活に伴う通常の危険についての一般的な予見義務が尽くされていたかどうかの観点から判断すべきことになる。すなわち、通常の教育活動外在型事故としての学校生活外延事故のように具体的な事故発生の特別事情の予見を問題とすべきではないのである。

このことから、本件水難事故は、差木地漁港の外海に飛び込み港に向かって泳いでいるとき（以下、「遊泳」という）に高浪ないしうねりの発生により生じた事故であることから、三年生主導による任意的統制集団行為としての「差木地の海での遊泳」と差木地の海での「高浪ないしうねりの発生の可能性」が予見できたかどうか、またこの予見に基づいて生徒らの生命、身体の安全確保のための適切な措置が採られていたかどうかが、学校の安全注意義務懈怠判断の基準となる。

⑶　水難事故における学校の安全注意義務懈怠

そこで、以上のような基準に立ってみると、本件水難事故は、学校の舎監長や日直勤務教職員に、生徒らの学校教育活動と密接に関連する学校生活としての寄宿舎生活における生命、身体上の安全注意義務懈怠があったと判断することができる。

イ　本件水難事故当日における生徒らの「海での遊泳」につき予見していたこと　このことは、学校の生徒の海への関心が特に高いことから、舎監長は、事故発生の前日に当たる五月一二日の最終点呼時に「今年度初めて寮生活で二連休になる。事故を起こさないよう、特に海には細心の注意を払え」と訓辞していることからみても明らかである。また、外出ノートに記載して、外出する際、海洋科の教諭から「海が荒れているから注意しろ」と声をかけられたとされているが、これが事実だとすると、海で遊泳することについては認識までしていたことになる。

ロ　「差木地の海」での遊泳が予見できたこと　学校は、寄宿舎外での行動把握のために、外出ノートに行先を記入させている。水難事故当日、そこには「差木地」あるいは「差木地／バンジー場」と記入され、三年生主導の下で集団として外出する旨が届けられていることから、この外出ノートをみれば、差木地の海での遊泳を予見することが可能であったと判断できるからである。

外出先につき「差木地」あるいは「差木地／バンジー場」と記入されていても、差木地漁港防波堤からの飛び込み、いわゆる「差木地バンジージャンプ」を行うことまで予見できたか否かについては争いのあるところである。しかし少なくとも、生徒の間では、「差木地バンジージャンプ」の行われていたことは事実のようである。また参加生徒間では差木地に行くのは「差木地バンジージャンプ」をするためであることを予想していたようである。学校側についてみれば、教頭が「差木地バンジーなるものは存在することについては、舎監のうち三人だけが知っていました」と説明しているように、全く見知していなかったわけではない。このことからすると、「差木地」あるいは「差木地／バンジー場」の記入を見ていたとすれば、「差木地バンジージャンプ」の行われることは予見できたのではないかと推察される。

また、少なくとも、これらの事実を総合すると、「差木地」さらには明確に「差木地／バンジー場」と記入した生徒達の行動について予め、そこでどのようなことをするのかについて調べておくべきであったのに、漫然と過ごしたことにより、その行動を把握していなかった学校の落ち度は、免れないであろう。

さらには、「差木地」あるいは「差木地／バンジー場」と記入して外出した生徒がいたとしても「生徒が差木地の堤防上から飛込みを行うであろうことを予見することは不可能であった」との学校の主張が認められるとしても、本件水難事故における学校の安全注意義務懈怠判断の前提としての予見としては「差木地の堤防上からの飛込み」まで予見できたかどうかは問題ではない。本件水難事故は、差木地の堤防上からの飛込みの危険による事故ではなく、飛込み後の差木地の海での遊泳（外洋から港に入るために泳いでいた）中の事故であることからすると「差木地の海での遊泳」を予見するだけでよいからである。前日からの生徒の海での遊泳への関心の高さ、差木地の地理的位置づけ、当日の天候が晴れて暑苦しいという状況などのなかでの計一九名の集団外出行為からみて、「差木地」あるいは「差木地／バンジー場」の記入から「差木地の海での遊泳」を予見できなかったと経験則上、言えるであろうか。かりに「差木地バンジージャンプ」までは予見できなかったとしても、「差木地の海での遊泳」は予見可能であったと判断すべきであろう。また、このような大人数で「差木地の街」に集団で行くとしか予見できなかっとみるのも、お祭りなどの特別の行事のあるときは別にして、奇妙な予見ではないかと思われる。

なおさらに付言すると、「差木地」あるいは「差木地／バンジー場」の記入からどこまでの予見ができるかの問題以前に、本件水難事故は、学校の舎監長や日直教職員により、学校の教育活動と密接な関係のある学校生活としての寄宿舎生活における生徒らの事故当日の行動について何ら把握していなかったことに起因するものであることに留意しなければならない。学校は「そこで、右合計一九名は外出ノートに記入して午後一時頃宿舎を出発したが、その時刻が教諭と実習助手との日直交替の時間帯であり、しかも教諭は生徒から預かっている貴重品の金庫から出し入れに当たっていたので、両名とも右生徒らの出発を確認していない」旨、主張していることから明らかである。事故当日は、後述のように大島地方に波浪注意報が発令されており、生徒が海で遊泳することについては、特に厳重に注意しなければならない状況にあり、このため生徒の行動把握は最重要であったにもかかわらず全く行動把握が行われていなかったということは重大な落ち度ということができる。

ハ　差木地の海での遊泳中に「高浪ないしうねりの発生の可能性」を予見することができたこと　本件水難事故当日の海の状況については、大島漁業無線局「漁業気象」によると午前八時現在は波・うねり三メートルのち二・五メートル、午後三時現在では波・うねり二・五メートルの波浪注意報が発令されていた。そして、学校も、このような波浪注意報の発令されていたことの事実は認めている。このことから、「高浪ないしうねりの発生の可能性」を予見することは容易であった。特に、学校では、海洋に関する専門教育を行っていることからすると、その危険性についても予見できたものと思われる。

これに対して、波浪情報は大島では全島に一律に適用できないこと、大島の各地に生ずる波浪の状態は千差万別であること、波浪注意報は海岸の状態には適用できず海象の判断のための情報や資料の一つと認識していたこと、また午後二時頃の差木地の天候状況から風速も特に強くなく、波高もうねりもそれ程高くなく、特に危険を感じる程のものではないこと、さらには地元ダイバー三人の証言として波浪注意報が発令されていても突然著しい高浪が押し寄せてくることを学校側で予見することは極めて困難であったことを理由に、差木地の海での高浪ないしうねりは予見できなかったと主張されている。しかし、学校が、仮に教育活動の一環として、差木地の海での遊泳を実施し、その際に種々の状況から高浪ないしうねりは起こらないものと判断して遊泳を指示したにもかかわらず水難事故が発生したというような場合には、前述のような状況から予見が不可能であったと主張することはできるとしても、本件水難事故では学校のこのような具体的指示に際しての予見が問題となっているのではないこと、このため、予見不可能であったとするこれらの状況からでは、予見できなかったことの理由にはならない。本件水難事故では、生徒らが集団で差木地の海に遊泳に行く時点において、適切な措置がとられていたかどうかを判断する前提としての予見が問題になっていることから、波浪注意報が発令されていたことによって差木地の海に「高浪ないしうねりの生ずる可能性」が予見できたかどうかを問題にするだけでよい。このような観点に立ってみると、学校の主張のような状況がかりにあったとしても、その予見の可能性を否定することはできない。

二　学校に本件水難事故の防止措置が何ら取られていないこと　学校による本件水難事故の防止措置としては、生徒らが三年生主導の下で集団的に行った差木地の海に入ることを禁止するか、すくなくと差木地の海に入るにあたって波浪注意報が発令されていることから「高浪ないしうねり」に気を付けて海の状態に細心の注意を払うよう指示することが必要である。しかし、舎監長や日直教職員らによって、これらの事故防止措置は、何ら取られていない。

もっとも、舎監長は、事故の前日に、海での遊泳についての注意を与えてはいる。しかしこのような注意は、一般的なものであって、本件水難事故防止のための具体的な措置と評価することは困難である。また、本件事故当日、寄宿舎では潮汐予報を放送し、潮汐表が掲示されていたようであるが、この予報に基づく海の危険状態、波浪情報の徹底が図られていたとみることもできない。むしろ、日直教職員は、波浪注意報が発令されているにもかかわらず無関心で、海の危険状態を指示するなどの考えは皆無であったと思われる。

4　生徒らの危険回避能力との関係

生徒らは高校一年生に入学したばかりの一五歳の生徒であったことからすると、本件水難事故の原因となった波浪注意報発令中の差木地の海での遊泳という行動から生ずる危険を判断し回避するだけの能力が存在していたとみることはできない。高校一年や二年生ともなれば「成人に近い判断能力を有している」とする判例（神戸地判昭和四九・五・二三下民集二五巻五～八号四三六頁）もある。そこで、休日の一般的生活に関する行動については寄宿舎生徒らの判断に任せても何ら合理性に欠けるものではないであろう。むしろ、休日における生徒の自由行動を保障する意味でも教育上、望ましいことである。しかし、同判例は、研修旅行という特別な行動においては「まだ未熟なものが」あるとも指摘している。そこで、本件水難事故に関係してみると、波浪注意報発令中の差木地の海での遊泳という行動から生ずる危険を回避するだけの能力があったかどうか問題となる。事故当時一年生には水泳実習の指導が行われていなかったこと、入舎説明会では「大島の海は外洋で危険なので、海に行くときは三年生と同行が必要である」旨伝えられていたようであるが海洋に関する気象、海流、潮汐、波浪等についての指導も行われていなかったであろうことなどを勘案すると、波浪注意報発令中の差木地の海での遊泳という行動から生ずる危険を判断し回避するだけの能力があったとみることは困難である。ましてや、一年生は、三年生主導による集団行動をとることが原則とされていることからすると、参加は自主的判断であったにせよ三年生の指示にしたがって行動したまでであって、その行動の危険を理解して行動したとはいえない。なお、その行動を指示した三年生に危険回避能力が存在していたか否かについては疑問であるが、仮に存在していたとしても生徒らの危険回避能力として等置できるわけではなく、学校がそれを理由にして危険防止措置を取らなかったことによる責任を回避できるわけのものではない。それでは、差木地の海での遊泳を主導した三年生に危険回避の全責任を押しつける結果になり、許されるものではない。

二　学校の生徒らの差木地の海での遊泳についての危険の予見及び危険防止措置懈怠と本件水難事故との因果関係

学校は、仮に「差木地バンジージャンプ」について予見可能であったとしても、本件水難事故の発生との間には相当因果関係がないと主張する。かかる主張は妥当である。本件水難事故は差木地の海の「高浪ないしうねり」が原因で発生したものであって、差木地バンジージャンプの危険が原因で発生したものではないからである。

しかし、学校の波浪注意報発令中の生徒らの差木地の海での遊泳行為の危険の予見が可能であったのにこれを怠ったこと、そのことのためにその危険防止のための適切な措置を怠ったことの認定が妥当とすれば本件水難事故との因果関係を否定することはできない。すなわち、危険を予見し、差木地の海での遊泳行為を禁止していたならば本件水難事故は防止できたであろうし、相当の注意を与えていたならば本件水難事故が回避できた可能性があるからである。

22
福岡市立警固小学校持久走死亡事故の検討

はじめに

本稿は、福岡市立警固小学校の三年生であった「被害生徒」が、平成一一年一二月三日、持久走大会の事前練習に、ぜん息発作が生じて死亡するに至った事件につき、被害生徒のクラス「担任講師」及び警固小学校校長並びに同校関係教師らに、被害生徒の生命、身体の安全に配慮すべき義務に違反した過失があり、このため学校に国家賠償法一条一項に基づく損害賠償責任があるか否かにつき検討するものである。

一　学校事故と学校側の安全配慮義務

本件事故は、持久走大会の事前練習時の事故ではあるが、警固小学校における教育活動の一環として計画、実施が予定されていた正課の学校行事に伴って生じたもので、いわゆる学校事故として捉えることができる。

このような学校事故においては、学校ないし教師に、生徒の生命、身体を学校行事（事前練習も含む）の危険から保護するよう配慮すべき安全配慮義務が課されている。最高裁判例（最判平成二・三・二三判例時報一三四五号七三頁）も、「学校行事も教育活動の一環として行われるものである以上、教師が、その行事により生ずるおそれのある危険から生徒を保護すべき義務を負っており、事故の発生を未然に防止すべき一般的な注意義務を負うものであることはいうまでもない。」と判示している。このことについては学説においても異論はない。

ところで、このような学校ないし教師の安全配慮義務の内容・程度は、一般論としては、教育という「危険に携わる専門職者」としての高度なものであると考えられる。日本弁護士連合会は、「教育は子どもに対し、知育、体育、情操教育などを通じて創造性を豊かにし自主性に富んだ全人格的発達を保障するものでなければならないことから、学校での学習活動には危険が不回避的に伴うものであり、しかもこのような危険を内包する学習活動が、子どもの成長に不可欠である」（日本弁護士連合会・学校災害補償に関する中間意見書一〇頁以下）として、学校教育に構造的危険の内包していることを指摘している。このため、学校教育に携わる学校や教師は、学校教育の専門家として、発達成長途上にある生徒を指導することを職責とする者として、かかる学校教育における構造的危険の内包を自覚し、高度な注意をもって危険の回避に努めなければならないのである。

また、学校行事は日常的に定まった教育活動とは異なり一時的な要素の強い教育活動であることから、生徒の危険に対する対応能力が十分に備わっていないことや、とくに校外で実施されるために、どのような危険を伴うか予測しがたい面があることから、安全配慮義務の内容・程度は、正課授業の場合よりも加重されると解される。この結果、校外学校行事の場合は、正課授業の場合よりも、その校外学校行事に伴う危険については慎重に予見し、生徒の生命、身体の安全確保のための措置を十分に施す必要があるのである。

これまでも、学校行事事故について、過失を認定している判例（伊藤進＝織田博子・解説学校事故（三省堂）一五四頁参照）の多いのは、このような考えが前提になっているものと推測される。

二　本件事故の特徴と過失判断基準及び原審評価

1　学校事故における過失の内容

学校事故において、不法行為に基づく損害賠償責任成立の要件となる過失判断の前提となるのが、前述のように学校ないし教師に課されている生徒の生命、身体に対する安全配慮義務に違反していたかどうかである。それは、他の不法行為訴訟と同じように、学校ないし教師の事故発生について予見義務違反があったか否かと、事故回避義務違反があったか否かにより判断される。このことについては、通説、判例において異論のないところである。そこでまず、これらの義務違反についての判断基準につき言及すると共に、このことに関する原審の当否につき評価する。

2　学校行事中事故と過失判断基準

学校事故における学校ないし教師の安全配慮義務は、教育という危険に携わる専門職者としての高度なものであるとはいえ、その具体的内容・程度は、学校事故類型に応じて異なる。すなわち、教育活動類型との関係において判断しなければならない（伊藤進＝織田博子・前掲書四九七頁以下参照）。

かかる観点からみると、本件事故は、学校行事中事故と同視できる。このため、教育活動内在型事故とみることができる。すなわち、学校の授業以外の教育活動に内在する危険の顕在化として生ずる事故である。授業自体に内在する危険の顕在化としての事故でない点で授業過誤事故と区別される。また、課外クラブ活動中の生徒間事故のように学校教育活動と密接な関係において生ずる教育活動外在型間接起因事故や教育活動及びこれと密接に関連する生活活動の外延上での学校生活外延事故とも区別される。

教育活動内在型事故では、授業過誤事故と同様に、安全配慮義務違反の前提となる学校ないし教師の予見義務の内容は、その教育活動や授業に内在する危険についての一般的な予見でよい。すなわち、教育活動内在型事故では、安全配慮義務違反を判断するにあたっては、当該教育活動において通常発生することの予測が可能であったか否かが基準となる。教育活動外在型間接起因事故のように具体的な事故発生の特別事情の予見を問題とすべきではないのである。

このことから、最高裁判所（最判昭和五八年二月一八日民集三七巻一号一〇一頁）が課外クラブ活動に伴っての生徒間喧嘩事件で「何らかの事故の発生する危険性を具体的に予見することが可能であるような特別の事情」、すなわち「体育館の使用をめぐる生徒間」の「喧嘩」が予見可能であったことを必要とした基準を、先例にすべきではないのである。本件事件では、課外クラブ活動自体に内在し、そのクラブ活動に直接起因する危険性による場合でないこと、喧嘩というわば生徒個人の性格やその場のなりゆきに由来する問題がからんでいることから、教育活動に伴うものとはいえない場合であっても、特別事情についての具体的な予見可能がある場合には、安全配慮義務懈怠になるとするものであって、本件事故のような学校の教育活動に伴って生じた事故については射程に入ってはいないのである（伊藤進「学校事故と最高裁判決―最判昭和五八年二月一八日判決を契機として―」判例タイムズ二八頁以下、同旨、山口純夫「判例評釈」判例時報一〇九七号二〇五～二〇六頁）。すなわち、本最高裁判決の過失判断基準は、教育活動外在型間接起因事故あるいは学校生活外延事故にかかわるものであって、教育活動内在型事故にかかわるものではないのである。

ところで、原審は「本件事前練習のような持久走大会にぜん息疾患を有する児童の参加を回避すべき義務が発生するというためには、前記のようなぜん息疾患を有するという理由のみから導かれる一般的・抽象的なぜん息大発作の発生可能性の存在だけでは足りず、当時の具体的状況の下で突然死につながるような大発作が発生する具体的な予見可能性が要求されるというべきである。」との判断基準を前提として、「小学校の教師に過ぎず医学の専門知識を有しない講師及び関係者において、被害生徒が本件事前練習に参加するにあたり、同人が同練習により、ぜん息の軽度の発作ではなく、本件事故のように、死に至るようなぜん息の大発作が発症することを具体的に予見することが可能であったとは認められない。」と認定して、担任講師の過失を否定している。このように原審が「死に至るようなぜん息の大発作」発症という特別事情についての具体的予見可能を過失判断の基準としているのは、前述の最高裁判決の示した教育活動外在型間接起因事故あるいは学校生活外延事故にかかわる過失判断基準である特別予見可能性を前提とするものであって、本件事件のような教育活動内在型事故の場合の過失判断の基準として援用するのは教育活動類型からみて誤った解釈といわなければならない。

このことの結果、本件事故においては、学校行事として実施した持久走大会の事前練習に内在し、通常発生する危険を予見し、それを回避するための措置が採られていたかどうかを基準にすべきである。

3　学校行事としての持久走大会の事前練習と過失判断基準

本件事故は、警固小学校のほぼ全校的な学校行事として予定されていた持久走大会の事前練習時に発生したものである。このことから、過失判断にあたっては、持久走大会の事前練習に内在する危険から参加生徒の生命、身体の安全を護るための注意義務に違反していなかったか否かが問題になる。

本件学校行事に予定されていた持久走及びその事前練習は、生徒自身が自分の体力にあわせ長距離を持続して走る競技である。学習指導要領では、小学校三年生の持久走については特に明示せず、指導書で「無理のない速さで走ったり、歩いたりしながらかけ足を続ける」場合の運動量の目安として「かけ足（三、四分間程度）」としている。本件事前練習の走行距離は小学校三年生は一〇〇〇メートル走ることを内容とするものであり、これらに定められた内容に比して相当に長いものであることは原審の認めるところでもある。もっとも、このことだけをもって、違法あるいは安全配慮義務違反といえないことは原審判断の通りであるが、小学校三年生の持久走の事前練習としては内在的危険が増幅されているものであることに留意して安全配慮義務の内容を判断しなければならないものである。このことから、原審が「走行距離が伸びたからといって直ちに児童の生命・身体への危険性が増大するものとは認められない」と言い切って、そのことにつき一顧だにしていないことには疑問が残る。

また、持久走は、自分の体力にあわせて一定距離を持続して走る競技であるとはいえ、学校における持久走に伴っての死亡事故は裁判例（大坂地判昭和四八年一一月二〇日判例時報七四九号八七頁、東京地判昭和五六年六月二九日判例時報一〇二七号九〇頁、判例タイムズ四五四号一〇七頁、東京地判平成七年三月二九日判例タイムズ九〇一号二一六頁）に限定してもみられるところであり、持久走競技に内在する危険は重大なものであって軽視することのできないものである。このことから、本件学校行事は、一般に、児童、生徒の生命、身体に危険を及ぼす可能性のある学校行事であって、それを「実施するにあたっては、教師及びその使用者である学校には、対象となる児童、生徒の身体状況や能力を把握し、事前に十分な説明や指示、注意をしたうえで、それぞれの児童、生徒の能力に応じ安全を考慮して指導をしなければならない」（前掲、東京地判平成七年三月二九日）ということになる。このことから、教師および学校において、このように生徒の事前の健康を正しく把握する義務に違反していなかったかどうか、本件持久走の事前練習に内在する危険を前提として生徒に対して適切な指示、注意を与えていたかどうか、その能力に応じた指導が行われていたかどうかにつき判断することが必要である。原審は、担任講師による被害生徒の健康状態の知見について認定を行うだけで安全配慮義務違反はなかったとしているようであるが、本件持久走の事前練習とその前に行われた運動、学校からスタート地点までの約二五分の歩行を加えた総運動量に内在する危険との関係において、そのような知見に基づく判断で適切であったのか否か、また学校としての健康状態の把握は十分であったかどうか、さらには担当講師や学校による被害生徒に対する指示や注意、あるいは被害生徒の能力に応じた指導が適切であったのかどうかについては何ら判断していない不備がみられる。

また、事案は異なるが全校マラソン大会の学校行事に参加して走行中の高校生が心不全により死亡した事故で、事前の健康チェックは十分に尽くされていたこと、相応の看護、救助体制をとっていたことを認定しながらも、各所に看視のため配置された教職員としては生徒の走行状態を見届けるにとどまらず転倒者、落伍者の有無を調査確認し事故の発生に備えた看視をなし、生徒の安全保護に万全を尽くしたものとは認め難いとして、安全保護義務違反があるとする判例もある（静岡地富士支判昭和六三年一〇月四日判例時報一三〇九号一三一頁、判例タイムズ六九一号二〇八頁）。かかる先例によるならば、本件事故において、相応の看護、救護体制がとられていたのかどうか、万全の看視が行われていたかどうかも安全配慮義務の内容として判断基準になる。この点、原審においては、担任講師や学校による相応の看護、救助体制が採られていたかどうか、さらには看視が万全であったか否かについても判断されていないようであり、先例に照らして問題が残る。

さらには、課外クラブ活動中に熱中症に罹患しての死亡事故という教育活動外在型事故であり、必ずしも課外クラブ活動に内在する危険とはいえない突発死の事案につき、「生徒部員に生命身体に不慮の事故が発生することのないよう、とりわけ、熱中症の起こる可能性の極めて高いことが……認められる夏季合宿においては、生徒部員が熱中症に罹患しないよう適切な措置を講ずべき注意義務が」あると判示（静岡地沼津支判平成七年四月一九日判例時報一五五三号一一四頁、判例タイムズ八九三号二三八頁）し、あるいは「当日の環境からすると適当な休憩、ミーティングを間にはさんでいるとはいえ、その練習予定自体かなり厳しいものであるから、その実施については十分に配慮することが必要であったというべきであるし、また人の体力の限界には個人差があり、同一人であっても体調や条件の変化により体力の限界の異なることは当然であるから、練習を参加者全員に一様に行なわせたことをもって注意義務を尽くしたとはいえないことはいうまでもな」いと判示（松山地西条支判平成六年四月一三日判例タイムズ八五六号二五一頁）して、安全配慮義務違反を認定している。かかる先例においては、熱中症のような課外クラブ活動に内在する危険ともいえない突発死事故の場合でも、担当教員ないし監督者には予見は可能であり、熱中症による死亡事故の回避義務を怠ったとするものである。そこで、かかる先例の示した基準によるときは、本件事故のような持久走の事前練習に内在する危険の顕在化によるぜん息発作による死亡の予見可能性については肯認されるべきものと解される。このことからしても、原審が、担任講師につき予見可能性がないとしたのは、先例と著しく齟齬するものといわなければならない。

4　気管支ぜん息既往症生徒の持久走大会の事前訓練参加時の事故と過失判断基準

本件事故では、気管支ぜん息既往症生徒の持久走大会の事前訓練参加時における事故であるという特質を無視してはならない。すなわち、前述の二の2及び3で示した過失判断基準は、健常な生徒を前提としたものであったが、これに加えて本件事故での過失判断基準としては、被害生徒が気管支ぜん息既往症生徒であったという特質を加味しなければならないのである。

本件事故においては、原審も、被害生徒には気管支ぜん息の既往症状があり、そのことを担任講師も知見していたこと、本件事故は、被害生徒に持久走大会の事前訓練のための走行により「運動誘発性ぜん息が発症して呼吸困難になり、走行不能となって生じたものと推認するのが相当」としていることから、このことを前提としての過失判断基準によることが許されよう。

そこで、持久走競技に内在する危険についてみると、原審も肯認しているように「気管支ぜん息の疾患を有する児童は、持久走等の運動によりぜん息発作が誘発されることがあり、たとえそれまで軽症、中等症のぜん息発作しか発生したことがなくても、突然に死亡につながるような大発作が発生し得る可能性があることは否定できない」ものであるとされている。このことから、気管支ぜん息既往症を持つ生徒を持久走大会の事前練習に参加させるにあたっては、担任講師あるいは学校は、このような危険性のあることを予見した上で、気管支ぜん息既往症生徒の生命、身体の安全を護るよう配慮すべき注意義務があるものといえる。すなわち、本件のような総運動量に達する持久走大会の事前練習にぜん息既往症のある生徒を参加させたとしても、ぜん息発作を誘発しないかどうかにつき、どのように判断したのか、また参加させることによってぜん息発作を誘発した場合への対応が十分に採られていたかどうかが基準になる。原審は、この点に関しても、十分な検討を行わないまま安全配慮義務違反はないとしたのは理由不備といわざるを得ない。

5　具体的予見可能性の判断基準

原審は、担任講師及び関係者の具体的予見可能性を判断するにあたって、「死に至るようなぜん息の大発作」の発症という特別事情の予見が必要としていることにつき、教育活動内在型事故では、その妥当でないことは前述したところである。それと共に、教育活動内在型事故において、教育活動に一般的に内在している危険を具体的に予見できたかどうかを判断すればよいのであって、原審が指摘するような予見が必要であるとするならば、未必の故意あるいは故意に等しい重過失がなければ不法行為責任が成立しないとの見解に立つのと同様の結果になる。しかし、事故型不法行為では、軽過失であっても不法行為責任は成立すると解するのが学説及び判例の一致した見解であり異論はなく、従来から確立した法理と著しく異なる見解に立脚するものといえる。原審は、「本件事前練習のような持久走大会にぜん息疾患を有する児童の参加を回避すべき義務が発生するというためには」「具体的な予見可能性が要求される」と解することについては異論はない。しかし、そのことと「死に至るようなぜん息の大発作」の発症という特別事情の予見とを混同してはならないのである。前述の最高裁判例（前掲、最判昭和五八年二月一八日）にもみられるように課外クラブ活動に伴う生徒間の喧嘩事故のように、課外クラブ活動からは一般的には予見できないような喧嘩というような事故についても、「体育館の使用方法等についての生徒間の対立、紛争の有無および生徒間での対立・紛争が生じた場合に暴力に訴えることのないような教育、指導がなされていたか否か等」の客観的事情を総合判断して、喧嘩事故の発生という特別事情が予見できる場合には不法行為責任の成立が認められるとするための判断要素として用いられているのであって、このような特別事情を予見することが具体的予見であるというわけではないのである。特別事情の予見と具体的予見との関係を以上のように捉えることについては、学説、判例共に、恐らく異論はないであろう。このことを前提とすると、本件事故において、具体的予見の対象になるのは、警固小学校において全学的な学校行事としての持久走大会の事前練習で、ぜん息既往症生徒が走行することによって、ぜん息発作が発生することの可能性ということになる。

なお、原審は、担任講師及び関係者についての具体的予見の可能性を判断するのに「小学校の教師に過ぎず医学の専門知識を有していない」ことを基準とする。不法行為責任における過失を認定するための予見可能性を判断するのに、このような医学的知識が必要かどうかである。先例をみると、高校の課外クラブ活動での熱中症死亡事故で「医学的な死の転帰の予見可能性があることまでは必要ではなく、身体に対する尋常でない危険性の認識の可能性で足りる」と解して予見可能性を肯定している（前掲、松山地西条支判平成六年四月一三日）。そして、不法行為責任における過失認定のための予見可能性の判断は、不法行為責任が成立するか否かという法的判断の問題であるのであって、医学的な判断が求められるものではないことからすると、このような先例は妥当なものと解される。このことからすると、原審は、先例とも齟齬し、妥当とはいえない。

さらに、先例には、そばアレルギー症生徒が学校給食でそばを食べてぜん息発作を起こし死亡した事故で、担任教諭は「そばアレルギーにより気管支喘息などの重篤な症状に陥ることも知らなかった」としても、そばは食べられないことを告げられていたこと、学校の健康診断書に気管支喘息の疾病が存在すると記載されていたこと、被害生徒がこれまで給食時にそばを食べずに過ごしていたことなどから「何か重大な事情が存在し、それが疾病の発症に関連するものではないかと考えるべきことを要求してもあながち不可能を強いるものではな」いとして「給食でそばを食べさせないことの重要性及びそばを食べることでの本件事故を予見し、結果を回避することは可能であったと認めるのが相当である」とする判例もみられる（札幌地判平成四年三月三〇日判例時報一三四四号一二四頁、判例タイムズ七八三号二八〇頁）。原審は、このような先例の予見可能性の判断基準とも齟齬するものである。

そして、原審では、本件事故において、これら先例の判断基準と齟齬するような基準によることについて法的根拠づけを何ら示していないばかりか、そのような法的根拠付けを一切見出すことができないだけではなく、これまでの一連の教育活動内在型学校事故判例からすると、むしろこれら先例事故よりも容易に予見可能性が肯定されるべきである（伊藤＝織田・前掲書一五七頁）のに、これを否定したことは不当と評するよりほかないのである。

三　本件事故における学校側の安全配慮義務懈怠

1　本件事前練習に際しての安全配慮義務懈怠

本件事前練習に際しての安全配慮義務懈怠の有無の判断は、教育専門職者として高度の注意義務をもって、気管支ぜん息既往症の被害生徒を本件状況のもとで事前訓練で走行させることによって生ずる危険を予見し、生命、身体の安全を護るための措置が採られていたか否かにかかわっている。

かかる判断は、まず、気管支ぜん息既往症の被害生徒を本件事前訓練に参加させた担任講師につき行うことになるが、それだけではなく、本件事前訓練は、全校的学校行事として実施されたものであることからすると、学校組織として、特に学校組織の責任者である校長及び関係教職員についても行うべきである。

2　気管支ぜん息既往症の被害生徒を本件持久走大会の事前練習で走行させたことによる安全配慮義務懈怠

ⅰ　本件担任講師の安全配慮義務懈怠

本件担任講師は、被害生徒が、気管支ぜん息既往症生徒であったことについて知見していたことは明らかである。このことは、原審において、事実認定されていることから明らかであり、これ以上に言及する必要はないであろう。ただ、特に、被害生徒が、本件事前練習当日、朝の健康観察においても担任講師に「喉の痛みを二度にわたって訴えた」事実が認定されており、それがぜん息症によるものであるか否かは不明であったとしても、これまでの経過からして、気管支ぜん息既往症生徒であるとの認識を前提として、本件事前練習での走行による危険を予見すべきであったといえる。

また、本件担任講師は、本件事前練習での走行距離は一〇〇〇メートルであること、午前中の運動場での運動の程度、スタート地点までの歩行など、総運動量についても認識し得た者である。そこで、このこととの関係において気管支ぜん息既往症生徒にとっての危険を予見すべきであったといえる。保護者が持久走に参加させることにつき承諾していたことや、被害生徒本人から休む旨の申出のなかったことをもって、このような危険予見義務から免責されるものではない。保護者が仮に無条件で参加を承諾していたとしても、本件事前練習当日の被害生徒の総運動量を把握する立場にはなかったわけで、担任講師がそこを補完し危険の予見を行う義務は免れない。また、小学校三年程度の被害生徒に総運動量を勘案して参加か不参加かを判断させ、担任講師はそれに依拠してのみ判断するということであるとすると、判断能力の成熟していない生徒を教育活動の危険から護るという教師としての職責を放棄するものであって許されるものではないからである。

また、気管支ぜん息既往症生徒に対する運動指導に関しては、『ぜん息をもつ児童の指導のポイント』によれば「運動は、日常生活で行なうことのできる大切な治療の一つであります。発作が起きても運動を続けるような無理は禁物ですが、運動誘発ぜん息の特徴を認識し、運動を制限するのではなく、体調に配慮しながら、運動のさせ方を工夫し、指導に当たることが肝要です」（一一頁）、「運動誘発ぜん息を起こす児童の運動の指導に当たっては、発作が起こらないように初めから運動を制限するのではなく、体調に配慮しながら運動のさせ方を工夫し、体育授業にも参加させるようにしてください。ぜん息児はしてはいけない運動の種目はありません。」（一二頁）とか、『学校での運動と喘息』によれば「今日の治療では、子どもが体育や運動に完全に参加することができるように喘息をコントロールすることができます。喘息はその人、その人で、また、しばしば季節によって、年齢によって、状態が異なる病気です。このことが、体育の教師やコーチが喘息とは何かを知り、そして自分の生徒それぞれに必要なことは何なのかを理解していなければならない理由です。時には、喘息児の運動プログラムはその時で変更する必要があります。例えば、運動の種類を違うものにしたり、持続時間を変えたり、回数や強さを変更します。いつでも、喘息のある子どもは可能な限り、活動をさせるべきです。」（二頁）などが指摘されている。このことから、担任講師が、気管支ぜん息既往症の被害生徒を本件事前練習に参加させたことをもって直ちに安全配慮義務違反があったということはできない。ただ、問題は、これらによる指摘の前提となっているのは、気管支ぜん息既往症生徒については、運動によってぜん息発作の生ずる危険性の大きいこと、そのことによって重篤な結果の生ずることを認識して対応しなければならいことである。そして、このような危険性の認識に立って、気管支ぜん息既往症生徒につき運動指導を行う必要のあることは教師として通常有していなければならない当然の知識であるということである。

このことを前提として、担任講師についてみると、被害生徒が気管支ぜん息既往症生徒であることを認識していながら、かつ朝の健康観察において「喉の痛みを二度にわたって訴え」られているにもかかわらず、個別に保護者や被害生徒に問いただすこともせずに、また養護教諭や他の教諭に相談することもせず漫然と参加させたこと、上記のような状態にある被害生徒につき本件事前練習当日の総運動量を考慮しながら運動を制限するとか、運動のさせ方を工夫した上で参加させるとかの指導を行わず健常生徒と同様な運動量を行わせた上で参加させていることなどを勘案すると、被害生徒のぜん息発作の危険を予見し回避すべき義務を怠って、本件事前練習に参加させたこと自体について安全配慮義務懈怠があると解することができる。

また、担任講師としては、気管支ぜん息既往症のある被害生徒を、前述のような状況において事前練習に参加させるときは、被害生徒の健康状態を最もよく知見している者として自ら伴走するか、あるいは自ら伴走することができないのであれば被害生徒の健康状態を説明した上で他の教職員に伴走を依頼するなどして、被害生徒に伴走し「息苦しくなったら早めに休み腹式呼吸を行なって呼吸を整えるという原則」（『小児気管支ぜん息指導Q&A』四四頁）が守られるような措置をとるべきであったにもかかわらず、かかる措置がとられていない。

さらには、担任講師としては、せめて最低限の措置として、事前練習には気管支ぜん息既往症生徒の加わっていることを伴走教師あるいは関係教師に報告し注意を喚起して、万が一にも被害生徒にぜん息発作が生じた場合に対応できるよう相応の措置を採ってもらえるように依頼すべきであったのに、そのような報告も行われていない。このため、伴走していた教師としても、被害生徒に生じたぜん息発作に適切に対応することができなかったのではないかと推測することもできる。

以上の事実を総合すると、担任講師は、被害生徒が気管支ぜん息既往症生徒であることを認識していながら、事故当日の総運動量との関係における危険性に配慮することなくただ漫然と健常生徒と同様に事前練習に参加をさせ、かつ小学校児童の教育専門職者としては常識、あるいは少なくとも教育専門職者として備えていなければならない知識からすれば当然に予見できたはずの、事前練習へ参加させることによって被害生徒に生ずるかも知れないぜん息発作についての予見を怠り、かつ前述したような気管支ぜん息既往症生徒の運動において求められている対応措置も一切採らずに参加させているものであって、事前練習参加に伴って生ずることが予見できる危険から、被害生徒の生命、身体の安全を護るべき注意義務を怠ったものといわざるを得ない。

ii　学校の持久走練習実施に伴う安全配慮義務懈怠

事故の原因となった持久走大会の事前練習は、全校的学校行事として予定していた持久走大会に向けての全校的な練習であった。

そこで、このような全校的学校行事としての事前練習にあたっては、全校的な学校行事計画の一環として行われるべき性質のものといえる。このため、事故は単なる個別クラスの運動における事故ではなく、全校的学校行事に伴って生じた事故として位置づけることができる。

このような場合には、全校的な学校行事を実施するにあたっての危険から、生徒の生命、身体の安全を護るための注意義務が問題になる。すなわち、担任講師に求められる安全配慮義務とは異なる観点から、全校的な学校行事を実施するにあたっての学校組織としての安全配慮義務が求められるわけである。先例でも、市立中学校の特別教育活動として行われた海岸での水泳訓練中の溺死事故で、「この場合、右注意義務は校長以下全教員に存することはいうまでもない。水泳訓練は全校生徒の行なう合同授業と変りはないから右注意義務が校長ないし教務主任、体育主任」にある（津地判昭和四一年四月一五日判例時報四四六号二三頁）とする、同旨の見解がみられる。本件事故は先例のような集団的な事故ではないが、先例の示した解釈としては、全学的学校行事としての教育活動を行なうにあたっては校長及び関係教師に当該学校行事に内在する危険から、生徒の生命、身体の安全を護るべき注意義務があるとするものであり、この点では本件事故においても妥当する。

そこで、本件事故をかかる観点に立って、特に、校長及び関係教師によって、気管支ぜん息既往症のある生徒を全学的学校行事としての事前練習に参加させることによる安全注意義務が尽くされていたかどうかについてみる。

まず、普段からの生徒の健康管理については、それなりのシステム管理が行われ、かつ実施していたとの主張はみられる。しかし、本件事故を防止するための健康管理がどのように行われていたのかについての全体は不明である。もし仮に、本件のような全学的学校行事としての持久走大会の事前練習の実施にあたって、そのことによって生ずることが予見できる危険に対応するための健康状態の把握、特に気管支ぜん息既往症のある生徒に対応するための健康状態の把握につき、全学的に何らの計画も措置もされていなかったとしたならば、そのこと自体において安全配慮義務違反は免れない。

この点について、原審の事実認定から窺うことのできるのは、クラス担任講師の判断にのみ委ねられていたのではないかということである。たしかに、クラス担任講師は、担任するクラスの生徒の健康状態を最も身近で把握している者であり、これを重視するのは当然である。そして、クラス別の運動の場合は、このような健康状態を把握している担任講師の看視のなかで実施されるものであるから、基本的には担任講師の判断に委ねざるを得ない場合が多いであろう。

しかし、全学的学校行事においては、第一次的にはクラス担任講師の判断に委ねるとしても、全学的学校行事に伴う危険性を考慮して、その判断の当否を再確認するということが必要である。特に、本件事故のように気管支ぜん息既往症生徒の参加の判断を担任講師のみに委ねるのは無謀である。全学的学校行事として行われる持久走大会への参加にあたっての健康基準を設け、かかる基準との関係からみて担任講師の判断に問題はないかどうかを確認すべきである。本件事故では、このような確認が行われたとの主張はみられない。

ましてや、本件担任講師は、「講師」として臨時に勤務する者であり、継続的に勤務し警固小学校の健康管理に習熟している常勤の正教員とは異なる。本件担任講師としては、その判断能力、資質は問わないとしても、気管支ぜん息既往症生徒を参加させるに当たっては養護教諭や関係教諭に報告し判断につき確認を求めることは必要であったといえると共に、校長及び関係教員が、このような臨時に勤務する講師の判断については、気管支ぜん息既往症生徒を参加させていないかどうか、参加させるとした判断は適切であったかどうかにつき確認する体制を採り、かつ実施されているのでなければ、学校組織としての安全配慮義務を尽くしたとはいえない。本件事故では、このような体制が採られていたこと、かつ実施されたとの主張はみられない。

さらに、本件のような全学的学校行事としての持久走大会の事前練習の実施に伴って生ずることが予測されるぜん息発作などの危険に対応するために全学的な看視、救助体制が採られていたかどうかである。とくに、気管支ぜん息既往症生徒も参加していることから、そのための看視、救助体制は、安全配慮義務として重要である。この点、本件事故での全体的な看視、救助体制については不明である。もし仮に、このような看視、救助体制が採られないままに実施されていたのであるとすると、そのこと自体において安全配慮義務違反はあったといえる。

この点、原審の事実認定によると関係教員のほとんどがゴール地点においてそれぞれの任務についており、教員の一人だけが最後尾を伴走していたという体制である。しかし、このような体制で、生徒の状況を配慮しながら息苦しくなったときに早めに休ませて呼吸を整えるというような措置、あるいはぜん息発作を起こした生徒に対して一刻も早く看護できるような措置を尽くすことができるとは考えられない。また、気管支ぜん息既往症生徒も参加していることについて、予め報告を受けていなかったとすると、気管支ぜん息既往症生徒の参加に対応した看視、救助体制をとることにつき毛頭考えてはいなかったとも推測される。この意味において、本件事故では、看視、救助体制の不備による安全配慮義務違反があるといえる。

以上を総合すると、全学的学校行事である持久走大会の事前練習にあったって、学校組織として、かかる学校行事に内在する危険、特に気管支ぜん息既往症の生徒が参加することにより増幅された危険から、生徒の安全を護るべき注意義務を怠り、漫然と実施したものであり教育機関としての安全配慮義務違反があったということができる。

ただ、現行不法行為法理上、学校組織過失あるいは教育機関の安全配慮義務違反そのものを責任要件とすることができないものであるとするならば、学校組織の長である校長及び関係教員の過失として不法行為責任の成立を認めることになろう。

四　本件事故と持久走死亡事故先例との関係

学校における持久走による急性心不全での死亡事故の先例として、知り得たものとして三件ある。これらいずれも、担任教諭に安全注意義務違反はなかったとするものである。そこで、これら先例が、本件事故における安全注意義務違反判断の基準となりうるものであるかどうかにつき検討する。

大阪地方裁判所判決（昭和四八年一一月二〇日判例時報七四九号八七頁）は、高校一年生の女子生徒が体育での持久走時に路上で倒れ急性心不全のため死亡した事故で、被害生徒には心臓の精密検査の結果心肥大（特発性）、管理指導区分C2、注意観察を必要とし過激な運動を差し控えるべきとの指示が与えられていたが、高校入学時の健康診断には記載がなく、被害生徒自身に自覚症状もなく、外見上健康な通常人とかわりなく、体育には積極的に参加していたという事情を勘案して担当教諭には注意義務違反はないと判示するものである。本件事故では、担当講師は、被害生徒には気管支ぜん息既往症のあることを知見していたという点において差異がみられる。また、被害生徒は高校一年生という自己の健康状態につき判断する能力が相当に高いこと、個別クラスの体育授業における事故で本件のような全学的学校行事中の事故とは異なるものである。

東京地方裁判所判決（昭和五六年六月二九日判例時報一〇二七号九〇頁、判例タイムズ四五四号一〇七頁）は、中学校一年生の男子生徒が二クラス合同の体育授業における持久走中にすわり込み、その後急性心不全で死亡した事故で、被害生徒には、これまで運動を制限すべき異常は発見されていないこと、当日も走行後約二五分間の休憩をとり生徒に脈拍数を報告させて再開していること、走行中にすわり込んだ時点でその脈を調べ、救急車の手配を頼み、人工呼吸を行なっていることを勘案して担任教諭には過失はないと判示している。本先例では、健常と思われていた生徒につき突然に生じた事故であるとともに、事故予防のための措置や事故に伴う看護措置も施されているという点において、本件事故における基準とはなり得ない。反対解釈をすれば、本件事故では、気管支ぜん息既往症の生徒であることを知見しながら、かかる先例のような措置も採られていないということから、過失は認められてしかるべきであるということにもなる。なおさらに、持久走実施に当たっての校長及び関係教員の組織過失が問題にはなっていない事案でもあった点で異なるものである。

東京地方裁判所判決（平成七年三月二九日判例タイムズ九〇一号二一六頁）は、高校一年生の男子生徒が体育授業での持久走中に倒れ、救急医療センターに運ばれたが急性心不全で死亡した事故で、被害生徒は体育には積極的であったこと、学校が高校一年時に心電図検査及びレントゲン検査を行い異常を認める報告がなかったことから学校関係者らに病的状態を推測させるものは何もなかったこと、被害生徒の様子の異常に気づき、脈拍を図り、気道確保、心臓マッサージ、人工呼吸、保温等の緊急処置を行い救急車を要請していることなどを勘案して、学校には注意義務違反はなかったと判示している。本先例でも、学校において既往症のある生徒であることにつき認識していなかったこと及び認識していなかったことについても落ち度がなかったとみていることから、健常とみられていた生徒の突然の事故であること、相当の処置がとられていることなどにおいて、本件事故とは異なるものである。

以上からすると、学校における持久走に伴う死亡事故に関して、安全注意義務違反を否定した先例は、本件事故においては、いずれも判断基準にすることはできない。むしろ、反対解釈をすれば、これら先例の判断基準からすると、本件事故では、学校側の安全注意義務違反を推測させるものである。

23 私立灘高校の校外学習行事中の落石死亡事故の検討

はじめに

本稿は、私立灘高等学校が、校外学習行事の一環として行った六甲山集中登山に際して、本件行事に参加した生徒の一人が登山中、落石により死亡した事故につき、学校側に生徒の生命、身体に対する安全注意義務懈怠があったか否かにつき検討するものである。

一　本件事故の特徴と安全注意義務の内容・程度

1　学校事故における安全注意義務の内容・程度

本件事故は、第一に、学校における教育活動の一環として計画、実施された学校行事に伴って生じたもので、いわゆる学校事故として捉えることができる。このような学校事故については、学校側に、生徒の生命、身体を危険から保護するよう配慮すべき安全注意義務のあることについては、判例、学説ともに異論はない。それは、請求原因を債務不履行とするときは安全配慮義務違反判断、不法行為とするときは過失判断の前提となるものである。

ところで、このような学校側の安全注意義務は、一般論としては、教育という「危険に携わる専門職者」としての高度なものであると考えられる。日本弁護士連合会は、「教育は子どもに対し、知育、体育、情操教育などを通じて創造性を豊かにし自主性に富んだ全人格的発達を保障するものでなければならないことから、学校での学習活動には危険が不回避的に伴うものであり、しかもこのような危険を内包する学習活動が、子どもの成長に不可欠である」（日本弁護士連合会・学校災害補償に関する中間意見書一〇頁以下）として、学校教育に構造的危険の内包していることを指摘している。このため、このような学校教育に携わる校長や教諭は、学校教育の専門家として、発達成長途上にある生徒を指導することを職責とする者として、かかる学校教育における構造的危険の内包を自覚し、高度な注意をもって危険の回避に努めなければならないのである。

2　校外・学校行事事故における安全注意義務の内容・程度

本件事故は、第二に、校外・学校行事に伴っての事故であるという特徴がみられる。学校事故における校長、教諭の安全注意義務は、教育という危険に携わる専門職者としての高度なものであるとはいえ、その具体的内容・程度は、学校事故類型に応じて異なる。すなわち、教育活動類型との関係において判断されなければならない。かかる観点からみると、本件事故は、教育活動内在型事故とみることができる。すなわち、学校の授業以外の教育活動に内在する危険の顕在化として生ずる事故である。授業自体に内在する危険の顕在化としての事故でない点で授業過誤事故と区別される。同じ教育活動であっても、教諭が一方的に主体となり生徒がそれに服従する状態で行われる授業と、教諭の指示監督を受けつつ生徒が自主的に参加する余地のある教育活動とは、教諭の係わりにおいて異なるところがある。そこで、このような教育活動内在型事故では、その教諭の係わりからみて、安全注意義務違反の前提となる教諭の予見義務の内容は、その教育活動に内在する危険についての予見であり、教諭としての職務にある者としての一般的な予見義務が問題となるのであって、具体的事故発生についての特別の予見義務を問題とするものではない。また、学校行事は日常的に定まった教育活動とは異なり一時的な要素の強い教育活動であることから、生徒の危険に対する対応能力が十分に備わっていないことや、とくに校外で実施されるために、どのような危険を伴うか予測しがたい面があることから、安全注意義務の内容・程度は、正課授業の場合よりも加重されると解される。これまでも、学校行事事故について、過失を認定している判例（伊藤進＝織田博子・解説学校事故（三省堂）一五四頁参照）の多いのは、このような考えが前提になっているのではないかと推測される。

二　学校側の安全注意義務

1　具体的登山コース確定（決定）についての安全注意義務＝組織過失

学校行事事故においては、まず、事前の調査や計画作成かつこれに基づいての実施確定上の安全注意義務が問題となる。学校行事事故では、その学校行事の計画そのものに内在している危険に起因する場合が多いからである。これは学校行事を遂行するにあたっての組織自体に求められる安全注意義務である。

本件事故についてみれば、六甲山集中登山計画の策定、登山コースの指定、それを前提としての生徒の選定に基づく登山コースの具体的確定（決定）のそれぞれの段階における安全注意義務が問題となる。ところで、本件事故は、当初の指定コース外のコースを登山中に生じた事故であることから、登山計画における無理や指定されたコースの危険から生じたものでない。このため、前二者の段階での安全注意義務は争点ではない。このことは、前二者の段階において安全注意義務が守られていたとしても、安全注意義務違反がなかったとはいえないのである。問題は、登山コースの具体的確定（決定）の段階で安全注意義務が守られていたかどうかである。

学校行事としての登山では、担当教諭が同行して行われるのが、通常である。しかし、本件では、同行しないで、登山の実施自体は生徒の自主的行動判断に委ねるという方法が採用されている。これだけで、その計画策定において安全注意義務違反があったとはいえないであろう。ただ、同行行事の場合は、計画段階での安全性の確認と、実施段階における監視掌握や具体的注意指示による安全性の確保という二重のチェックが可能であるわけであるが、本件のような場合は前者の段階でのチェックに止まらざるを得ない点に留意しなければならない。このことは、同行行事よりも計画段階での安全注意義務が特に重要視されるものであることを意味するのである。本件では、具体的には被害生徒らが指定コース外登山を行ったことが、登山コースの具体的確定（決定）段階での学校組織としての安全注意義務に違反していないかどうかに注目すべきであり、その判断にあたっては同行行事の場合以上に厳格でなければならない。

本件学校行事の登山計画の策定および登山コース指定については、問題はないようである。ただ、担当教諭が同行しないで登山の実施自体は生徒の自主的行動判断に委ねる方法による場合は、登山コースの具体的確定（決定）の時点が安全性確保につき特に重要である。そこで、登山コースを指定したことが、この安全性の確保との関係でどのような意味をもっていたのか、また指定外コースの選択に対してどのような措置が考えられていたのかを検討する必要がある。

まず、登山計画の策定にあたって登山コースを選定し、指定したことは、指定されたコースは高校三年生の登山としては安全であるとの判断によるものと推定される。その際には恐らく他のコースについても検討が加えられ、その安全性が保障されないとして選別、排除されたものとも推定される。そして、このような判断のもとに選定、指定されたコースであれば、それ以外のコースの登山を禁止する措置をとるべきであり、このような措置は、生徒の選択による具体的コース確定（決定）にあたって徹底するよう厳格な組織的措置を施すべきである。

このため、仮に、指定外コースを登山する旨の告知がなく、生徒が勝手に黙って指定外コースを登山していたとしても、コース指定にあたってやさしすぎるなどの不満が生徒にあったことに対してそれでも指定コースに限るべきであるとして適切な対処をしていなかったとか、これまでにおいても指定外コース登山が黙認されていたとか、指定コースは厳格に限定されるものではないなどの風潮を放置していたなど、コース指定が形骸化していたなどの事情のある場合は、教諭が同行することなく生徒の自主的行動判断により行われる学校行事としては、具体的コース確定（決定）段階において学校組織としての安全注意義務違反があったと解されよう。

また、担任教諭に指定外コースを登山する旨の告知が行われていたり、告知がなくてもそのような事情を担任教諭が認識しているような場合には、その担任教諭の校務分掌上、登山コースの変更を許可する権限がないものであっても、学校には、具体的コース確定（決定）段階での学校組織としての安全注意義務違反があったと解される。本件での具体的コース確定（決定）段階での学校組織としての安全注意義務の判断は、登山コースの選定、指定およびコース変更の権限が誰にあるかによって左右されるものではない。具体的コース確定（決定）段階での学校組織としての安全注意義務は、本件学校行事に係わる校長、教諭全員が組織的に負わされている義務である。このため、学校組織の義務としては、本件学校行事に係わる校長、教諭のいずれかが指定コース外登山の行われることを知ったときは、そのことにより危険がないかどうかを判断し、それによって生ずる危険を防止するための適切な措置を講ずることができるように、組織管理体制が備わり、それが遂行されなければならないからである。指定コース外登山の行われることによる危険の防止が、校務分掌上の権限を有する担当教諭にだけ委ねられ、学校行事に係わる他の教諭の関知しない状態にあるのであれば、当該学校行事によって生ずる事故防止のための安全注意義務を組織的に負うという注意義務に違反したものと解される。このため、担任教諭が指定コース外登山の行われることを許可した場合はもちろん、黙認したにすぎない場合であっても、生徒がコース外登山を行うものであることを認識したときは、そのことが校務分掌上、権限のある担当教諭に通告され、指定コース外登山に伴う危険防止のための措置が取られていない限り、具体的コース確定（決定）段階での学校組織としての安全注意義務違反があったと解されよう。

2　担任教諭としての職務上の安全注意義務

担任教諭は、その担任する生徒が、学校生活において危険に曝されることのないように、教育専門職者としての安全注意義務を負っていることについては異論はない。この義務は、学校が生徒に対して負っている安全注意義務の履行補助者としての義務として捉えることもできるし、教諭としての職務にある者の義務として捉えることもできる。

本件事故との関係においては、生徒の自主的行動判断のもとで行われる校外・学校行事としての六甲山集中登山に際しての指定コース変更にあたって、教育専門職者として、適切な安全注意義務を尽くしたかどうかの観点からその義務を判断することが必要である。

担任教諭は、その担任する生徒が校外・学校行事としての六甲山集中登山に参加するにあたって、その安全につき注意する義務がある。このことは、担任教諭にコース変更の権限があるか否かにより異なるものではない。担任教諭であるという職務に伴う義務であるからである。そこで、本件では、特に、担任する生徒が指定コースを変更したことについて、このような安全注意義務を尽くしていたかどうかが問題である。

まず、本件では、被害生徒らは、担任教諭に対して、指定コース外登山について告知したことにつき、安全性を確保するための措置が取られたかどうかである。その際、担任教諭が指定コース外登山が告知されて担任する生徒が指定コース外登山をする計画でいることを認識したことが重要であり、指定コース外登山を告知したのが班長である被害生徒ではなく、その班に属する生徒であったにすぎないこと、仮に、担任教諭に告知してコース変更の許可を得る意図はなかったとしても、この担任教諭としての職務上の安全注意義務の判断には影響の生ずるものではない。このような観点に立ってみるとき、担任教諭が指定コース外登山の計画を告知され認識しながら、何らの指示注意もしなかったことは、適切な安全注意義務を尽くしたとは言えない。このような告知を受け指定コース外登山の行われることを認識した担任教諭としては、少なくとも、当該コースが安全なコースであるかどうかにつき判断をし指示注意をすべきである。それにもかかわらず、当該コースにつき直登ルートと巻き道ルートがあり前者のルートについては危険性の大きいことを認識していたにもかかわらず前者のルートを避けて一般的なコースとされる後者のルートを選ぶよう指示しなかったこと、さらには堰堤工事後において危険性が増幅していることにつき認識することなく漫然と黙認したことは、このような指示注意義務を怠ったものと解される。また、担任教諭自身において、その判断がつきかねるというのであれば担当教諭に相談をして、その安全性を確認すべきであるし、さらには、安全のために登山コースが指定されていることに鑑み指定コース外登山が告知されたことにつき担当教諭に通知し指示を仰ぎ、それに基づいて生徒に対して適切な指示注意をすべきであったにもかかわらず、これらの措置を怠ったことにつき注意義務違反があるといえる。

さらに、生徒は自己の能力を過信し、また冒険を試みる習性を持っていることは周知されている。このため、自主的行動の場面においては、そのことによる危険の増幅することをも考慮して安全性を確保するための措置が講じられなければならない。そこで、多少とも危険性のあるコースを登山することが告知され認識された以上は、その危険を極力回避するよう指示注意することが担任教諭の職務上の安全注意義務として要請されるところである。それにもかかわらず指定外コースで危険の顕在しているコースを登山する旨、告知され認識しながら漫然と黙認し、何らの指示注意を与えなかったというのであれば担任教諭の職務上の安全注意義務を怠ったものと解される。

3　担任教諭の安全注意義務と教育的信頼関係

ところで、担任教諭が指定コース外登山を告知されながら担当教諭等に通告し相談しなかったのは、告知した生徒との信頼関係を重視した結果であるとされているが、このような教育的信頼関係の維持のためには、担任教諭としての職務上の安全注意義務が軽減され、あるいは阻却されるものであるかどうかが問題である。担任教諭と生徒との信頼関係を維持することは、教育の根幹にかかわるものであり重要視されなければならないことは当然である。しかし、そのことによって生徒の生命、身体上の危険を招来してはならないのである。生徒の生命、身体上の危険を招来するような状況にある場合には、その信頼関係が破られることがあっても止むを得ないものと思われる。そしてそのような状況における信頼関係の破壊は、一時的なものであり、生徒の生命、身体上の危険を護るためのものであったことが明らかになれば真の意味でのより深い信頼関係が生まれるものと思われる。このため信頼関係を維持することが安全注意義務を軽減し阻却するものではない。

4　担任教諭の安全注意義務と生徒の行動判断能力

最後に、被害生徒の行動判断能力との関係が問題となる。担任教諭の職務上の安全注意義務を考えるにあたっては、生徒の行動判断能力との相関関係において判断する必要のあることは言うまでもない。ましてや教育活動の場にあっても、生徒の発達成長のために、その行動判断能力が尊重されなければならない。そして、教育活動のなかでも校外・学校行事においては、そのような行動判断能力を十二分に発揮させることのできる絶好の機会でもある。しかし、このような生徒の行動判断能力の尊重、考慮は、無制約なものであってはならない。学校事故との関係においてみれば、生徒の行動判断能力を十分に熟知し考慮した上で、その学校行事に内在する危険に対処できるものであると判断した範囲において、存分に尊重され発揮されるものであるにすぎない。本件では、登山コース選定、指定の段階において、生徒の行動判断能力が考慮され、当該学校行事に参加する生徒の行動判断能力からすれば、指定コースを登山する限りにおいては、教諭が同行することなく生徒の自主的行動判断に委ねても安全であり、危険な行動にでることはなく、仮に危険に遭遇しても十分に回避できる能力を有するものであると判断した範囲において、安全注意義務の内容・程度を考えるにあたって、生徒の行動判断能力が考慮されるにすぎない。しかし、本件事故は、このような学校側の生徒の行動判断能力を前提として指定されたコースでの登山に伴って生じた事故ではなく、指定外コース登山中に生じたものである。すなわち、参加生徒の行動判断能力では、教諭が同行することなく生徒の自主的行動判断に委ねては危険であるか、あるいは安全性は確保できないとして指定コースから除外したコースを登山していた際の事故である。そうだとすると、このような指定外コース登山中の事故との関係で、当該学校行事における安全注意義務の内容・程度を判断するにあたって、生徒の行動判断能力を考慮することは妥当といえない。このため、本件では、生徒の行動判断能力の如何によって、安全注意義務の内容・程度が軽減されたり、阻却されることはない。

24　星光学院中学校学校行事中転落死亡事故の検討

はじめに

本稿は、大阪星光学院中学校が、学校行事の一環として行った妙高山登山に際して、本件学校行事に参加した生徒の一人が下山途中に転落死亡した事故につき、学校側に生徒の身体、生命に対する安全注意義務懈怠があったか否か、また被害生徒についての過失相殺の適否につき検討するものである。

一　本件事故の特徴と安全注意義務の内容・程度

1　学校事故における安全注意義務の内容・程度

第一に、本件事故は、中学校における教育活動の一環として計画、実施された学校行事に伴って生じたもので、いわゆる学校事故としての特徴をもっている。

このような学校事故においては、学校ないし教師に、生徒の身体、生命を学校行事の危険から保護するよう配慮すべき安全注意義務が課されている。最高裁判例（最判平成二・三・二三判例時報一三四五号七三頁）も、「学校行事も教育活動の一環として行われるものである以上、教師が、その行事により生ずるおそれのある危険から生徒を保護すべき義務を負っており、事故の発生を未然に防止すべき一般的な注意義務を負うものであることはいうまでもない。」と判示している。このことについては学説においても異論はない。

学校ないし教師に課されている、この安全注意義務は、損害賠償の請求原因を債務不履行とするときは安全配慮義務違反判断の、不法行為とするときは過失判断の前提となるものである。

ところで、このような学校ないし教師の安全注意義務の内容・程度は、一般論としては、教育という「危険に携わる専門職者」としての高度なものであると考えられる。日本弁護士連合会は、「教育は子どもに対し、知育、体育、情操教育などを通じて創造性を豊かにし自主性に富んだ全人格的発達を保障するものでなければならないことから、学校での学習活動には危険が不回避的に伴うものであり、しかもこのような危険を内包する学習活動が、子どもの成長に不可欠である」（日本弁護士連合会・学校災害補償に関する中間意見書一〇頁以下）として、学校教育に構造的危険の内包しているることを指摘している。このため、学校教育に携わる学校や教師は、学校教育の専門家として、発達成長途上にある生徒を指導することを職責とする者として、かかる学校教育における構造的危険の内包を自覚し、高度な注意をもって危険の回避に努めなければならないのである。

2　校外・学校行事事故における安全注意義務の内容・程度

第二に、本件事故は、校外・学校行事に伴っての事故であるという特徴がみられる。

学校事故における学校ないし教師の安全注意義務は、教育という危険に携わる専門職者としての高度なものであるとはいえ、その具体的内容・程度は、学校事故類型に応じて異なる。すなわち、教育活動類型との関係において判断されなければならない。

かかる観点からみると、本件事故は、教育活動内在型事故とみることができる。すなわち、学校の授業以外の教育活動に内在する危険の顕在化として生ずる事故である。授業自体に内在する危険の顕在化としての事故でない点で授業過誤事故と区別される。また、課外クラブ活動中の生徒間事故のように教育活動と密接な関係において生ずる教育活動外在型事故とも区別される。教育活動内在型事故では、授業過誤事故と同様に、安全注意義務懈怠の前提となる学校ないし教師の予見義務の内容は、その教育活動や授業に内在する危険についての一般的な予見でよいが、教育活動外在型事故のように具体的な事故発生の特別事情の予見を問題とすべきではないのである。すなわち、本件事故は教育活動内在型事故であることから、本件事故での安全注意義務懈怠を判断するにあたっては、学校行事として実施した妙高山登山に内在する危険を一般的に予見し、その危険の回避のための万全の措置をとっていたかどうかが問題になる。このため、課外クラブ活動に伴っての生徒間事故で示した最高裁判決（最判昭和五二・二・一八民集三七巻一号一〇一頁）の「事故の発生する危険性を具体的に予見することが可能であるような特別の事情」まで予見していたかどうかを問題にする必要はないのである。本件事故では、事故現場において転落死する危険性を具体的に予見できたかどうかまでは問題とする必要はないのである。この結果、本件事故では、学校行事として実施した妙高山登山に内在する危険を予見すべきであったのにこれを怠り、危険防止の適切な措置を施さなかったと認定できるときは、安全注意義務違反があったことになり、学校ないし教師の安全注意義務懈怠が容易に認容されてよいケースと考えられる。

また、学校行事は日常的に定まった教育活動とは異なり一時的な要素の強い教育活動であることから、生徒の危険に対する対応能力が十分に備わっていないことや、とくに校外で実施されるために、どのような危険を伴うか予測しがたい面があることから、安全注意義務の内容・程度は、正課授業の場合よりも加重されると解される。この結果、校外学校行事の場合は、正課授業の場合よりも、その校外学校行事に伴う危険については慎重に予見し、生徒の身体、生命の安全確保のための措置を十分に施す必要があるのである。

これまでも、学校行事事故について、過失を認定している判例の多い（伊藤進＝織田博子・解説学校事故（三省堂）一五四頁参照）のは、このような考えが前提になっているものと推測される。

3　学校登山事故における安全注意義務の内容・程度

第三に、本件事故は、学校行事として行われた学校登山事故であるという特徴がみられる。

このような学校行事としての学校登山事故における学校ないし教師の安全注意義務の判断については、判例は、「学校行事としての登山は、一般の冒険的な登山あるいは同好の士による登山とは異なり、より一層安全な枠の中で行うべきことが要求され、その危険の回避については、より一層慎重な配慮が要求されているというべきである」（東京高判昭和六一・一二・一七判例時報一二二二号三七頁）とか、「一般に、登山活動にはさまざまな危険が存在することは公知の事実であり、したがって、登山パーティーのリーダーは、常にかかる危険の存在に注意を払い、極力その危険を回避してパーティー構成員の安全を確保すべき注意義務があることはいうまでもないが、右に見たとおり、学校行事として行われる登山については、その教育活動の目的からみて、何にも増して安全を確保すべきことが各学校の関係者に繰り返し指摘されていることに鑑みると、学校行事としての登山の場合は、一般の場合以上に構成員たる生徒らの安全を確保すべきことが求められ、その危険の回避については、学校側に対し、より一層の慎重な配慮が要求されているというべきであ」ると判示（東京地判昭和六三・三・二四判例時報一二七二号三一頁）し、最高裁判決もこれらの判断は正当としている（木曽駒ヶ岳遭難事件（一次）上告審判決・最判平成二・三・二三判例タイムズ七二五号五七頁、木曽駒ヶ岳遭難事件（二次）上告審判決・最判平成二・三・二三判例時報一三四五号七三頁）。

このことから判例理論としては、学校行事としての学校登山においては、①一般の登山と異なり、より一層安全な計画が必要であること、②一般の登山以上に安全確保が必要であることを基本的な視点としているといえる。

学説でも、引率者の注意義務は、一般の登山の場合のそれとは違って一層高いレベルのものが要求されてしかるべきであり、高度の注意義務が要請される事案の場合には、賠償責任が認容される率は高くなるであろうし、その結論は常識的に妥当であると思われると主張されている（潮海一雄「判例批評」判例時報一二三九号一九四頁）。

学校登山と一般の登山との基本的に異なる点は、第一は登山者が主導的に山に関心を持っているかどうかである。すなわち、一般の登山の場合は、登山者自身がその登山する山に積極的に関心をもち、山を知っているか知ろうとしているのに対し、学校登山では学校の計画と指示に従っているだけであるにすぎないこと、第二に登山者の参加が、一般の登山では積極的であるのに対し、学校登山では多くは消極的であるにすぎないことから、行動全体において学校ないし教師に頼りきっており、指示されるままに行動しているにすぎないこと、第三に一般の登山では登山方法、歩行方法、ルート選択につきマンツーマンで指導できる状態にあるのに対して、学校登山では集団指導にならざるを得ないことからその場の状況に応じた個別指導を行うのが困難であることなどにみられる。このような相違を勘案するならば、前述の判例理論や学説が、一般の登山よりも高度の安全注意義務を求めているのは妥当といえる。

4　小　括

以上、本件事故の賠償責任の有無を判断するにあたっての前提となる安全注意義務の内容・程度は、学校事故であるという特徴との関係においては教育専門職者として高度なものであること、校外・学校行事事故であるという特徴との関係においては教育活動内在型事故であり校外での事故であることから危険の存在の一般的予見で足り、かつ高度であること、学校登山事故であるという特徴との関係では一般の登山より高度であることなどに留意して、安全注意義務懈怠の有無を判断することが必要である。その結果としては、本件のような学校登山事故の場合には、学校ないし教師の安全注意義務の内容・程度は最も高度なものになり、安全注意義務懈怠の認められる場合が多いというべきである。

二　本件学校登山事故における安全注意義務の具体的検討

教育活動の一環としての学校行事である学校登山における学校ないし教師がとるべき安全注意義務の具体的内容としては、これまでの判例あるいは学説においては、以下のようなものが挙げられている。①登山計画上の安全注意義務、

②下見調査義務、③動静監視監督義務、④安全誘導監視義務である。これらの義務のうち、本件で問題となるものにつき、前述一で述べた基本的視点に立ちながら、その安全注意義務懈怠の有無につき具体的に検討すると以下のようである。

1　登山計画（登山コース決定）上の安全注意義務懈怠

学校行事事故では、その学校行事の計画そのものに内在している危険に起因する場合が多い。そこで、本件事故との関係では、学校行事としての学校登山を計画するにあたって、このような内在的危険を認識し、それに対応できるように計画が立てられていたかどうかが問題になる。本件事故では、具体的には、妙高山北側ルート登山の選定にあたって、学校が予定している引率体制、監視体制、指導監督体制の下で、登山経験に乏しい中学二年生の生徒による集団登山計画に内在する危険が認識されていたかどうかが問題になる。

そこで、この点について検討すると以下のことがいえる。

第一に、本件妙高山北側ルート登山を計画したのは、従来から行われている妙高山南側ルート登山よりも安全であるとの判断に基づいているようである。すなわち、①南側ルートは、直接、崖に接している箇所が多く、高所恐怖症のものは足が竦み事故につながりやすいこと、②南側ルートはある程度の道幅があるため生徒に安心感をあたえふざけあって歩けば事故につながりやすいこと、③崖の接しているところで道幅が狭い箇所があり、危険を感じることなどの判断によるものと主張されている。しかし、これだけでは、南側ルートの危険だけが指摘されているだけで、北側ルートに存在しているその他の危険をどの程度認識していたのか、その北側ルートの危険の度合いと比較しても南側ルートの方が安全であると判断したのかどうかは明らかではない。いずれの登山ルートの方が安全であるかの判断にあたっては、一般登山の場合でも当然のこととして地図上において危険箇所を比較するのが常識であると思われるが、このような一般登山における注意義務さえも果たされていたかどうかを確認する必要があるし、さらには学校登山では一般登山以上の安全注意義務が要請されることから両ルートを下見調査したうえで危険の度合いを比較検討し、北側ルートの方が安全であると確認した上で変更するという注意義務が必要になるものと思われる。このため、本件学校登山事故では、一般登山におけるような注意義務を尽くしていない場合はもちろん、仮に一般登山におけるような注意義務を尽くしていた場合であって、両ルートを下見調査して危険の度合いを比較したとの主張のみられないことから、学校登山の場合に要請されている安全注意義務の懈怠があったといえる。

第二に、本件妙高山北側ルート登山を計画したのは、南側ルートは正式の登山ルートではないからとの判断によるものと主張されている。正式の登山ルートであるか否かは、登山ルート決定にあたって一つの判断基準となり得る。しかし、それだけで、南側ルートよりも安全であると判断するのは早計である。正式ルートと認定する基準は安全性によるものなのかどうか定かではないが、ルート選定にあたって重要なことは、学校登山のような集団登山においていずれのルートが安全かを実質的に判断すべきであるからである。本件妙高山コースについてみると、現時においては南側ルートが一般的な登山ルートとなっているようであること、地元のホテル岩戸屋の「妙高山登山道路図」でも南側ルートに沿った所要時間が記載されていて北側ルートは一応載ってはいるが所要時間が記載されていないこと、地元の中学校でさえ、これまで北側ルートを登山したことがないと回答していることなどからすると、北側コースが正式ルートであるかどうか自体に疑問が生ずるが、現時における一般的な登山ルートについての調査さえ十分でない状態で、単に正式ルートである（あるいは正式ルートと思った）というだけで判断したものであり、学校登山における登山ルート選定における安全注意義務を懈怠したものといえる。

第三に、学校登山では、前述のような安全注意義務の内容・程度からすると、登山コース決定に当たっては、下見調査をして危険性を認識した上で行うのが基本である。実際にその山に詳しい専門家を同道して下見をして、当該登山ルートの道程、時間、荒れ具合、とくに危険な箇所をチェックした上で、登山経験のほとんどない中学二年生の登山として安全であるかどうか、また学校が予定している引率体制、監視体制、指示指導監督体制で生徒の身体、生命の安全を守ることができるかどうかの判断の上にたって決定すべきである。このため、後述のように下見調査義務を免れることができる場合に当たるときはともかく、そうでない場合には、この下見調査を行わないで北側ルートを決定したことには安全注意義務懈怠があったといえる。

第四に、北側ルート決定の過程において、北側ルート決定には安全性の確認や危険に対処するための措置を考慮した上での慎重な配慮はなされていなかったものといえる。すなわち、話し合いはあったが正式の会議が行われないで、一応、北側ルートとしながら現地の会議で決めることになっていたという状況からも知ることができるように、北側ルートの危険性についての報告をもとに正規の教職員会議で検討するなど慎重な配慮がみられないことが明らかである。

以上を総合すると、本件学校行事である登山計画とくに登山コース決定は、学校ないし教師に課せられている生徒の身体、生命の安全を保護するための安全注意義務懈怠にもとづくものと解することができる。この結果、本件学校登山計画に、内在的な危険の潜在することを予見することができず、このため引率、監視、指導体制において、その危険防止のための適切な措置を採ることができなかったわけであり、このような学校ないし教師の登山コース決定に際しての安全注意義務懈怠が本件事故の惹起につながったものであると解される。

2　学校登山事故における下見調査義務懈怠

校外・学校行事にあっては、原則として、実施場所等について、事前に、十分な下見調査を行い安全性を確認する義務がある。このことによって学校行事計画において生徒の身体・生命を保護できるかどうかの安全性を確認し、それに基づいて生徒の能力に応じた安全な計画を立て、引率、監視体制を整え、生徒に対し適切な注意を惹起させることができるのであって、それは最も基本的な安全注意義務である。

第一に、校外・学校行事にあたっての下見調査義務については、文部省局長通達（昭和四〇・六・二六文体ス一八六号「水泳・登山等の野外活動における事故防止について」）でも、学校登山事故を防止するために、「登山計画の立案にあたっては、参加者の性別、技術、体力等をじゅうぶん考慮して目的地を選定し、できるだけ現地の事前調査を行うこと」としている。

またこのことは判例理論としても確立したものである（伊藤進＝織田博子・実務判例解説学校事故一二五頁以下参照）。たとえば、県立高校二年男子生徒の大雪渓見学の修学旅行で雪洞内で崩れ落ちた雪庇の下敷きになって死亡した事故に関する判例では、大雪渓見学の修学旅行は、高校の特別教育活動として行われたものであり、これは正規の教育活動に含まれることから、これを計画実施するにあたっては、一般論として、大雪渓の下検分において危険の状態、危険の箇所を十分に把握し、生徒にこれを理解させる義務があると判示している（神戸地判昭和四九・五・二三下民集二五巻五～八号四二六頁）。また、市立中学一年男子生徒が宿泊旅行での花火大会終了後、除雪溝に転落死亡した事故に関する判例でも、一般論として、学校行事の実施に関与した教職員は、慎重な下見調査をして危険箇所の把握に努める注意義務を負うと判示している（長野地判昭和五一・一・二一判例時報八六七号一〇〇頁）。ましてや、前述のように、一般の登山より一層の安全の確保が要請される校外・学校行事としての学校登山にあっては、登山コースの下見調査は欠かせない義務であるといえる。

第二に、判例のなかには、この下見調査を、例外的に不要としたものがある。

Ｉ**判例**は、町立小学校五年生女子生徒が遠足登山の際に、登山道から谷に転落死した事故で、「前年度同じ登山道を引率した教諭と本件登山道の危険性について検討」していることを前提として、本件遠足に当たって引率教諭は下見をしていないが、本件登山道は行程約二・二キロメートル、所要時間一時間の一般的に安全手軽の登山道といわれ、毎年小、中学校の遠足コースや家族連れの登山コースとして利用さているものであって、本件事故以前には転落事故は一件もなかった。したがって、「引率教諭が下見をしなかったことについては」「合理的な理由が認められるから、この点について引率教諭に安全保護義務に違反した過失があるとはいえない」と判示している（新潟地判昭和六〇・九・一七判例地方自治六三号四四頁、同控訴審判決、東京高判昭和六三・八・一八判例地方自治六三号四二頁）。

Ⅱ判例は、市立中学二年男子生徒が林間学園に向かう途中、昼食のために立ち寄った川原で、岩場から転落死した事故で、事前に下見すべき義務については、本件川原は市教育委員会の担当者が下見をし、昼食場所として適当であると判断して、学校に指示をしていることから、「このような場合、指示を受ける学校側としては、右指示が明らかに不合理と感じられる等特段の事情がない限り、右指示を信頼すれば足り、自ら事前に下見を実施して、当該場所の安全性を確認するまでの法的義務までは負っているとはいえない」と判示したものである（浦和地判昭和六一・一二・二五判例時報一二五二号八七頁）。

これらの判例が下見調査を不要とする基準についてみると、**Ⅰ判例**の基準は、①一般的に手軽な遠足程度の登山であること、②過去には転落事故のない安全な場所であること、③前年度と同じ登山コースを引率した教師が加わって危険性を検討していることであり、さらに、事案から推察すると、④地元の生徒が地元にある山を遠足登山したにすぎないという事情も勘案しているものと思われる。**Ⅱ判例**の基準は、⑤学校に代わって下見調査をした教育委員会の指示に基づいたものであった場合であるとしている。

そこで、本件学校登山事故とこれら下見調査を不要した判例の基準との関係につき検討すると以下のようである。下見不要基準①との関係ではⅠ判例事案では標高六三三メートルの里山に設けられた登山道で、行程二・二キロメートル、所要時間一時間の一般的に安全手軽な登山道といわれ、毎年小、中学校の遠足コースや家族連れの登山コースであったのに対して、本件学校登山は、標高二四四六メートル級の山で、いわわる本格的な登山であり、本件登山ルートは、道が細く、足場が悪く、鎖場などもあり、また昭和二〇年から妙高山登山を続け清掃ボランティアを行っている経験者でさえ、中学二年生の体力として無理な登山ではないのかとの問に対して「何ともいえない」と答えているなど、その危険性は比較にならない難しい登山であったといえること、同基準②との関係では、以前には転落事故が生じていること、同基準③との関係では三年も前に採用したルートであり、同登山コースについて近時の状況を熟知している教師がいなかったこと、④及び⑤との関係では全く該当するものでないことが明らかであることからすると、従来の判例理論からみて、本件学校登山では下見調査義務を免れることはできないものと判断できる。

なお、現地の中学校長でさえ、「妙高山登山の機会は数年に一度しかしない。したがって、企画・運営の中心となる職員や初登山の職員にコースの概略を知ってもらい、生徒の安全に万全を期すために下見調査を行っている。また、残雪の状況や登山道の荒れ具合など、その年の妙高山の状況を知るためにも下見調査は必要と考えている。」ことなどを勘案するとき、本件学校登山に際しては下見調査義務は不要と解するのは、これまでの判例や学説の理論、さらには学校教育に携わるものとして一般的常識にも反するものと思われる。

第三に、このような下見調査義務の内容、程度は、判例理論によれば高度なものである。前述の大雪渓見学事故では、下見には四名の教諭が参加し、全行程を検分し、山案内人が同道するとともに山案内人の説明を受け、雪渓はその年その時期により状況を異にし危険であることを認識した上で計画立案して初めて下見調査義務懈怠はなかったと判示した（前掲、神戸地判昭和四九・五・二三）。市立中学一年男子生徒が宿泊旅行での花火大会終了後、除雪溝に転落死亡した事故に関する判例では「本件除雪溝の存在を見落としたことについては、本件除雪溝が発見しにくい構造であったこと、旅館側から指摘、説明がなされず、また危険箇所であることを窺わせるような防護柵や障害物もなかったこと等無理からぬ要素も存在するが、その発見がおよそ不可能であったとは到底いえ」ないとして、本件除雪溝の存在を見逃し、生徒に対し適切な注意惹起及び監視をしなかったことは、生徒の生命身体の安全を保護すべき責任のある教職員として過失があると判示している（前掲、長野地判昭和五二・一・二一）。すなわち、これらの判例によると、その下見調査には、単に教師のみだけではなく山案内人をも同道し危険を調査すること、危険箇所発見が困難で無理からぬ要素もあっても不可能ではなかったことを基準としている点に留意すべきである。それは、下見調査は、単に登山コースを確認すればよいということではなく、当該登山コースに内在する危険を把握し、生徒の身体、生命の安全を確保するという見地からのものでなければならないことからすると当然といえる。

そこで、このような判例理論を前提とするとき、本件学校登山事故でも、山案内人などを同行して下見調査をしていれば危険の内在する箇所であることが予見できたものと思われる。現に、現地の人が「多分この斜面の先は崖ではないか」と認識していたこと、校長の証言では本件事故付近の崖の存在が分かっていたこと、証言でも地図から崖の存在が分かっていたこと、さらには、教諭が「その後、現場検証で行きましたが、上りで現場を通り過ぎました。やはり下を見て、あ、このショートカットは恐いなと、そういうふうに感じ」ていることなどを勘案すると、下見調査をしていれば、事故現場付近一帯が危険の内在する箇所であることは、予見可能であったと思われる。

もっとも、下見調査義務の程度・内容に関して、小学校三年生の生徒が登山遠足の際に下山途中で別れ道に入り込み崖から転落死した事故の判例では、下見を実施した際に別れ道の存在を発見できなかったが、これは山あるいは自然に内在する危険の一つであって、引率教諭に対しこれらの危険のすべてを把握することまで要求することはできない。」(岡山地判平成四・五・二六判例地方自治一〇三号四三頁)と判示したものがある。本判例は上記の下見調査義務の内容・程度に関する二判例と比較するときはやや異なる基準によるものといえる。これまで述べてきたような学校登山における高度な安全注意義務の要請からすると妥当性に欠けるものである。また、本判決では別れ道の存在の発見を問題にしているにすぎないのに対して、本件学校登山事故では学校の指定した登山道自体に存在する危険についての予見が問題になっている点で異なっており、下見調査の対象が登山道自体の危険の予見である場合に、単に「山あるいは自然に内在する危険の一つ」にすぎないとして片づけることはできないであろう。なお、本判決は、このような下見調査においてさえ発見できなかった山あるいは自然に内在する危険に対処するための引率中の安全注意義務懈怠を認定して責任を認めることによって調整をし、結果としては妥当な判断を示した点も見逃してはならいものがある。

第四に、下見調査をしても事故現場の危険の予見が不可能であったかである。すなわち、下見をしていても「本件事故の生じた箇所を、例えば監視者を置かねばならないような、あるいはそこまでしないとしても、一般的な注意を超えて、特に当該場所を指示して生徒たちに注意を促さねばならないような危険な箇所であるとは、決して認識できなかった」とし、道の客観的状況(属性)としては、足を踏み外す、あるいは滑って転ぶ、などということは、およそ予見できない場所であり、現に多くの生徒が足を踏み外すという危険を感じることすらなく、通過していることからも明らかであるといわれている。

しかし、「事故の発生する危険性を具体的に予見」できなかったということであれば、前述のように学校行事事故のような教育活動内在型事故では、学校行事に内在する危険を予見するだけでよいことから、妥当とはいえない。そこで、本件学校登山事故では、本件学校登山において内在する一般的な危険の存在を予見するだけで足り、具体的な事故発生の危険まで予見できたか否かを基準にして判断することは必要ではない。

また、本件事故現場付近に内在する危険についての予見は、前述のように下見調査義務を尽くしていれば不可能ではなかったにもかかわらず、下見調査義務を懈怠した結果、その危険の存在を予見することができなかったわけで、予見不可能であったと解することもできない。

以上のように、本件学校登山事故においては、校外・学校行事における生徒の身体、生命の安全を守るための最も基本的な注意義務としての下見調査義務については、従来の判例理論からみても、懈怠があったと解するのが妥当と思われる。

3　学校登山における引率教師の動静監視監督義務懈怠

校外・学校行事は、日常的な教育活動と異なり一時的要素の強いこと、生徒の危険に対する対応能力が十分でないことから、引率教師による生徒の動静に対する監視監督が重要になる。このことによって危険回避につき適切な指示ないし措置をとることができるからである。

本件学校登山事故においては、本件事故現場まで引率教師の姿を見たことがないとか、生徒の動静を監視しにくいコースであることが分かっていたが何らの措置も講じていなかったとか、二名の生徒が道に迷って別のルートを下りたとか、被害生徒の動静を引率教師が誰もみていなかったなどの状況を勘案するとき、引率教師の動静監視監督につき注意義務懈怠があったものといえる。このような動静監視監督義務懈怠の結果、安全誘導等の措置をとることができず本件学校登山事故の原因の一つになったものといえる。

4　事故現場での安全誘導等義務懈怠

校外・学校行事では、日頃馴れ親しんだ場所での行動ではなく初めての場所や状況での行動であり、生徒自身が当該学校行事に伴う危険を予見して自らこれを回避することも難しいことから、学校ないし教師には、当該行動に伴う危険を把握して、事前に危険防止のための指示注意を与えるとともに、当日にも指示注意を与え、生徒自らにおいて回避困難な危険の存在が予見できる場合には、現場での安全誘導や安全措置を講ずる義務がある。

判例も、下見調査で認識することができなかったことにつき理由があるとしても、「山あるいは自然の中にはそれに内在する危険が存在し、引率教諭といえどもそれをすべて把握している訳ではない。しかし、そうであるからこそ、引率教諭としては、生徒の安全を図るために、そのような危険に遭遇しないように適切な指示を出し、指示を守らせるようにする義務がある」として過失を認定している（岡山地判平成四・五・二六判例地方自治一〇三号四三頁）。また事故現場の状況把握については、生徒の「行動如何によっては事故が生ずる危険をも孕む場所であったと認めるのが相当である」と判示して（浦和地判昭和六二・一二・二五判例時報一二五二号八七頁）、生徒のとるであろう行動をも考慮して危険性を判断すべきであることを明らかにしている。すなわち、これらの判例は、「山あるいは自然の中に内在する危険」についても、生徒のとるであろう行動をも予測して、現場において、その状況を把握し、安全な誘導、指示、措置等を行う義務があると解しているのである。

このような判例の見解からすれば、本件学校登山事故においては、学校側が崖に近接し危険であることを認識していたか認識しえたこと、引率中でも事故現場付近は木の根が地上に出ていて危険な場所であることを認識していたか認識しえたこと、生徒達の証言によると証言した生徒もみな木の根の上を歩いて下りていたとのことからすると引率教師はその危険を認識していたか認識しえたこと、さらには、事故現場付近において「ここを下りないようにと後続する生徒に申し送ろうと一瞬考えたが、まさかここを下りるものではないだろうと考え、そこまではしなかった」ことなどを勘案すると、引率教師には本件事故のような事故の起きる危険が予見できたものといえる。因みに、その後の学校側の転落実験においてではあるが本件事故現場付近に危険の高い道筋の存在することや、木の根の上で態勢を崩す恐れのあることが確認されていることからすると、引率中に事故前においても、そのような危険の存在は認識不可能ではなったと思われるからである。このような事故現場の状況からみて、引率教師は、事故現場において、歩く道筋につき指示、誘導をするか、木の根の上を歩かないように指示、注意をするか、その歩く速度について指示、注意をするか、ナワなどを張って危険の高い道筋を歩かないように誘導するなどの措置をとる安全誘導等義務があり、学校登山事故はこのような安全誘導等義務を懈怠したことによるものと判断することができる。

三　校外・学校行事事故と過失相殺

1　校外・学校行事事故における過失相殺の一般的考え方

学校行事は、生徒の創造性、連帯心、主体的な活動、集団への寄与、豊かな心などの教育効果を得ることを目的として、学校側の企画立案のもとに、学校の教育活動の一環として行われるものであり、原則として生徒の強制参加を前提としている。このことから過失相殺については、正課授業中の事故と同様に、生徒側の故意による指示違反や重大な過失の場合にのみ認めるべきである。ただ、学校行事においては、通常の授業と異なり、生徒が開放的な気分になってはめをはずした行動をとり易く、通常の正課授業の場合以上に危険性が伴うという一面があり、特に校外で実施される場合はそうである。従って、生徒が引率教師の指示や集団の規律に違反した行動をとって事故が生じた場合、生徒の学年、年齢や判断能力を考慮して生徒の過失を認定し、過失相殺の対象となることがある。このことから、学校ないし教師の安全に対する注意や措置と生徒の行動の態様や能力とを相関的に判断することが必要である。その場合、学校ないし教師の当該事故に対する安全注意義務懈怠が重大であるような場合には、被害生徒にささいな指示違反があったとしても過失相殺は認めるべきではないとするのが公平であろう。

2　学校登山事故における過失相殺の適否

本件学校登山事故における被害生徒につき過失相殺を行うことは、過失相殺法理の基本的理念である公平原則からみて妥当でない。

第一に、本件学校登山事故における被害生徒の行動は明らかでないが、仮に被害生徒が事故現場において木の根の上を歩いて下りたと認定できた場合、形式的には木の根の上を歩かないようにとの学校の指示に反したものとみることができるが、学校ないし教師の指示や注意は一般的なものにとどまっており、当該事故現場の危険に備えての具体的な指示、注意ではなかったことからすると具体的な指示、注意に違反したとはいえず、しかも学校ないし教師には安全注意義務懈怠があることを勘案すると過失相殺をすることが公平とは思われないからである。ましてや、前の生徒も木の根の上を下りていたことからすると被害生徒が同じ道を通ったとしてもやむを得ないことであり、さらには、被害生徒が登山につき経験のほとんどないことからすると木の根の上を下りることが危険であるとの判断能力があったとみることはできないことから、そのことを責めるのは過酷である。

第二に、仮に被害生徒が、最も危険な道筋を選択したものである場合でも、当該登山ルートの危険箇所につき具体的な説明が行われず、かつ事故現場における道筋の選択につき具体的な指示、説明が行われていないことから、登山経験がほとんどない被害生徒の選択の誤りを責めるのは過酷である。

第三に、仮に被害生徒が木の根の上を歩いたがために転倒したことが原因であるとした場合でも、登山において転倒することは通常あり得ることであり、そのことを責めることは過酷である。さらには、学校ないし教師において、学校登山の計画上の安全注意義務が十分でなかったことからすると、その転倒もかかる計画上の安全注意義務に起因する被害生徒の体力的衰えの結果であるとするならば、ますますその過酷さは増大することになる。

第四に、仮に崖から転落したのが被害生徒が踏ん張ることのできなかったことに起因するものであるとした場合でも、中学二年生の体力で、登山経験のほとんどない者に、それを求めることは過酷であるし、計画上の安全注意義務を懈怠し被害生徒の体力的な衰えを考慮していない学校がこれを非難することは不当といえる。なお、体力的な衰えのある場合には、下山に際して転倒などをすると踏ん張る力がなくなることは登山の経験則上いわれていることであり、この意味でも、被害生徒に転落しないよう踏ん張らなったことについての落ち度を責めることは過酷である。

以上からすると、本件学校登山事故においては被害生徒には、前述の校外・学校行事事故における過失相殺の一般的考え方において述べたような故意による指示違反や重大な過失があるとはいえないこと、また、学校ないし教師の安全に対する注意や措置と生徒の行動の態様や能力とを相関的に判断しても、過失相殺を認めるだけの落ち度が被害生徒にあったとは判断できない。このことから、本件学校登山事故では被害生徒につき過失相殺することは、過失相殺の基本的理念である公平原則に反するものといえる。

25

弦巻《つるまき》小学校プール死亡事故における過失の検討

一　事故の特徴と注意義務

1　正課授業中事故と注意義務

事故は小学校のプールで生徒が溺死したものであるが、それは正課授業中に生じたものである。正課授業は学校の教育活動の中心をなすものであり、学校の主導による授業計画の策定、指導、監視などの下で実施され、他の教育活動と異なり、児童は学校の実施する授業計画に従って、強制的に授業を受けることになる。また、授業に際しては、児童は教員らの指導監督の下に全面的に身をおいている。このことから、正課授業に際しては、学校および授業を実施する教員等は、正課授業中の児童の身に生ずる身体、生命上の危険を予見し、これを回避するための万全の措置をとるべき注意義務を負っている。この注意義務の程度は、授業にあたって教員らの全面的指導監督の下にあることから、課外活動等の児童が任意に行う活動と比べて高度なものが要求される。

2　体験活動と注意義務

授業は第一学年の生活科指導計画にもとづいて実施された体験活動でもある。具体的な活動や体験を通じて自律の基礎を養うことを目的とするものであるが、それだけに、教員等の説明を中心にした学習より危険性が高い授業である。

学校のプール事故調査報告書でも「体験活動は、その学習形態から生じる活動上、危険を伴う機会が多く考えられ、体験活動を伴う学習を実施する際には、万全の配慮を行うことが重要である」と指摘されていることから、学校や教員等はかかる授業の実施にあたっては通常の正課授業より高度な注意義務が要求される。

また、授業は、小学校低学年の授業であり、いまだ心身が未発達であって、精神的・肉体的能力が低い。したがって、児童が危険性を予見、認識する能力自体が劣るばかりではなく、自ら危険性を回避したり克服できない場合が多い。このような児童に対する体験活動には、さらに危険の高まることを予見すべきである。

3　授業過誤事故と注意義務

事故は、また当該授業に本来的に内在する危険により生じたもので授業過誤事故と呼ぶべき事故である。これらの事故では、学校や教員等は、当該授業の実施にあたって、当該科目の持っている危険性を認識し、児童が安全に授業を受けることができるよう適切な措置をとるべき教育専門職者としての高度な安全義務を負っている。もっとも、当該授業内容が危険性の高いものであっても生徒の成長、発達にとって有用なものであれば実施することは許されるが、その実施にあたっては学校や教員等には予想される高度な危険回避のためのさらなる高度の注意義務が要求される。

4　組織過失と個人過失

授業での児童の身体、生命の安全に対する注意義務は、授業の策定、実施、指導に直接関与した教員等に課されることは当然として、本件授業は、平成元年の小学校学習指導要領の告示による小学校低学年の教科として正式に位置づけられたことに伴い正課授業として採り入れるとともに、校内研究の一環として実施されたという経緯からすると、教育組織としての学校自体にもある。すなわち、学校という組織の注意義務あるいは学校組織の管理上の注意義務も問われなければならないのである。ただ、現行法上は組織過失を問えない状況から、学校組織の管理者としての校長の注意義務として問題にせざるを得ない。

二　具体的注意義務違反

1　授業実施策定にあたっての安全対策上の注意義務違反

校長および教員等は「うかべてあそぼう」生活科授業の実施にあたっては、当該授業を受ける児童の身体、生命に対する安全を守るために、当該授業の実施の策定にあたって、当該授業の危険を予測し、その危険回避のための万全の措置をとるよう方策を講ずる安全対策上の注意義務がある。

ところで、プールでの「うかべてあそぼう」生活科授業の実施にあたって予見される主な事故は、児童がペットポトル等の船をプールで浮かべている最中に「おぼれる」ことである。プール自体が、小学校高学年も使用するように設計されていることから、低学年の者は、自分の身長以上の水深の場所で授業を受けることになり、溺死する危険も予見できる。しかし、校長および教員等においては、「主にいかだを作成する中でのケガに重点」が置かれ、「おぼれる」ことにつき予見していなかった。

また、危険回避に最も有効な方法と思われる水位調整につき、「全体の話し合いの中でも打合せは行われていない」こと、調査会報告でも「同校教諭の間には水位を調節することの認識に不足が生じていこと」「学校全体として水位に対する関心が欠けていたこと」が報告されており、また、「事故以前より保護者から水深が深いとの指摘が寄せられていたが、教員間で伝達されたり、校内で検討されてこなかった。児童の安全指導にかかわる問題であるだけに、真剣に受け止める姿勢が望まれた。」と指摘しているように、無関心な状態での安全対策計画であった。

さらには、児童が水深の深い所に行く危険を防止するに必要な監視体制につき、一人の教員がプールサイドで全体指導を行い、もう一人がプールの中で指導・監視を行うことを基本とするものであったが、この二名の監視では監視の隙が生ずる恐れがあることについて討議されていないこと、通常のプール指導と同じ考えでプール中頃の水深が深くなるあたりに位置して指導することを暗黙の了承事項とされていたにすぎず徹底していなかったこと、水泳指導でさえ一年生については三〜四名の監視体制で行われていたのに二名の監視体制しか計画されていなかったこと、教育委員会では水泳指導の場合でさえ全小学校で三名体制を確保するものと指導されていたのにこれを無視していることなど、プール使用にあたっての最低限度の監視体制さえ策定されていない。

ましてや、水泳の授業であれば、危険性を予見できる児童は、水深の深い場所に移動することなく、自分の身長に合う水深の浅い場所で授業を受けることも可能であるのに対して、いかだをプールに浮かべていれば、そのいかだが自分の意思に反して水深の深い場所に移動することも十分考えられ、そうすれば、泳力に乏しく、また身長が低い児童が、自己の意思に反して、プールの深い方に移動し、その結果、いかだから手が離れた場合には溺れる可能性が高まること、水泳指導の場合でも児童全員が同時にプールに入る「自由遊び」では一〇分に限定し、さらに「対角線・三角形」に位置し一名はプール内の深くなるあたりに位置する等して監視体制を強化していたのに、全六四名が一斉にプールに入る授業の監視体制として、漫然と水泳練習と同様あるいはそれ以下の二名による監視体制しか予定をしていなかった。

教育委員会では平成一〇年七月での小学校プール事故を契機として、平成一〇年九月三日の校長会で水深や監視体制につき注意指導が行われているにもかかわらず、他山の石とはせずに、教員の受け止めかたは必ずしもはっきりしないまま、監視体制の再検討も行われず、また、平成一〇年四月採用の採用間もない新任教諭で、初任者研究の期間中であるA教諭を二人の監視の一人としていたことなどからすると、「おぼれる」ことの危険回避のための策定は全く考えられていなかったといえる。

以上の状況からすると、調査報告書でも「今回の小学校での事故発生に際し、これまでの調査によれば、学校全体で事故を未然に防止するための視点・対策についての検討や検討体制が不十分であった面が伺われる。」との指摘にみられるように、授業実施策定にあたって、学校という組織あるいは学校組織の管理ひいては学校組織の管理者としての校長に安全対策上の予見義務違背および児童の身体、生命に対する危険回避義務違反があったといえる。

2　教場安全管理義務違反

授業を担当する教員らには、プールを利用しての生活科の授業であることから、プールの安全性を確保して、授業場所の安全を図る注意義務がある。すなわち、本件授業のように、班を構成し、いかだをプールに浮かべていれば、児童の意思に反して、プールの深い方に移動し、いかだから手が離れあるいは落ちて溺れる可能性が高い。このため、教員等は、授業に参加する児童の精神的・肉体的発達の程度、水泳能力の有無・程度等を的確に把握したうえで授業場所であるプールの水深等、プールの安全性を確保すべきである。とくに、世田谷区の小学校低学年（一・二年生）の平均身長が約一二〇センチメートルであるのに対し、小学校のプールの水深は最深部で一三〇センチメートルであるところ、本件授業は、水泳能力を身につけるための体育の水泳授業とは違い生活科の授業であるから、プールの水位は、本件の授業目的・趣旨を達成するために必要最小限の水位に調整されればよいのに、漫然と、何ら水位に対する考慮を図ることなく、ほぼ満水状態で授業が行われた。また、事故以前より、保護者からプールの水深が深いのではないかと指摘が寄せられていたのに、排水して水位を下げたことは稀であるという無責任状態で行われている。現に、被害者の発見された場所の水深は一二五センチメートルであるのに対し、被害者の身長は一一四・二センチメートルであり、水深が身長を上回っている状態である。

仮に、当日の水位の調整が不可能であったとしても、そうであれば水深の深い場所と水深の浅い場所との間に縄を張るなどの予防措置をして、児童が水深の深い場所に移動することに気付かせるか、阻止する等の手段を講ずべきであり、漫然と児童が自由に移動するのに任せたことは、直接実施指導に当たる担当教員に授業場所の安全を図る注意義務違反があったといえる。

3　授業の実施指導上の注意義務違反

授業は、「おぼれる」という極めて高い危険を内包するものである。したがって、指導する教員は、生徒の能力、身体状況などを把握して、児童に事前の指示を与え、かつ安全に指導する注意義務がある。本件授業での児童に対し「いかだをプールに入れるときの注意」「寒いときに早く上がりタオルを身につける」「いかだの棒が危ないときはプールサイドに上げる」「プールの壁に頭を打たないように気をつける」「いかだが壊れたらすぐにガムテープで直す」など主としていかだについての注意指導が行われているようであるが、プールには深い部分と浅い部分があり深い部分に行くと溺れる恐れのあること、深い部分に行った場合に知らせるなどの対応の仕方などプールを使用しての授業における最も重要な危険につき注意指導が行われていない。このことは、深浅両部に二分された小中学校共用プールでは、「注意力に乏しくまた泳げない者もある児童多数を対象に水泳訓練を実施するにあたっては、その指導監督にたずさわる者は、児童にプールの性状を認識させ注意を促す」義務があるとする先例（松山地西条支判昭和四〇・四・二一下民集一六巻四号六六二頁）にも該当する。

また、児童の泳力や健康状態を把握していたものの、単に、生活科の授業としての班編成を優先し、例えば、泳力に劣る者同士を班にして監視しやすくしたり、また、そうでなくとも、泳力に劣る者に他の児童と色の異なる帽子を着用させて区別しやすくする等児童の泳力と体力等による班編成をする等の配慮は何らなされていない。一般に、小学校低学年は、いまだ心身が未発達であって、精神的・肉体的能力が低く、危険性を予見・認識する能力自体が劣り、自ら危険性を回避したり克服できない場合が多いことを合わせて考えると、指導担当教員に実施指導上の重大な注意義務違反があったといえる。

4　児童の動静監視上の注意義務違反

児童の身長より深い水深部分がある危険なプール状態で、いまだ心身の未発達な小学校低学年を対象とした授業にあっては、児童の「おぼれる」危険を回避するためには万全の監視を行う義務がある。

本件授業の実施にあたっての監視体制は、予定ではA教諭が全体指導にあたり、B教諭がプール内での指導を行うものであった。しかし、児童の入水時においては、B教諭一名のみがプールサイドで指導・監視し、プール内の指導・監視にあたる教員はいない状況であった。その監視体制自体が不十分な二人監視体制であったにもかかわらず、それさえ守られていないという状況のもとで入水が開始されており、深い所に移行し、落ち込む危険性への対応は全く採られていなかった。また、八班（一班八名）が、プール両再サイドに四班ずつに分かれ入水していること、各班はプールサイドに整列、準備したときよりもやや広がって入水を開始したことからB教員一人での監視では監視の隙の生ずることは当然であるという状態での監視体制であった。被害生徒の加わっていた三班八名に入水状況はプール中央部横壁でプール中程のやや深くなるところに入水し、徐徐に深い方に移動していったもので、三班の入水およびその後の移行による危険監視の措置は全くとられていない状態であったといえる。なお、B教員の監視は、プールサイドを時計と逆回りに巡回し、その後は主に更衣室側のプールサイドで移動しながら監視するというものであり、一斉にプールに入水している児童六四名全員の安全を監視するに、プール片方側からの移動しながらの監視であって監視の焦点が定まらず十分なものであったとはいえない。このことから、調査報告書では、「プールサイドにいて水面全体を監視する教諭は一名となったため、その一名の監視の目に隙が生じたときは、異常を発見することが遅れる状況となった」と指摘している。

なお五分後にA教員が参加することで二人体制になるが、A教員は入水まもなくごみ拾いを行いその後にプールの中に位置するがペットボトルの部分を拾い回収を行っている。「監視に専念すること」を怠った状態であって、児童の安全のための監視とは程遠いものである。

さらには、三班のプール内での状況としては、児童の聞き取りによると徐徐に深い方に移行する一方で、三班の二年生数人は浅い方で水鉄砲で遊び始め、事故児童がうつ伏せにあるいは仰向けになり、再度近寄ると顔を下にして浮いていたという状況であり、入水一三分後には全く雑然として統制がとれないままの状態で放置されるという監視状況であったことが伺われる。

以上のような状況からすると、プール内での「おぼれる」危険に備えての児童の身体、生命の安全措置としての直接指導担当教員の監視義務に重大な違反のあったことは明らかである。

事項索引

あ　行

か　行

さ 行

た 行

な 行

は 行

ま 行

や 行

ら 行

〈著者紹介〉
昭和11年３月　大阪府松原市に生まれる。
昭和33年３月　明治大学法学部卒業
昭和35年３月　明治大学大学院法学部研究科修士課程修了
　現　　在　明治大学名誉教授
　　　　　　弁護士
　　　　　　元教育法学会会長
　　　　　　元司法試験考査委員
　　　　　　元日本学術会議会員
　　　　　　金融法学会理事

主要著書
学校事故の法律問題（昭和58年・三省堂）
解説学校事故〔共著〕（平成４年・三省堂）
銀行取引と債権担保（昭和52年・経済法玲研究会）
担保法概説（昭和59年・啓文社）
担保物権Ｉ〔共著〕（昭和58年・啓文社）
不法行為法の現代的課題（昭和55年・総合労働研究所）
授権・追完・表見代理論〔私法研究第１巻〕（平成元年・成文堂）
任意代理基礎論〔私法研究第２巻〕（平成元年・成文堂）
民事執行手続参加と消滅時効中断効（平成16年・商事法務）

私法論 Ⅱ〔消費者法・学校事故法〕
私法研究著作集　第一七巻

平成二一年一二月二四日　第一版第一刷発行

著作者　©伊藤　進
発行者　今井　貴
発行所　信山社出版㈱
113-0033 東京都文京区本郷六―二―九
モンテベルデ第二東大前一〇二号
電話　〇三(三八一八)一〇一九
FAX　〇三(三八一八)〇三四四
製作　㈱信山社
販売　信山社販売㈱
印刷・製本　松澤印刷・渋谷文泉閣

ISBN978-4-7972-9163-6　C3332
NDC 324.026 消費者法・不法行為
9163-01011, P312, ¥10000E
出版契約№ 9163-01011

伊藤進 私法研究著作集

1 民法論 上〔民法原論〕
2 民法論 下〔物権・債権〕
3 法律行為・時効論
4 物的担保論
5 権利移転型担保論
6 保証・人的担保論
7 債権消滅論
8 リース・貸借契約論
9 公害・不法行為論
10 消費者私法論
11 製造物責任・消費者保護法制論
12 教育私法論
13 学校事故賠償責任法理
14 抵当権制度論
15 担保制度論
17 私法論 Ⅱ〔消費者法・学校事故法〕

信用保証協会保証法概論

信山社